파이어 인 더 홀

FIRE IN THE HOLE:

The Untold Story of My Traumatic Life and Explosive Success

Copyright © 2024 by Robert Parsons All rights reserved.
Korean translation rights arranged with The Nominate Group through ALICE Agency, Seoul.
Korean translation copyright © 2025 by Gilbut Publishing Co., Ltd.

이 책의 한국어판 저작권은 앨리스에이전시를 통한
저작권사와의 독점 계약으로 ㈜도서출판 길벗에 있습니다.
저작권법에 의해 한국 내에서 보호를 받는 저작물이므로 무단전재와 복제를 금합니다.

FIRE 파이어 인 더 홀
IN THE
역경을 넘어 폭발적인 성공을 이루기까지
밥 파슨스, 로라 모턴 지음 | 김잔디 옮김
HOLE

더퀘스트

서문

'파이어 인 더 홀 Fire in the hole'은 비좁은 공간에서 폭발 위험이 있을 때 자주 쓰는 경고 문구이다. 그 유래를 광부들이 폭발물을 설치하고 동료에게 주의를 줄 때 썼던 말로 보기도 하고, 군인들이 전투 중에 포탄을 발사하기 전에 했던 말이라고도 한다.

독립전쟁 때 사용했던 대포에는 포병이 장약을 재고 불을 붙이는 작은 구멍이 있었다. 대포의 작동은 장약이 타면서 주 발사 화약에 도달해서 점화되는 원리다. 군인들은 폭발 직전에 아군에게 알리기 위해 '파이어 인 더 홀!'이라고 외쳤을 것이다.

내 인생 이야기를 쓰면서 어떤 제목이 좋을지 고민했다. 솔직히 그 중에 몇몇은 여러분의 흥미를 더 끌었겠지만, '파이어 인 더 홀'보다 더 적절한 제목은 없었다. 내가 광부와 군인의 정체성을 모두 갖고 있기 때문이다. 우선 우리 집안은 광부와 관련이 깊다. 우리 아버지

네 가문은 몇 대에 걸쳐 펜실베이니아 북동부에 있는 광산촌에 살았다. 내 증조부인 유진과 다른 친척들은 광부가 확실하지만, 그 외에 정확히 누가 광부였는지는 전해지지 않는다. 아버지 말씀으로는 광부들은 아침에 일하러 수갱(수직 갱도의 줄임말)으로 내려갔고, 어두워지면 온몸이 석탄가루로 뒤덮인 채 올라왔다고 한다. 혀와 잇몸까지 새까매질 정도였다.

그들은 일을 마치면 아내와 가족이 기다리는 집 대신에 동네 술집에 가서 코가 비뚤어지게 술을 마셨다. 그리고 다음 날에도 이 과정을 반복했다. 그 시대에 광부들의 사망 원인은 둘 중 하나였다. 광산 내에서 일어난 사고로 죽거나 진폐증 black lung disease(폐에 분진이 쌓여서 생기는 질환)으로 사망했다. 둘 다 고통스럽게 가는 방법이지만 아버지는 진폐증이 최악이라고 했다. 이 끔찍한 병에 비하면 탄광 내부 사고로 가신 분들은 훨씬 고통이 덜했을 것이다.

그리고 내 삶은 군인과도 떼려야 뗄 수 없다. 나는 어렸을 때부터 지하실에 있던 내 방에서 플라스틱 장난감 군인으로 혼자 잘 놀았다. 전투와 공격을 설정하고 가짜 폭탄이 터지면 '붐!', 포탄을 쏘며 적을 해치울 땐 '두두두두'라고 소리쳤다. 나는 유난히 전쟁놀이를 좋아했다. 이런 상상 속 세상에서 몇 시간이고 놀 수 있었다. 내가 오랫동안 사업에서 자주 사용했던 '카붐!'이라는 단어는 이때의 경험에서 나왔다.

무엇보다 '파이어 인 더 홀!'은 미 해병대에 입대하여 베트남전쟁에서 전투 소총병으로 복무했던 내게 중요한 의미가 있는 말이다. 우리 소총 분대나 소대는 적군의 땅굴을 발견하면 플라스틱 폭약인 C-4를 던져넣었다. 그러면서 아군 한두 명이 '파이어 인 더 홀!'을 외치며 C-4를 점화하여 대규모 폭발을 일으키고, 굴에 숨어서 우리를 기다리던 위장 폭탄이나 베트콩, 북베트남군을 퇴치했다.

지금은 억만장자 기업가이자 자선가로 살고 있지만, 미국 해병으로서의 정체성은 내게 매우 중요하다. 나의 폭발적인 성공 비결도 여기에서 비롯되었기 때문이다.

지금까지 살면서 이룬 것들을 하나하나 돌이켜 본 적 있느냐는 질문을 받곤 한다. 그때마다 나는 아니라고 대답한다. 성공에 대한 질문에 대답할 때 과거를 생각하지 않기 때문이다. 그보다는 앞으로 하고 싶은 일을 생각한다. 물론 오해하지 말길 바란다. 내 성취를 자랑스럽게 생각하고 여러 분야에서 성공을 거두었지만, 나는 해병이라는 사실이 그 무엇보다 자랑스럽다.

이제 여러분은 내 삶의 성공과 함께 그 이면을 보게 될 것이다. 그중에서도 베트남전쟁에서 소총병으로 복무했던 이야기는 많은 이에게 낯설 것이다. 그곳에 있지 않았던 사람은 무슨 일이, 어떻게 일어났는지 모른다. 내가 무엇을 보고 경험했는지 다들 상상하지도 못할 것이다. 지금도 그 기억을 떠올리면 괴롭다. 하지만 베트남전 참전은 내게 남자로서, 아들로서, 남편이자 아버지, 사업가, 애국자로서 가장 큰 영향을 준 사건이었다.

여러모로 내가 걸어온 길은 록펠러나 듀폰 전기에 나오는 이야기와 전혀 다르다. 나는 금수저를 물고 태어난 사람이 아니다. 내 수저는 지저분하고 깨진 플라스틱 수저였다. 모든 상황이 내게 불리했다. 학창 시절에 나는 거의 모든 과목에서 낙제점을 받았다.

출신은 보잘것없었지만, 난 항상 꿈을 크게 꿨다. 심지어 고등학교 졸업 앨범에는 언젠가 백만장자가 되겠다는 선언을 써놓았다.(당시에는 상상하기도 힘든 금액이었다!) 여러모로 터무니없다 못해 우스운 선언이었지만 현실이 되었다. 어떻게 된 일일까?

지난 세월 굴하지 않고 사업과 인생에서 성공하기 위해 힘든 길을 개척했다. 정말 험난하고 가파른 길이었고, 이 자리에 있기까지 말도 못하게 고생했다. 진심으로 단 하나도 쉬운 게 없었다. 옛말에 틀린 게 없다고, 쉬우면 누구나 성공했을 것이다. 굴곡진 인생이었지만 무엇 하나 바꾸고 싶지는 않다. 아무것도.

나는 아무리 상황이 힘들거나 불확실하게 돌아가도 결과에 개의치 않는다. 어렸을 때 들었던 기억에 남는 질문이 하나 있다. "행복해서 웃는가? 아니면 웃으니까 행복한가?" 말 그대로 행복은 어느 정도 선택에 달렸다. 이런 마음가짐 덕분에 고난이나 역경에 맞닥뜨렸을 때도 나는 전반적으로 행복했다.

나는 어린 시절로부터 걱정하지 말라는 교훈을 얻었다. 힘든 일을 많이 겪었지만, 특히 위기 상황에서 걱정은 나를 괴롭히는 괴물이라는 사실을 깨달았다. 걱정한다고 해서 그 일의 결과가 바뀌지는 않는다. 실제로는 비참한 기분을 느끼고 오히려 더 가로막힐 뿐이다. 그래서 난 걱정하지 않는다. 절대로. 지금은 절대 극복할 수 없는 문제로 보여도 하루나 일주일, 1년이 지나서 바라보면 아주 작고 일시적일 수 있다는 사실을 알기 때문이다.

살면서 괴물과 몸싸움하지 않아도 된다는 건 축복이다. 그 대상이 뭐든 직접 통제할 수 없으면, 통제할 수 있는 일에 집중해야 개선할 수 있다. 앞으로 나아가라. 절대 멈추지 마라. 나는 평생을 이런 방식으로 살아왔다.

내가 지금처럼 침착하고 걱정 없는, 단단한 사람이 될 수 있었던 중요한 계기가 있었다. 1997년에 참여했던 내면아이 워크숍^{innerchild workshop}의 덕을 봤다. 그 워크숍에서 세 가지 글을 썼다. 그 글이 이 책의 근간이 되었다고 해도 과언이 아니다.

그 워크숍에서 내가 받은 과제는 (1) 어린 시절의 나에게 편지 쓰기, (2) 어린 내가 그 편지에 답장하기, (3) 어떻게 지금의 내가 되었는지에 관한 에세이 쓰기였다. 처음에는 생각보다 어려웠다. 오랜 시간이 흐른 뒤 어른이 된 밥은 어린 밥에게 무슨 말을 하고 싶을까? 현실적으로 어린 밥은 어른 밥의 편지에 어떻게 대답할까? 나는 깊이 파고들어야 했다. 아주 깊이. 그러다 하고 싶은 말이 강물처럼 흘렀다.

내 삶의 이야기를 쓰려고 생각을 정리하다가 이 세 가지 글이 떠올랐다. 그 내용은 지금까지 내가 살아온 삶과 놀라울 정도로 닮았다. 나는 서문에 그 글을 공개하는 게 과연 좋을지 확신이 가지 않았다.

생각하고 또 생각했다. 한참 고민했다. 그리고 이렇게 말했다.

"뭐 어때. 단도직입으로 바로 터뜨리지 뭐."

그 세 가지 글을 소개한다.

(1) 어른 밥이 아이 밥에게 보내는 편지

1997년 8월 21일
21224 메릴랜드주 볼티모어 북이스트에비뉴 425번지
어린 밥 파슨스에게

안녕, 밥

이건 38년이 지난 미래에서 쓰는 편지야. 난 네가 자라서 된 어른이고, 세상 누구보다 널 잘 알아. 그래서 널 무척 사랑하고 존중한단다. 지금 네가 무슨 일을 겪는지, 어떤 기분인지 정확히 알고 있어. 앞으로 네게 벌어질 일도 다 알지.

넌 요즘 거의 항상 두려워하고 있을 거야. 왜 엄마가 자기 문제를 네게 떠넘기는지, 왜 아빠는 늘 집에 없는지 이해할 수 없겠지. 그것 말고도 학교며 여기저기서 네게 힘든 일이 많다는 것도 알아. 네가 그런 일로 상심하고 죄책감을 느낀다니 참 가슴이 아프구나. 이 모든 일이 네 잘못이 아니라는 사실을 언젠가 알게 될 거야.

넌 결국 이 모든 일을 극복하고 일어설 수 있어. 네가 어른이 되면 지금까지 얼마나 부당한 취급을 받았는지, 실제로는 스스로 얼마나 강하고 용감하고 멋진 아이인지 깨닫게 돼. 넌 아주 소수에게만 허락된 성공을 경험할 거야. 무엇보다 아주아주 드문 일도 해내지. 그건 바로 너 자신을 이해하는 일이란다.

그러니 밥, 나쁜 일이 일어나면 자신을 믿고 그때그때 옳다고 생각하는 일을 해. 무엇이 올바른 일인지 넌 네 생각보다 잘 알고 있어. 특히

무슨 일이 생기더라도 지금보다 더 나은 곳을 꿈꾸는 게 중요해. 다른 무엇보다 그 꿈이 널 구해줄 테니까.
널 정말 사랑한다.
– 어른 밥이

(2) 어린 밥이 어른 밥에게 보내는 답장

어른 밥에게
빨리 네가 되고 싶어. 난 여기가 싫거든. 모든 게 슬프기만 해. 넌 행복했으면 좋겠다. 편지 써줘서 고마워. 나도 널 사랑해.
– 어린 밥이

그 주말 워크숍에서 썼던 세 번째 글은 어떻게 지금의 내가 탄생했는지 설명하는 에세이였다. 읽고 나면 내가 약에 취해서 쓴 건 아닌지 의심하겠지만 그렇지는 않다. 다만 이 편지를 쓰기 위해 고통스러운 기억을 떠올려야 했다. 평생 피하려 애썼던(그러기 위해 감정적으로 상당한 대가를 치렀다) 어두운 곳을 찾아갈 수밖에 없었다. 나를 가로막는 것이 무엇이든 결국 자유로워지고 싶다면 방법은 하나뿐이었다. 바로 나를 괴롭히는 악마를 똑바로 마주하는 것이었다. 그래서 나는 자리에 앉아 손에 펜을 들고, 내 마음과 영혼 깊숙한 곳에서 우러나오는 말을 적었다. 생각을 글로 옮기면서 울었는지는 기억나지 않는다. 아마 그랬을 테다. 나는 기분을 종이에 풀어놓으면서 얼어붙은 심장이 녹는 것을 느꼈다. 기대하지 않았지만 글쓰기로 치유받는 기분이 들었다.

(3) 어떻게 지금의 내가 됐는지 돌아보는 에세이

나는 어떻게 내가 되었나 - 끝나지 않은 에세이

나는 타고난 몽상가 Dreamer다. 기억을 되짚어보면 늘 환상적인 모험을 하는 자신을 상상했다. 어렸을 때는 밤에 침대에 누워서 군대를 지휘하거나 외국으로 항해하는 꿈을 꿨다. 꿈속에서는 용을 무찌르고 말을 타고 번개처럼 달리거나 비행기를 조종했다. 상상만 하면 어디든 갈 수 있고, 누구나 될 수 있고, 뭐든 할 수 있었다.

내 밑바탕에 도사린 어두운 면을 창조하는 데 누구보다 큰 역할을 한 건 부모님이다. 내 안의 몽상가는 부모님과 다른 사람들이 준 상처에서 스스로를 보호하기 위해 몇 가지 자아를 창조했다. 몽상가를 살린 건 이 자아들이다. 결국 나를 구해준 존재이기도 하다.

몽상가는 내가 딜레마에 빠졌을 때 무엇을 해야 할지 알려주는 지혜로운 노인 Wise Old Man을 창조했다. 몽상가와 지혜로운 노인은 누구나 언젠가 해야 하는 힘든 일을 마주했을 때 용기와 힘을 주는 호랑이 Tiger를 만들었다.

몽상가에서 지혜로운 노인과 호랑이, 그리고 또 다른 중요한 자아인 모험가 Adventurer가 탄생했다. 모험가는 새로운 경험과 발견을 사랑한다. 위험을 별로 두려워하지 않으며 새로운 기업을 창조한다.

사업을 할 때는 은행가 Banker가 활약한다. 은행가는 위험을 판단하고 거래를 성사시키며 적절한 곳에 투자한다. 그리고 지혜로운 노인과 모험가 사이에서 중재자 역할을 한다.

이 모든 자아에서 생존자^{Survivor}가 탄생했다. 노인의 지혜와 몽상가의 상상, 호랑이의 용기, 모험가의 대담함 덕분에 수많은 위협과 장애물을 극복하며 생존할 수 있었다.

또, 내 어두운 면에는 상처받은 아이$^{Wounded\ Child}$가 있다. 상처받은 아이는 항상 나와 함께 존재한다. 부모님을 포함해서 나를 방치하고 학대했던 사람들이 창조했다.

상처받은 아이 위에는 또 다른 어두운 면이 살고 있다. 베트남전 참전용사$^{Vietnam\ Vet}$다. 이 자아는 베트남전쟁 때 미 해병대 소속으로 소총을 가지고 다닐 때 생겼다. 그때 나는 누구도 보면 안 되는 것을 보고 누구도 가져서는 안 될 기억을 갖게 됐다. 그 비참한 전쟁에서 귀환했을 때 내 조국은 나를 거부했을 뿐만 아니라 "잘 돌아왔다!"라는 말조차 해주지 않았다.

더 나은 삶을 바라는 상처받은 아이와 몽상가는 애정 어린 자아인 낭만가^{Romantic}를 창조했다. 낭만가는 사랑을 느끼고, 슬픔에서 오는 달콤씁쌀한 고통을 이해한다. 지금까지 주지도 받지도 못했던 사랑을 언젠가 찾을 수 있을 거라는 희망이 낭만가 덕분에 생겼다.

내 모든 어두운 면과 몽상가, 낭만가는 다정하고 친절한 면도 만들어 냈다. 이것이 다정 씨$^{Mr.\ Softy}$다. 다정 씨는 더 나은 방법을 추구하며 모진 삶을 직접 겪어봤기 때문에 타인의 고통에 공감할 수 있다. 그는 항상 남을 돕고 올바른 일을 하려 하며, 시간이 좀 걸리더라도 상대를 웃게 해주려 한다.

마지막 자아는 작가^{Writer}다. 작가는 내 다른 자아들과 대화하며 내가 경험하는 고통과 기쁨, 괴로움, 혼란, 확신을 알고 있다. 그리고 외부 세상과도 소통한다.

나는 사람들의 삶을 바꾸길 바라는 마음으로 이 책을 쓰기 시작했다. 당신의 삶도 마찬가지다. 내가 할 수 있다면 당신도 할 수 있다. 내가 걸었던 길은 상상하지 못한 곳으로 이어졌다.

지금부터 나란 사람과 내 인생길에 대해서, 또 내가 어떻게 가난에 가까운 상황에서 수십억 달러의 수익을 창출하며 매우 성공적인 회사와 브랜드를 만들게 되었는지, 무엇보다 PTSD를 이겨내면서 멈추지 않고 고대디와 PXG를 이끌어왔는지 자세히 소개하겠다. 내 이야기는 솔직하고, 유쾌하고, 터무니없고, 날것 그대로다. 나는 아무것도 숨기지 않는다. 이 책을 통해 한국 독자 여러분을 만나게 되어 정말 기쁘며, 나의 이야기에 관심을 갖고 시간을 내줘서 정말 감사하다. 여러분의 성공을 향한 여정에 도움되는 영감을 이 책에서 얻길 바란다.

행운을 빈다.

밥 파슨스

차례

서문
5

1. 마녀와 도둑, 광부, 그리고 나
18

2. 세상은 평등하게 불평등하다
37

3. 돈 버는 법을 깨우치다
55

4. 실전은 생각과 다르다
61

5. 꼼짝 마, 강도다
72

6. 정말 안전한 건 시체뿐이다
80

7. 엄마한테 전화해, 이제 집에 못 간다고!
86

8. 즐거운 보병 훈련
96

9. 승선하라
103

10. 모든 게 강렬한 땅 베트남
111

11. 참혹한 전쟁
121

12. 타오르는 불빛
128

13. 우연은 없다
135

14. 요청을 기각한다
147

15. 나는 참전 용사다
154

16. 내 인생의 첫 집
170

17. 컴퓨터와 사랑에 빠지다
176

18. 프로젝트 프리덤
182

19. 크고 대담하고 도전적인 목표
196

20. 나쁜 소식 같은 건 없다
205

21. 고대디GoDaddy의 시작
212

22. 고대디 걸
228

23. 모두가 이기는 게임
234

24. 평생의 사랑을 만나다
245

25. 로버트, 한번 안아주겠니?
257

26. 전쟁이 내게 저지른 일
261

27. 넌 구제 불능이야
284

28. 게임의 법칙
289

29. PXG의 출범
305

30. 일단 만들면 다들 살 거야
315

31. 아주 길고 기묘한 여행
320

32. 많이 받았으니 많이 베풀어라
332

33. 나의 모든 것, 가족
338

감사의 글
344

1

마녀와 도둑, 광부, 그리고 나

누구에게나 좋건 나쁘건 지금의 자신을 형성하는 데 영향을 준 가족사가 있다. 내 가족사는 상당히 흥미로운 편이다.

미국에서 추적할 수 있는 가장 오래된 내 조상은 메리 파슨스Mary Parsons다. 메리는 1600년대에 매사추세츠주 스프링필드에 살았다. 이는 내 여동생인 베벌리가 족보에 관심이 많아서 알게 된 사실이다. 몇 년 전에 베벌리가 우리 가계도를 엮은 책을 보내줬고, 호기심이 생겨서 읽기 시작했다. 그 책에서 처음 눈에 띈 이야기가 메리의 사연이었다. 믿기 힘들겠지만 메리는 마녀재판을 받았다. …… 두 번이나.

메리가 재판받은 이유는 아는 사람의 소가 급사하거나 이웃집 아들이 새로 맞은 아내가 갑자기 죽었기 때문이라고 한다. 메리와 친하다고는 보기 힘든 이 이웃들은 이런 사고가 메리와 관련 있다고 고발했다. 당시에는 뭔가 불화가 생기면 누군가를 쉽게 마녀로 고발한 듯하다. 지금도 상황이 그리 다른 것 같지는 않다. 두 번의 재판에서 메리는 무죄를 선고받았지만, 두 번째 재판 심리를 기다리면서 정당한 이유 없이 1년 정도 탑에 갇혀 있었다.

시간을 앞으로 빨리 감아보자. 1930년대에는 내 삼촌 에디가 메릴랜드주 글린던에 있는 글린던은행을 털어서 체포됐다. '에디Eddie 삼촌'은 실제로 나와 피를 나눈 친척은 아니다. 에드윈 먼로Edwin Monroe는 내 큰이모인 에벌린과 결혼했다. 에드윈과 에벌린은 내 외할머니와 함께 살았다. 내 이모 애그니스(어머니의 여섯 자매 중 하나)는 1학년쯤 된 에디가 은행에서 9,000달러를 훔쳤을 때, 그 돈을 자기 코트 안감에 꿰매넣어 숨겼다. 이모는 매일 그 돈을 착용(!)하고 학교에 다녔다. 에디는 체포됐고, 경찰은 외할머니의 집을 여러 번 수색했으며 심지어 한밤중에도 찾아왔지만, 훔친 돈을 찾지는 못했다.

드디어 1950년 11월 27일에 엘시 니 벅Elsie née Buck과 랠프 셰이버 파슨스Ralph Shaver Parsons 사이에서 내가 태어났다. 내 아버지는 1941년 진주만이 습격받은 직후 해군에 입대했다. 볼티모어에 있는 신병 훈련소에 배치됐고 그곳에서 어머니를 만났다. 다행히 아버지는 할아버지처럼 광산에서 일하지 않았고, 자연스럽게 나도 광산에서 멀어졌다. 아버지는 전시에 해군 건설대로 복무했고, 전투기와 폭격기가 사용하는 활주로를 건설하고 수리했다. 과달카날Guadalcanal(태평양 솔로몬제도에 있는 섬)에 있을 때는 연안 가까이 있던 함선이 폭발해서 태평양에 가라앉는 사진을 해변에서 찍기도 했다. 아버지 말로는 폭탄을 실은 일본의 자폭 잠수함이 아버지의 함선 측면에 구멍을 뚫어 바짝 붙은 다음 폭파했다고 한다.

내 외할머니 메리 니 고레키 벅 Mary née Gorecki Buck은 폴란드에서 온 이민 1세대였다. 형제 6명과 함께 자랐고 주부가 됐다. 남편인 프랭크 벅 Frank Buck은 위스키 통을 제작하고 수리하는 전문 수리공이었다. 지금은 거의 사라진 직업이다. 나는 외할아버지를 한 번도 본 적 없지만, 아버지 말로는 평생 만난 사람 중에 가장 나쁜 사람이었다고 한다. 프랭크는 술고래였다. 만취해서 밤늦게 집에 오기 일쑤였고, 집에 있던 어머니를 침대든 어디에서든 끌어내서 흠씬 때리곤 했다. 이런 일은 계속해서 반복됐다.

왜 우리 어머니에게만 화풀이하고 쌍둥이인 버사(다들 버트라고 불렀다)나 다른 형제에게는 손대지 않았는지 모르겠다. 무슨 이유인지 몰라도 외할아버지는 어머니에게 분노를 쏟아냈다. 외할아버지가 어렸을 때는 그의 할머니를 포함해서 사람들을 끔찍하게 학대했다고 하니, 잔인한 성정은 어린 시절의 산물이고 대를 이어 전해진 셈이다. 어쨌든 어머니에게는 가혹한 어린 시절이었다. 프랭크는 숯을 섞은 위스키를 마시는 바람에 위장에 문제가 생겼고 건강이 나빠졌다. 당시에는 위스키의 이물질을 흡수하기 위해 통 바닥에 숯을 깔았는데, 수리 의뢰를 받은 통에는 이런 숯이 섞여 걸쭉해진 위스키가 남아 있었다. 아버지 말로는 외할아버지가 통 바닥에 남은 위스키를 주석 컵으로 떠서 삼켰다고 한다. 그딴 걸 정말 마시다니 상상도 안 되지만 실제로 마셨고 결국 몸은 엉망진창이 됐다.

프랭크는 말 그대로 잔혹한 남자였다. 더 일할 수 없게 되자 스스로 목숨을 끊었다. 자살한 방법조차 잔인했다. 가스를 틀고 오븐에 들어가서 질식해서 사망했다.

내 친구이자 세계적으로 유명한 가수인 안드레아 보첼리(Andrea Bocelli)와 무엇이 사람을 잔인하게 몰아가는지에 대해서 대화한 적이 있다. 안드레아는 이렇게 말했다. "강아지를 애정이 넘치고 늘 즐거운 반려견으로 키울 수도 있고, 잔인하게 학대해서 사납게 키울 수도 있지. 사람도 대부분 마찬가지야." 그 말이 맞는다. 어렸을 때 부모가 다정하게 대해주고 애정을 쏟아주었다면 당신은 운이 엄청나게 좋은 셈이다. 그렇지 않으면 커다란 대가를 치러야 한다. 내 어머니는 그 대가를 치렀고 결국 나도 마찬가지였다.

———✕———

내 사연은 좀 복잡하다. 내가 겪은 학대는 신체적이기보다는 감정적이었고 대부분 방치에서 비롯되었다. 나는 늘 혼란스러웠고 남들이 이런 학대를 눈치채기는 불가능에 가까웠다. 그래도 아픈 건 똑같았다.

어머니는 고의로 잔인하게 대하지는 않았지만 나를 안아주거나 사랑한다고 한 적은 없었다. 눈부시게 아름다운 여성이었지만 매 맞고 자라면서 마음속에 사랑이 남아 있지 않았다. 그래서 사랑을 어떻게 주는지도 몰랐다. 적어도 내가 봤던 다른 어머니들이 자녀에게 애정을 표현하는 방식은 아니었다.

참 가슴 아픈 일이다.

어린 시절을 돌이켜 보면 부모님과 좋았던 때를 떠올리기 힘들고, 특히 어머니에 대해서는 더 그렇다. 부모님의 잘못은 아니기 때문에 탓할 생각은 없다. 그들이 몰랐거나 어쩔 수 없었던 일에 어떻게 책임을 묻겠는가.

우리 부모님은 하이랜드타운Highlandtown 외곽에 있는 노동자 마을인 이스트볼티모어East Baltimore에 살았다. 대부분 폴란드, 독일, 체코계 주민으로 구성된 곳이었다. 우리 동네에는 작은 연립주택이 모여 있었다. 우리 집이 제일 좋지는 않았지만 그렇다고 최악도 아니었다. 나는 삼 남매 중 장남이었다. 내 남동생 앨런과 나는 아버지가 지하실에 임시로 만들어준 방에서 함께 잤고, 여동생 베벌리와 부모님은 2층에서 생활했다. 아버지는 우리 방을 나름대로 열심히 단장해 주었다. 벽에는 콘크리트 블록을 쌓아 페인트칠했고 바닥에는 30센티미터짜리 리놀륨 타일을 덮었다. 물론 아버지가 벽에 칠을 할 때 사용한 페인트에는 납과 석면이 가득했고, 그렇게 오랜 밤을 지내면서 어떤 유독 물질을 들이마시고 건강을 해쳤는지는 모를 일이다.

아버지는 맥엘데리가McElderry Street와 노스이스트대로North East Avenue 모퉁이에서 작은 잡화점을 운영했다. 이름은 랠프잡화점으로 주유 펌프가 없는 세븐일레븐 같은 곳이었다. 아버지는 아이스크림과 담배, 일반 의약품을 비롯한 생필품을 팔았다. 사치품 같은 건 없었다. 그냥 편의점이라고 보면 된다.

아버지는 싼값을 좋아했지만 싸게 들인 물건은 대부분 재앙을 불렀다. 장사꾼들이 질 나쁜 제품을 말도 안 되는 가격에 떠넘기면 그냥 지나치지 못해서 희생양이 될 때가 비일비재했다. 이런 식으로 돈을 아끼면 항상 부작용이 뒤따른다. 이것이 무슨 뜻인지 살펴보자. 가끔 공급자가 아버지에게 특별 거래를 제안한다. 예를 들어 핫퍼지hot fudge(열로 녹여서 아이스크림 위에 뿌리는 초콜릿_옮긴이)를 새로 들여왔다고 하자. 이 퍼지를 데워서 아이스크림에 바르면 돌처럼 딱딱해졌다. 치아는커녕 망치나 끌로도 부서지지 않을 지경이었다. 아버지는 저렴한 크리스마스트리를 거래한 적도 있었다. 그 트리는 며칠 지나지 않아 솔잎이 다 떨어졌다. 구매한 사람들은 모두 환불받고 싶어 했다. 심지어 내 학교 친구도 나무가 무너지자 나를 괴롭혔다.

"나더러 어쩌라고? 너보다 내 기분이 더 나빠. 나무를 판 건 내가 아니잖아!" 나는 손바닥을 들어 보이며 말했다. 엉덩이를 걷어차이지 않은 게 다행이었다.

가난한 주민이 대부분인 동네에서 우리는 랠프잡화점 덕분에 넉넉해 보였다. 허나 돈이 있는 건 아니었다. 사실 없었으니까. 아버지의 사업 재능이 별로라는 건 공공연한 사실이었다. 아버지는 사업가보다는 도박가였고 도박에도 뛰어나지 않았다. 게다가 바람둥이였다. 도박 중독에 여성을 좋아하는 성격은 사업에 최악의 조합으로 작용했다.

아버지는 경마에 걸 돈만큼은 무조건 남겨뒀다. 그렇다고 크게 딴 적은 없었던 것 같다. 딴다고 해도 오래가지 않았다. 얼마 지나지 않아 모조리 도박에 탕진하기 일쑤였다. 아버지 뜻대로 되는 일은 드물었다. 지금은 메릴랜드주 페어그라운드 Maryland State Fairgrounds로 알려진 티모니엄페어그라운드 Timonium Fairgrounds 경마장에서 어떤 말에게 약을 먹일 거라는 정보가 아버지 귀에 들어온 적이 있었다. 확실하다고 했고 무엇보다 그 말은 승산이 없는 말이었다. 다시 말하면 아버지가 그 말에 거는 돈을 20~30배로 돌려받는다는 뜻이었다. 만약 이긴다면 말이다.

그래서 아버지는 돈이란 돈은 다 긁어모아서 그 말이 이긴다는 데 전부 걸었다. 정말 약을 투여했을까? 그건 확실하다. 종이 울리고 게이트가 열리자마자 아버지의 말은 로켓처럼 튀어나갔다. 그 말은 첫 주로에서 3~4마신^{length}(말의 코부터 궁둥이까지의 길이)으로 앞섰다. 두 번째 주로에서는 6마신이 앞섰다. 속도가 점점 빨라지는 듯했다. 파턴^{far turn}(결승선이 있는 직선 코스로 들어오는 곡선 주로_옮긴이)에서는 12마신 차이로 선두였다. 세상에! 드디어 아버지가 빛을 볼 날이 왔다. 장밋빛 미래가 코앞이었다. 그 말은 결승선을 향해 미친 듯이 방향을 틀었다. 그러다 주로에서 멀리 튕겨나갔다. 아주 멀리. 약에 심하게 취해서 너무 빨리 달리다가 마지막 턴을 돌지 못한 것이다. 말은 주로 외곽에 세워진 울타리를 들이받고 즉사했으며 기수도 거의 죽을 뻔했다. 승리의 영광을 앞두고 절정에 올랐던 아버지는 패자에게 돈을 몽땅 건 얼간이로 곤두박질쳤다.

사실 우리집은 늘 파산 상태였고 계속 빚에 짓눌렸다. 배를 곯은 적은 거의 없지만 음식의 질은 별로 좋지 않았다. 어머니는 요리를 잘하는 편이었고 즐겨 만드는 건 미트로프나 사워 비프^{sour beef}(새콤한 맛이 나는 소고기 요리_옮긴이), 덤플링, 마니코티^{manicotti}(속을 채운 파스타의 일종_옮긴이) 등이었다. 소고기 그레이비소스를 뿌린 참치 샌드위치를 서프 앤드 터프^{surf and turf}(해산물과 육류를 함께 내는 요리_옮긴이)라며 내기도 했다. 확실히 배가 고프면 뭐든 맛있다. 어머니는 가끔 마요네즈를 잔뜩 바른 하얀 샌드위치도 만들어줬다. 참 맛있었다. 나는 지금도 그 맛을 좋아한다.

도박을 좋아하는 성향은 어머니도 마찬가지였고, 아버지 못지않게 심각했다. 세상에 천생연분이 있다면 아버지와 어머니일 것이다. 어머니는 버트 이모와 함께 빙고게임을 하러 다녔고, 아버지는 시간만 나면 경마장에 가거나 골프를 쳤다.

이런 도박 습관 때문에 어렸을 때 경제적으로 어려운 시기를 자주 겪었지만 몇 가지 장점도 있었다. 내가 예닐곱 살 정도였을 때 어머니는 경마신문 읽는 법을 가르쳐줬다. 경주에 따라 거리가 8분의 7마일(1.4킬로미터_옮긴이)이나 1과 16분의 1마일(1.7킬로미터_옮긴이)일 때가 있다. 어머니가 16분의 1보다 8분의 1이 더 큰 원리를 설명해주었던 기억이 난다. 나는 초등학교, 중학교, 고등학교 모두 성적이 안 좋았지만 어머니 덕분에 분수 하나는 제대로 이해했다.

어머니는 무척 매력적인 여성이었지만 늘 자존감이 낮았다. 자기 능력을 믿지 못해서 스스로 아무것도 못한다고 생각했다. 평생 운전도 배우지 않았다. 전업주부로 아이 셋을 키우면서 직장을 구하거나 유지할 수 없다고 생각했고, 스스로 죄수로 여길 때가 많았다. 가끔 집 밖으로 나가는 건 주로 빙고홀에 갈 때였다. 빙고홀에 갈 돈은 용케 항상 있었지만, 운전해서 가려면 다른 사람에게 부탁해야 했다. 물건을 사거나 다른 곳에 갈 때도 마찬가지였다.

어머니는 불안정한 면이 있었지만 내가 아는 여성 중에 누구보다 똑똑한 사람이었다. 내 명석함은 전부 어머니에게서 물려받았다. 어머니는 정말 예리했고, 한 번 본 옷은 완벽하게 본을 뜰 수 있었다. 기억력도 남달랐다. 빙고를 할 때 자기가 적은 번호가 불리면 카드에 표시하지 않았다. 무슨 번호를 적었는지, 무엇이 불렸는지 다 기억했기 때문이다. 워낙 기억력이 좋아서 나와 앨런, 베벌리가 어머니를 속이는 건 불가능했기에 아예 시도도 하지 않았다. 그리고 어머니는 잔인할 정도로 직설적이었다. 상대가 듣고 싶어 하건 말건 거침없이 자기 생각을 말했다(나는 이런 면도 물려받았다). 이런 성격이 친구를 많이 사귀거나 더 나은 삶을 사는 데 도움이 된 건 아니다. 당시 어머니 내면을 묘사하는 단어가 있다면 비참함일 것이다.

우리는 근근이 생활을 이어나갔다. 당시 랠프잡화점은 건실한 사업체였지만 아버지가 도박과 신용카드로 엄청난 빚을 지는 바람에 모든 게 무너졌다. 결국에는 가게를 사실상 거저 넘겼다. 그 결과 우리는 가진 게 별로 없는 상태에서 무일푼으로 전락했다. 정말 아무것도 없었다. 아버지가 산 건 전부 외상이었고 높은 이자 때문에 빚이 불어나기만 했다. 회생할 방법은 없었다. 실패로 절망한 아버지는 그 이후 집에 잘 들어오지 않았다. 원래도 그랬지만.

그 무렵 아버지는 이웃에 사는 여성과 바람을 피웠다. 적어도 어머니는 그렇게 생각했다. 베벌리 부인이라는 이 여성은 머리색이 어둡고 아주 매력적이었다. 나는 베벌리 부인이 무척 아름답다고 생각했다. 어머니는 베벌리 부인이 집에 있고 아버지도 함께 있을 거라고 의심될 때마다 현장을 잡기 위해 여동생을 유모차에 태우고 그 집 근처를 지나가곤 했다. 하지만 내가 아는 한 한 번도 발견한 적이 없었다. 나는 어머니가 아버지 때문에 화난 것을 알고 있었기에 집에서 텔레비전을 보다가 머리색이 검고 조금이라도 베벌리 부인과 닮은 여자가 나오면 채널을 바꿨다. 그러면 어머니가 상처받거나 질투하는 걸 막을 수 있다고 생각했다. 물론 어림도 없었지만 어쨌든 나로서는 노력했다.

　아버지는 어디에 있었든 간에 그래도 밤에는 위스키와 맥주에 잔뜩 취한 채 집에 들어왔다. 특히 아버지가 가게를 잃고 난 후에는 어머니가 아버지를 기다릴 때가 많았다. 어머니는 금속 냄비나 빗자루를 들고 문 뒤에 숨어 있다가 아버지가 들어오면 후려치곤 했다. 몇 번이나 인정사정없이 두들겨 팼다. 다만 아버지는 어머니를 때리지 않았다. 어머니에게 손을 올리는 건 한 번도 못 봤다. 또 맞을 게 확실한데도 항상 집에 왔다. 집에 오래 있는 일은 드물었지만 적어도 우리를 버리지 않았다. 나는 그 점에서 아버지를 존중한다.

　어머니가 좀 다혈질이었던 건 사실이다. 가끔 내가 버릇없이 굴면 가죽끈을 두 줄로 겹쳐서 종아리를 때렸다. 그러면 정신이 번쩍 들었다. 자주 있는 일은 아니었지만 그 따끔함은 잊지 못할 것이다.

　아버지는 사업이 망한 뒤 최선을 다해서 가족을 부양하려 했지만, 당시 우리집은 그리 행복하지 않았다. 애초에 행복했던 때가 없었다. 내가 19살 때 베트남전쟁에서 막 돌아와서 아버지와 함께 밤늦게 외출했던 적이 있다. 아버지는 그날 밤 나를 돌아보며 말했다. "로버트, 언젠가 결혼해서 집에 늦게 들어가면 무조건 심하게 혼나기만 하는 시점이 올 거다. 그럴 때는 아예 밤새우고 오는 게 나아." 어린 나는 아버지에게 이런 조언을 들었다(사실 이 부분은 아버지 말이 맞았다).

　8살쯤 됐을 때 집안 사정은 최악이었다. 빚쟁이가 끊임없이 우리를 괴롭혔고 어머니는 감정적으로 무너졌다. 어머니의 신경쇠약이 처음 발현되었을 때 앨런은 5살이었고, 베벌리는 아기였던 것으로 기억한다. 어머니가 늘 슬퍼하는 모습을 보며 마음은 아팠지만, 어머니는 함께 살기 힘든 사람이었다. 가끔 한밤중에 내 이름을 여러 번 불렀다. "로버트! 로버트! 위층으로 올라와." 깡말라서 속옷만 입은 내가 어머니 앞에 서면 어머니는 1인용 소파 끝에 걸터앉아 나를 쳐다봤다.

"아빠는 어디 있니?" 처음에는 조용히 묻는다.

"몰라요, 엄마." 내가 대답한다.

그러면 훨씬 큰 목소리로 질문이 돌아온다.

"네 아빠는 어디 있냐니까?"

"엄마, 정말 몰라요."

이제 어머니는 온 힘을 다해 소리를 지르기 시작한다.

"네 아빠 어디 갔어?!!"

어머니의 비명은 무척 컸고 절망과 고통으로 가득해서 내 영혼을 꿰뚫는 듯했다.

그러면 나도 소리쳤다. "모른다고요!!" 달리 무슨 말을 해야 할지 몰랐다.

어머니가 자기 머리카락을 뭉텅이로 쥐어뜯고 벽에 계속 머리를 찧으면서 사태는 심각해지곤 했다. 어머니는 덫에 걸린 다친 짐승처럼 끔찍한 소리를 질렀다.

어머니가 발작할 때마다 지켜보는 건 정말 힘들었다. 내가 할 수 있는 일이라고는 가까이 사는 쌍둥이 자매인 버트 이모를 부르는 것뿐이었다. 가끔 이모가 와서 어머니를 진정시켜줬지만 그러지 못할 때도 있었다. 이모가 오지 않는 이유는 자기 자매가 또 악귀에 씌어서 발광하는 모습을 지켜보는 게 고역이었기 때문일 테다. 나는 버트 이모를 부르는 일 말고는 뭘 어떻게 해야 할지 몰라서, 천천히 뒷걸음질하다가 들키지 않고 지하에 있는 침실로 도망쳤다.

나는 베개에 얼굴을 묻고 어머니가 왜 저러는지 생각했다. 무섭기보다 수치스러웠다. 어머니의 행동을 이해하고 싶었지만 그때는 불가능했다. 뭔가 잘못된 것 같았다. 내가 아는 건 그 정도였다. 어머니가 어딘가 망가졌다는 사실은 이해했지만, 그 고통의 깊이는 알 수 없었다. 어쨌든 당시에는 그랬다.

어머니는 가끔 자살하겠다며 위협했다. 나는 제발 그러지 말라고 애원했다. "제발요, 엄마. 그러지 마세요." 그렇게 간절히 빌었다.

어머니가 죽는 건 싫었다. 그 위협만으로도 심장이 내려앉는 듯했다. 어머니는 비닐봉지에 머리를 넣고 죽을 거라며 눈앞에서 생생하게 묘사했다. 총을 쏴서 죽겠다는 말은 하지 않았다. 손목을 긋는다는 말도 안 했다. 항상 약이나 비닐봉지였다.

돌이켜 보면 어머니는 최악의 방식으로 나를 조종했다. 그런 어머니의 모습을 지켜보는 건 잔인했고 나는 보통 멍한 상태가 되었다. 감정적으로 어떤 반응도 할 수 없었다. 그렇게 어린 나이에 어머니를 도울 수 없다는 걸 빠르게 깨달았고, 어머니의 극단적인 고통에 나도 비참해졌다. 그래서 어머니가 발작하면 나만의 작은 세상인 지하실로 도망쳐서 회피하는 법을 배웠다. 지하실은 진정 안전하다고 느낄 수 있는 유일한 장소였다.

나는 거기서 장난감 군인을 가지고 놀았다. 이런저런 종류가 섞여 있어서 다 모으면 군대라기보다는 오합지졸 건달 같았다. 카우보이와 인디언, 바이킹, 중세 기사, 남북전쟁 병사를 모두 모아 초록색 플라스틱 군인과 마주 세웠다. 양쪽 다 전투 준비를 하고 어느 한 편을 들지는 않았다. 그저 싸우게 했다. 전투가 끝나면 지하실에는 플라스틱 조각이 사방에 널브러졌다. 전쟁놀이는 단순히 위층에서 느끼는 슬픔을 잊게 해준 정도가 아니었다. 그 자체로 행복했다.

나는 만화책에도 심취했다. 그러면서 독해력이 상당히 좋아졌다. 악당보다는 슈퍼맨, 스파이더맨, 배트맨, 헐크 같은 영웅을 좋아했다. 캐스퍼, 핫 스터프 Hot Stuff, 와일 E. 코요테 Wile E. Coyote, 로드 러너 Road Runner도 좋아했다. 다른 세상에서 슈퍼히어로가 악당을 무찌르고 아치 Archie와 베로니카 Veronica 패거리가 멋지게 살아가는 모습을 지켜보다 스르르 잠드는 것만큼 기분 좋은 일은 없었다. 그렇게 언젠가 내가 살고 싶은 삶을 그리곤 했다.

어렸을 때는 신발 끈 묶는 법을 포함해서 모든 걸 스스로 깨우쳐야 했다. 어머니는 가르쳐줄 만한 상태가 아니었고 아버지는 거의 집을 비웠기 때문에 혼자 알아낼 수밖에 없었다. 먼저 작은 매듭부터 시도했다. 그러면 신발이 고정되긴 했지만 매듭이 작으면 풀기 어려웠고, 결국 긴 신발 끈이 양쪽에 덜렁거려서 밟고 넘어지지 않게 신발 속에 쑤셔넣어야 했다.

그러다 다른 아이들이 맨 매듭에는 고리가 두 개 있다는 사실을 발견했다. 나는 혼자 있을 때마다(보통 혼자였다) 신발 끈 묶는 연습을 하며 놀다가 마침내 고리 두 개를 만드는 법을 알아냈다. 좋게 말해서 독특한 방법이었지만 그래도 목적은 달성했다. 방법을 알아내기까지 시간이 꽤 걸렸지만 결국 커다란 고리 두 개가 있는 매듭을 완성했다. 다른 아이들의 매듭처럼 제 역할은 했다. 그럴듯해 보였고, 풀기 쉬웠고(끈 한쪽을 잡아당기면 완전히 풀렸다), 보통의 매듭 방식보다 끈을 길게 사용했기 때문에 신발 옆에 끈을 집어넣을 필요가 없었다. 게다가 묶는 데 빨랐다. 나는 지금도 옛날 지하 방에서 혼자 익혔던 방법으로 신발 끈을 묶는다.

가끔 돈이 생기면 체리 맛 라이프세이버스Life Savers(미국 간식 브랜드_옮긴이)를 한 통 사 먹었다. 눈물 나게 맛있었다. 침대에 앉아 하나까지 입에 넣은 다음 그 맛을 음미했다. 젤리를 하나하나 오래 먹으려고 애썼다. 최대한 길게 죽 늘인 다음, 천천히 녹여서 잘게 끊어 먹었다. 하룻밤에 하나를 넘기는 법은 없었다. 체리 맛 라이프세이버스 한 통과 재미있는 만화책 한 권(특히 아직 읽지 않은 신간)만 있으면 그야말로 완벽한 밤이었다. 지금도 체리 맛 라이프세이버스를 먹을 때마다 모든 게 괜찮다는 기분이 든다. 기묘한 안정감이자 어린 시절 몇 안 되는 좋은 기억 중 하나다. 가끔 누가 버터스카치 맛을 선물로 줄 때도 있다. 버터스카치도 좋지만, 체리 맛은…… 뭐랄까, 완벽한 골프 샷 같다. 바로 이거라는 느낌이 곧바로 머리를 때린다.

어린 시절 내 주변은 혼란스럽고 떠들썩했지만, 가끔 누워서 난 참 운이 좋다고 생각했다. 진심이었다. 언젠가 삶이 더 나아질 수 있고 나아질 거라고 믿었다.

9살 무렵 어느 날 밤에 어머니가 발작했다. 나는 침실로 도망가서 무릎을 꿇고 신에게 기도했다. 늘 그랬듯이 진지하게. 다만 이 상황에서 벗어나게 해달라고 빌지는 않았다. 대신에 이렇게 말했다. '하느님, 제가 커서 언젠가 제게도 가족이 생기면, 가족에게 필요한 건 늘 해주겠다고 약속할게요.' 나는 그 약속을 한 번도 깬 적이 없다.

우리 가족은 어머니의 병에 관해 한마디도 입 밖에 내지 않았고, 나는 집에 무슨 일이 있는지 누구에게도 말하지 않았다. 하지만 사람들은 내 어머니에게 문제가 있다는 걸 이미 알았다. 우리 형제 중에 누가 밖에서 친구들과 놀면 어머니는 꼭 무슨 이유든 찾아내서 아이들에게 소리를 질렀고 '망할 자식' 같은 끔찍한 욕설을 했다. 아이들이 집에 가서 부모님에게 그 얘기를 하면 부모님은 우리와 놀지 말라고 했다. 나는 친구들을 그렇게 대하는 어머니가 원망스러웠다. 지금은 덤덤해졌지만, 당시에는 어머니의 변덕스럽고 예측하기 힘든 행동 때문에 무척 힘들었다.

기억하기로는 어떤 아이의 집 뒷마당에 수영장이 있었다. 골판 금속으로 제작해서 플라스틱으로 내부를 마감한 동그란 실외 수영장이었다. 그리 크지 않아서 정원 호스로 수영장에 물을 채웠다. 당시 우리 골목 위쪽에 해리슨이라는 남자아이가 살았다. 그 가족이 수영장을 샀을 때 해리슨의 어머니는 이웃 아이들을 많이 초대했다. 물론 앨런과 나는 예외였다. 그날 동네 위쪽을 걷다가 그 집을 지났던 기억이 난다. 앨런이 해리슨네 마당 바깥에 쳐진 울타리를 붙잡고 서서 안을 훔쳐보고 있었다.

"앨런, 여기서 뭐 해?" 내가 물었다.

앨런이 대답했다. "다들 수영장에서 노는 걸 보고 있어." 그때 나는 무척 가슴이 아팠다. 앨런이 나를 돌아보며 말했다. "해리슨 엄마한테 물어봤는데 여기서 봐도 괜찮대."

나는 한숨을 쉬었다. "앨런, 이런 짓 하지 마. 가서 우리끼리 재미있게 놀자." 그렇게 우리는 그곳을 떠났다.

부모님과 그리 가깝게 지내지는 못했지만 나는 두 분을 사랑했다. 다른 부모님과 바꿀 수 있다고 해도 그럴 생각은 없다. 두 분 다 단점이 있었지만 주어진 상황을 생각하면 본인 나름대로 최선을 다했다고 생각한다. 우리 아버지가 나아지려고 노력하던 시기도 있었다. 아버지는 가끔 앨런과 나를 데리고 야구나 캐치볼을 하러 갔다. 나는 그렇게 함께하는 시간이 좋았다. 가끔 삼촌도 한두 명 합류해서 미식축구를 했다. 우리 남자들만. 정말 재미있고 소중한 시간이었다. 조금이나마 남자들과 어울리는 게 기분이 좋았다.

아버지는 몽고메리워드Montgomery Ward(1872년에 설립되어 통신 판매로 성장한 유통 업체_옮긴이)에서 영업사원으로 일하면서 가끔 집에 저렴한 스테이크를 가져와서 어머니에게 구워달라고 했다. 그러고는 살을 발라서 내게 주었다. 얼마나 맛있었는지 모른다. 정말 행복했다. 아버지는 저녁을 먹고 나면 당신이 제일 좋아하는 〈언터처블The Untouchables〉을 보곤 했다. 로버트 스택Robert Stack이 출연하는 드라마였다. 아주 가끔 나도 함께 봤다.

어린 시절 집에서 가장 행복했던 기억은 크리스마스에 예쁜 트리를 장식하거나, 무더운 여름밤 안방 에어컨 옆에서 남동생과 함께 자거나, 아버지와 캐치볼을 하는 것처럼 아주 사소한 순간이었다. 하지만 단연코 최고는 크리스마스 아침이라고 할 수 있다. 크리스마스 날 아침을 좋아하지 않는 아이가 어디 있겠는가? 어느 해에 남동생과 나는 새벽에 일어났다. 새벽이 되기도 전이었던 듯하다. 우리는 살금살금 계단을 올라가서 다른 사람이 깨기 전에 트리에 있는 선물을 풀었다. 또 어떤 해에는 아버지가 실수로 우리에게 공기총을 사줬다. 우리는 총을 장전하고 한동안 감탄하며 들고 있다가 크리스마스트리에 있는 골동품 전구를 하나씩 쏘기로 했다. 내가 먼저 쏘고 앨런이 다음이었다. 탕! 탕! 그리고 한 번만 더 쏘기로 했지만, 앨런이 멈추지 않기에 나도 계속했다. 트리에 있던 전구는 금방 박살 났다. 아버지는 물론 화를 냈다. 아버지가 트리 주위에 설치한 선로에서 새 장난감 열차를 충돌시켰을 때와 거의 비슷한 반응이었다. 빵! 아버지는 두 번 다 우리를 호되게 꾸짖었지만 벌주지는 않았다. 앨런과 나는 아버지의 그런 면이 좋았다.

하지만 절대 잊지 못할 크리스마스는 따로 있다. 11살이나 12살쯤 됐을 때 나는 여전히 플라스틱 병정을 갖고 놀면서 늘 전투 흉내를 내곤 했다. 당시 길 위쪽에 있던 스탠리잡화점에서는 추수감사절 무렵이 되면 크리스마스에 판매할 장난감을 진열했다. 일반 장난감보다 12배는 컸다. 투명 플라스틱으로 포장된 장난감들이 화려한 마분지 배경에 놓여 있었다. 아이들이 손대지 못하게 하려고 잡화점에서 가장 높은 선반에 둬서 손은 닿지 않았지만, 모든 게 잘 보였다. 동네 아이들은 너나 할 것 없이 잡화점에 가서 자기가 갖고 싶은 걸 꿈꿨다. 여자아이들이 좋아하는 인형과 주방 모형, 남자아이들이 좋아하는 총과 축구공도 있었다.

특히 그해에는 파이팅레이디라는 장난감 구축함이 있었다. 다트를 쏘는 총과 바다을 '항해'하는 숨은 바퀴가 있었고 바다에 뜬 것처럼 보였다. 아이에게는 꿈만 같은 대단한 장난감이었다. 나는 날마다 그 전투함을 보러 잡화점에 갔다.

결국 부모님께 장난감 얘기를 했다. 그해 내가 원하는 건 그 전투함뿐이었다.

"산타가 뭘 줄지 누가 알겠니." 어머니가 말했다. 나는 그 말을 듣고 상점에 가서 스탠리 씨인지 아내인 몰리 부인인지 정확하진 않지만 어쨌든 말했다. "엄마랑 아빠가 크리스마스에 선물로 주기로 하셨으니까 다른 데 파시면 안 돼요." 그들은 늘 이렇게 대답했다. "알았어."

어머니와 아버지가 몇 주 동안 하는 말에 나는 당연히 트리 밑에서 그 배가 나올 거라고 믿었다. 하지만 그런 일은 없었다.

크리스마스 날 아침 일찍, 나는 파이팅레이디를 작동할 기대에 차서 지하실 계단을 올라왔다. 트리 주변을 샅샅이 뒤졌지만 눈에 띄지 않았다. 거기 없다는 사실을 인정하기 싫었다. 결국 그 장난감 대신 바지를 선물받았다. 그리고 절망에 빠졌다. 참담할 정도로 당황스러웠다. 내가 그 장난감을 간절히 기다렸다는 건 부모님도 모르지 않았다. 어머니와 아버지는 그해 선물을 살 돈이 없었다고 변명했지만, 그 돈이 어디로 갔는지는 뻔했다. 내 부모님은 나보다 말에 돈을 거는 게 더 중요한 분들이라고 생각했다.

울지는 않았던 것 같지만 울고 싶은 기분이었다. 화났다기보다는 마음속 깊이 실망했다. 이 이야기를 쓰는 지금도 그 일이 여태 이렇게나 상처로 남았다는 게 놀라울 정도다. 이제 갖고 싶으면 파이팅레이디를 100개도 더 살 수 있지만 그건 중요하지 않다. 부모님은 플라스틱 배가 내게 얼마나 중요한지 알고도 개의치 않았고 내게 상처를 줬다.

믿기 힘들겠지만 삶이 계획이나 의도대로 흘러가지 않아도 항상 희망은 존재한다. 나는 그날 이후 무엇이든 지나치게 기대하면 안 된다는 사실을 배웠다. 파이팅레이디 덕분에 얻은 교훈이다. 살면서 확실해지기 전까지 확실한 건 아무것도 없다. 이건 진리다.

결국 우리 부모님은 50년 넘게 결혼 생활을 했다. 그렇다고 완벽한 결혼은 아니었다. 그런 결혼이 어디에 있겠는가? 하지만 그분들의 아들로서 말하자면, 부부라면 언제든 어떻게든 서로 다치지 않게 보호해야 한다고 생각한다.

아버지는 온갖 단점에도 불구하고 상당히 분별력 있는 분이었다. 당신의 생각과 신념을 최대한 우리에게 전하려 했고, 기억할 만한 조언을 한 적도 많았다. 가끔 알코올에 정신이 흐려지기도 했지만 아버지의 말은 내 뇌리에 박혔다. 아버지는 우리 모두 인생을 함께하는 동반자라고 했다. 어느 순간 내게 타인이 필요하고, 타인에게는 내가 필요하다고. 아버지는 깊이 들어가면 종교나 피부색과 상관없이 거의 모두가 좋은 사람이고 동등하다고 믿었다. 내가 대접받고 싶은 방식으로 다른 사람을 대하라고 했다. 인생은 짧으니 날씨가 좋은 곳에서 살아야 한다고도 했다. 이 말들은 단순하지만 내 삶에 멋진 변화를 가져온 조언이었다. 이것만큼은 아버지에게 빚을 졌다.

이 책을 쓰기 전까지는 내가 아버지와 어머니를 이렇게 사랑했는지 몰랐다. 가끔 인생을 돌아보면서 의미와 목적을 찾아야 할 때가 있다. 두 분 없이는 오늘의 나도 없었을 것이다.

2

세상은 평등하게 불평등하다

나는 어렸을 때 83번 공립학교에 다녔다. 정말 좋은 곳이었다. 항상 행복했던 곳으로 기억한다. 학교에 있을 때는 모든 게 긍정적으로 보였다. 집에 있을 때와는 반대였다.

나는 중학교 때까지 터놓고 대화할 친구 하나 없이 우리 집 지하실에 틀어박혀 있다시피 했다. 잠깐 리틀리그Little League(9~12세까지 소년들이 출전하는 야구 리그_옮긴이)에서 뛴 적도 있었다. 하지만 실력이 향상될 정도로 운동하지 않았으니 훌륭한 선수라고는 볼 수 없었다. 내가 베이스를 밟은 건 야구공에 맞았을 때뿐이었다. 그때는 몹시 흥분했다. 자신감에 차서 선두로 달렸다. 쌩쌩 달리는데 헉! 그대로 투수가 돌더니 공을 일루수에게 던졌다. 나는 그대로 아웃이었다! 아버지가 이 이야기를 듣고는 말했다. "아들아, 관중을 웃기는 사람도 필요해."

부모는 자녀에게 재능이 있는지 없는지 안다. 내게는 야구 재능이 없었다. 아버지는 그 일을 두고 웃었다. 내가 운동선수로 성공할 재능이 없다고 나무라지 않았다. 기대가 없으니 운동 때문에 부담을 느끼는 일도 없었다.

나는 크면서 집 밖으로 나오는 일이 많아졌고 아주 좋은 친구들을 사귀었다. 이유는 모르지만 나와 절친한 친구들은 누구나 친해지고 싶어 하는 좋은 아이들이었다. 똑똑하고 품행이 발라서 내게 긍정적인 영향을 미쳤다. 폴 콜브 Paul Kolb는 나처럼 독서를 좋아했다. 나는 폴을 따라 금속 롤러스케이트를 타는 롤러 하키를 시작했다. 모르는 사람들을 위해 말해두지만 롤러 하키는 정말 힘든 운동이다. 경기장 바닥은 보통 콘크리트로 아주 딱딱하다. 넘어지거나 쓰러지면 엄청나게 아프다. 경기하다 심하게 멍이 든 채 집에 간 적도 많았다. 어머니가 상처를 보고 물었다. "대체 뭘 한 거니?" 내가 대답했다. "엄마, 롤러 하키를 하다가 다쳤어요." "맞고 싶으면 나한테 말하지 그랬어. 흠씬 두들겨줄 텐데." 나는 굳이 하키가 얼마나 재미있는지 말하지 않고 그냥 자리를 벗어났다.

폴과 나는 자주 시내버스를 타고 시내에 가서 프로 아이스하키와 농구 경기를 관람했다. 밤 9시나 10시에 경기가 끝나면 스트립클럽이 잔뜩 모여 있는 동네에서 열 블록을 걸어 다녔다. 그곳에 파이가 아주 맛있는 피자 가게가 있었다. 각자 한 조각씩 입에 물고 스트립클럽을 지나다녔다. 클럽 정문은 보통 열려 있었고, 우리는 스트리퍼가 공연하는 모습을 훔쳐보려고 힐끗대곤 했다. 하지만 성공한 적은 없었다. 클럽에서 일하는 가드가 철저히 지켰기 때문이다. 그러나 어쩌다 별 패치로 가린 가슴이 얼핏 보이면 우리는 야단법석이었다. 그 주 내내 그 이야기만 했다. 친구 에드거가 끼어들었다. "미국이라서 별 모양인가?" 폴과 나는 그저 웃기만 했다. 그 애국적인 별 패치가 사실 법으로 정해진 가리개라는 건 나중에야 알았다.

론 페론Ron Perone도 좋은 녀석이었다. 특히 늘 홍미진진한 미래를 계획하고 있다는 점이 좋았다. 론이 언젠가 금융과 투자 분야로 진출해서 메릴린치Merrill Lynch에서 일하겠다고 했던 기억이 난다.

제임스 탱커슬리James Tankersley는 나보다 네다섯 살 많았다. 친절하고 착한 형이었다. 처음 만났을 때 나는 12살, 제임스는 16살쯤이었다. 제임스는 어머니, 할머니와 함께 살았다. 우리가 만나기 몇 년 전에 아버지가 돌아가셨다고 했던 것 같다. 나는 제임스의 집에 자주 갔다. 그곳에 있으면 기분이 좋았다. 문을 두드리고, 어머니나 할머니가 대답할 때까지 기다렸다가 제임스가 있냐고 물었다. 두 분은 늘 나를 따뜻하게 맞이했다. 가끔 제임스의 어머니가 갓 구운 쿠키와 길쭉한 잔에 담긴 우유를 주기도 했다. 아주 다정한 가족이었다.

제임스네에 갈 때마다 거실에 있는 체스 세트가 눈길을 사로잡았다. 궁금해져서 체스를 가르쳐줄 수 있냐고 했더니, 제임스는 선뜻 가르쳐줬다. 내 말을 움직이고 반대편 말을 잡는 법을 배우고 나서 몇 달 동안 여러 번 체스를 했고, 나는 게임이 전반적으로 어떻게 흘러가는지 이해했다. 그러자 제임스는 몇 가지 전략도 가르쳐줬다. 그 따뜻한 마음씨와 체스라는 선물을 준 그를 절대 잊지 못할 것이다.

자기 확신이 뚜렷한 제임스는 존경할 만한 사람이었다. 어린 나이에도 제임스가 무척 진실한 사람이라는 걸 알았다. 몇 년 후 제임스는 소방관이 되었다. 어느 날 화재를 진압하다가 불타는 집에 뛰어들어가서 아이들을 구조했다. 한 아이를 구해서 나왔다가 불타는 건물에 또 들어가서 다른 아이를 찾아서 빠져나왔다. 그리고 세 번째로 들어갔을 때는 나오지 못했다. 그 생각을 하면 지금도 눈물이 난다. 정말 가슴 아프게 친구를 잃었다. 지금도 나는 체스를 둘 때마다 제임스를 떠올린다.

———※———

아버지는 사업이 실패한 후로 무슨 이유에선지 가톨릭교도가 됐다. 그때까지만 해도 나는 무교였다. 성당에는 한 번도 가본 적이 없었다. 하지만 아버지는 새 종교에 맞춰, 83번 공립학교에 다니던 나와 내 동생을 '헝가리의 성엘리자베스'라는 가톨릭 초등학교에 입학시켰다. 교사는 모두 프란치스코 수녀로 커다란 펭귄 같은 옷을 입었다. 그 옷을 입으면 얼굴만 보인다. 내 눈에는 대부분 나이 많고 심술궂어 보였다.

그때 나는 3학년이었고 왜 학교를 옮겨야 하는지 이해하기 힘들었다. 전학한 첫날부터 좋은 학생이 아니었고 성적은 곤두박질쳤다. 숙제도 아예 안 했다. 꼭 해야 하는 게 아니면 어떤 활동에도 참여하지 않았다. 무엇보다 집안 사정 때문에 대단히 혼란스럽고 심란한 나날이었다. 그저 행복해지고 싶었지만 83번 공립학교를 떠나서는 불가능했다. 성엘리자베스에서는 행복한 순간도 오래가지 않았다. 집에서는 모든 것이 무너져 내렸다. 온통 비명만 들리는 아수라장이었다.

성엘리자베스에 처음 등교한 날 예수님이 매달린 커다란 십자가상이 눈에 띄었다. 내 눈에는 더하기 표지판에 남자가 못 박힌 것처럼 보였다. '이곳 사람들은 수학에 진심이구나!' 속으로 그렇게 생각했다.

우리는 일찍 등교해서 제일 먼저 미사에 참석해야 했다. 당시 예배는 처음부터 끝까지 라틴어로 진행되었고, 나는 내내 꼼지락거렸다. 돌이켜 보면 진단되지 않았을 뿐 내게 주의력 결핍증이 있었던 것 같다. 그때는 가만히 있지 못하는 증상을 가리키는 병명이 없었다. 요즘 같으면 리탈린^{Ritalin}(ADHD를 치료하는 약물_옮긴이)을 들이부었겠지만, 당시에는 수녀들을 짜증 나게 하는 행동 문제일 뿐이었다.

나는 교실에서 쓰는 노란색 연필을 곧잘 씹어댔다. 언젠가 연필을 이쑤시개로 만들었을 정도였다. 질겅질겅 씹다 보면 노란 조각이 치아에 끼고 온 입술에 묻었다. 아마 광견병에 걸린 짐승처럼 보였을 테다. 자제하기 힘든 불안한 에너지가 나를 뒤흔들었다. 예배하는 날 아침이면 반 친구들과 함께 코트와 모자를 갖고 놀거나 뭐든 만지작대며 시간을 때웠다. 신도석 앞 벤치에는 작은 모자걸이가 있었고, 그걸 눌렀다 놨다 하면서 놀다 보면 부러지기 일쑤였다. 부러질 때 시끄러운 소리가 나면 곧 수녀가 다가왔다. 수녀들과 사사건건 부딪쳤고, 나는 금방 품행 불량으로 유명해졌다.

얼마 지나지 않아 반 친구들 몇 명과 함께 미사에 나가지 않았다. 수녀들은 아이들이 없어진 걸 눈치채고 학교 뒷골목으로 쫓아왔다. 그건 좀 재미있었다. 수녀들이 수녀복을 입고 제아무리 열심히 뛰어도 우리를 잡지는 못했다.

3학년 때 내 담임교사는 루이스 곤자가 Louis Gonzaga라는 수녀였다. 그녀는 1960년에 종말이 와서 우리 부모는 지옥에 갈 테고, 아마 우리도 갈 거라고 했다. 데비 다우너 Debbie Downer(미국 코미디 프로그램에 등장하는 캐릭터로 매사에 부정적인 사람을 뜻한다_옮긴이)가 따로 없었다. 언젠가 곤자가 수녀는 반 학생에게 커서 뭐가 되고 싶냐고 물었다. "변호사요." 아이가 자랑스럽게 대답했다.

"거참 안됐구나. 1960년에 종말이 와서 너와 네 부모님은 지옥에서 불탈 테니까 말이다."

확실했다. 담임은 정상이 아니었다.

나는 성엘리자베스에 다닌 첫날부터 세상이 1960년에 끝난다는 곤자가 수녀의 말에 세뇌됐다. 1959년 12월 31일에 부모님이 새해 전날 파티를 열고 지인들과 자정까지 시간을 세면서 축하하는 동안, 나는 아버지의 소파에 앉아서 종말을 기다렸다. 복수의 천사가 와서 모든 걸 파괴하고 세상이 끝나길 고대했다. 하지만 아무 일도 없었다. 전혀. 다 헛소리였다. 3학년 때 곤자가 수녀는 성모님이 자기 앞에 현신해서 세상의 종말이 다가온다고 말했다고 했지만 거짓말이었다. 그 이후로 종교를 믿는 게 더 어려웠다.

수녀가 전부 나쁜 사람은 아니겠지만, 내가 저학년 때 만난 수녀들은 대부분 꽤 끔찍했다. 이모는 우리가 전학한다는 말을 듣고, 성엘리자베스에서 말썽을 피우면 수녀들이 인정사정없이 때릴 거라고 경고했다. 하지만 미리 경고를 듣는다고 달라지는 건 없었다. 나는 커다란 나무 손잡이 빗자루로 손바닥을 맞거나 자로 손가락 관절을 맞았다. 수녀들은 다시는 맞기 싫을 정도로 세게 때렸지만 정말 다칠 정도로 패지는 않았다. 이렇게 맞은 이야기를 집에 가서 부모님께 하면 또 맞았다. 부모님은 보통 그런 벌을 받아도 싼 행동을 내가 했다고 생각했기 때문이다. 부모님 생각에는 수녀가 잘못할 리가 없었다. 내가 보기엔 모든 게 잘못이었다.

수녀들에게 본격적으로 구타당한 적은 없었다. 하지만 갈취는? 그건 다른 얘기다. 수녀들은 대주교의 구호 기금 모금에 아주 진지하게 임했다. 어느 반 아이들이 가장 돈을 많이 모금하는지 대회를 열 정도였다. 내 남동생은 반에서 수녀가 한 아이를 뒤집어 들고는 주머니에서 동전을 빼려고 탈탈 흔드는 것을 목격했다. 내 몸집이 반에서 제일 크지는 않았지만 제일 작지도 않아서 다행히 그런 취급은 면했다.

나와 내 동생은 가톨릭 학교에서의 생활을 좋아한 적이 없었다. 독실한 가톨릭교도라고 말하기도 힘들었다. 그냥 그곳은 우리와는 안 맞았다.

어머니는 일요일마다 우리에게 헌금으로 25센트씩 쥐여주고 성당에 보냈다. 실제로 몇 번 가기도 했지만, 날씨가 좋으면 성당 대신에 길 건너 패터슨공원에 갔다. 잠깐 놀다가 일요일에 여는 동네 약국에서 25센트로 아이스크림을 샀다. 콘 아이스크림을 들고 동네 축구장 옆 언덕에 가서 그날 하는 경기를 구경했다.

"신이 우리에게 바라는 건 이런 게 아닐까?" 난 앨런에게 물었다.

성당에 가기보다는 내가 사랑하고 아끼는 동생과 함께하는 편이 확실히 더 의미 있었다. 그 대가로 지옥에 가는 걸 감수할 수 있을 정도로.

우리는 이 특별한 일요일을 부모님께 말하지 않았다. 그랬다가는 아마 흠씬 두들겨 맞았을 것이다. 오로지 형제 둘만의 비밀로 간직했다. 나는 그 모든 순간을 사랑했다.

내가 5학년일 때 앨런은 2학년이었다. 백금발에 눈이 수정처럼 푸른 앨런은 낯을 가리지 않았고 붙임성이 좋았다. 나처럼 내성적인 성격이 아니었다. 예의 바르고 세련되고 매력적이었고 마음만 먹으면 브루클린다리도 팔 수 있는 아이였다. 사람들은 앨런의 이런 면을 좋아했다.

성엘리자베스의 트리나 수녀는 부업으로 에이번^Avon 화장품을 판매했다. 그리고 앨런을 눈여겨봤다. 어찌나 좋게 봤는지 고객의 집에 방문해서 에이번 제품을 판매할 때 앨런의 순진함과 매력을 이용했다. 여성들의 반응이 좋았고, 앨런은 트리나 수녀를 위해 몇 번이고 거래를 성사시켜 화장품을 많이 팔았다. 트리나 수녀는 보답으로 앨런이 수업을 빼먹어도 눈감아줬다. 앨런은 화장품을 팔거나 엘우드 공원에서 그네를 타느라 수업에 빠지는 바람에 3학년 때는 학업에 뒤처졌다. 한동안 고생했지만 결국에는 따라잡았다.

나는 5학년이 됐을 때쯤 공부를 포기했다. 3학년도 낙제할 뻔했다. 4학년 때는 비키 케니^Vicky Kenny라는 보조 교사가 있었다. 그 교사는 나를 전혀 좋아하지 않았다. 내가 화장실에 가도 되냐고 질문했더니 안 된다고 했다. 한 번 더 물었지만 마찬가지였다. 나는 세 번째로 손을 들고 말했다. "정말 너무 급해요."

"안 된다고 했잖니." 미스 케니가 다시 말했다.

당연히 옷을 입은 채로 오줌을 쌌다. 비참한 기분이었다. 반 친구들 모두 그 모습을 목격했다.

"대체 왜 이러는 거야?" 정말 급하다는 말은 듣지도 못했다는 양 미스 케니가 물었다.

너무 창피해서 눈물이 났다. 그러자 미스 케니는 내게 다 큰 아기라고 했고, 내 기분은 더 나빠졌다. 분명히 내 잘못이 아니었다. 급하면 화장실에 가는 게 당연하지 않나? 아이들이 약간 놀리긴 했지만 놀랍게도 그 일을 나처럼 부당하게 생각했다. 자신에게도 벌어질 수 있는 일이었기 때문이다. 그 점은 아이들에게 늘 고마웠다.

하지만 미스 케니가 한 짓 중에 최악은 철자법 대회 때였다. 나는 만화책을 많이 읽었기 때문에 철자라면 웬만큼 자신 있었다. 따로 단어를 공부하지는 않았지만 끼워 맞추는 재주가 있었다. 그날 철자법 대회의 우승 상품은 보호하시는 예수님 초상이 들어간 특별 미사 카드였다. 늘 주머니나 지갑에 넣고 다니는 용도였다. 나는 그 카드가 꼭 갖고 싶었다. 특히 타이론 스미스Tyrone Smith를 제치고 철자법 대회에서 우승하고 싶었다. 타이론은 늘 누구에게나 잘해주는 착한 아이였고 미스 케니가 제일 좋아하는 제자이기도 했다. 내가 알기로 타이론은 모범생이었을 뿐, 미스 케니의 애제자가 되려고 따로 노력하지는 않았다. 이유가 무엇이든 미스 케니는 타이론을 정말 좋아했다.

타이론과 나의 대결은 마지막 한 단어에 이르렀다. '경이astonishment'였다.

타이론이 더듬거렸다.

내 차례가 됐을 때 나는 자신만만했다. 몇 번이고 읽고 또 읽었던 만화책이 〈경이로운 이야기Tales to Astonish〉였기 때문이다.

나는 그 단어를 철자 하나하나 다 알았다.

결국 답을 맞혀서 이겼다.

타이론은 자리에 앉았고 나는 승리의 기쁨을 만끽했다.

그런데 미스 케니가 걸어와서 내가 아니라 타이론에게 미사 카드를 건넸다.

"진정한 우승자는 너야." 그렇게 말하더니 다들 탐내는 카드를 타이론에게 줬다.

'뭐야?'

나는 어찌 된 영문인지 이해할 수 없었다.

그러다 생각이 미쳤다. 미스 케니는 타이론을 좋아하고 날 싫어했고, 타이론이 졌는데도 이길 자격이 있다고 생각했다. 그건 불공평했으므로 아무렇지 않았다고 말하지는 못하겠다. 나는 상처받았다. 그것도 아주 많이. 죄책감을 느낀 타이론은 여느 때처럼 친절하게 다가와서 말했다.

"미사 카드는 네가 가져. 이건 네 거야."

"타이론, 선생님이 너한테 줬잖아. 그냥 가지면 돼."

난 내가 이겼다는 걸 알았다. 타이론도 알았다. 다른 아이들도 마찬가지였다.

이때 나는 인생이 공평하지 않다는 걸 깨달았다. 그 이후로 이런 말을 자주 한다. "페어Fair라는 말의 의미를 버스 탈 때 내는 요금 정도로만 생각하면 인생을 잘 살 수 있다(물론 철자법 전문가로서 버스 요금의 철자는 f-a-r-e라는 건 잘 안다).” 그날부터 나는 인생이 공평하리라는 기대를 버렸다.

어쨌든 5학년으로 진급했지만 학교생활에는 여전히 소홀했다. 학교가 싫었고 상황이 나아질 거라는 희망도 없었다. 5학년 담임이었던 브렌다 수녀는 성엘리자베스에서 만난 다른 수녀에 비하면 느긋한 편이었다. 하지만 브렌다 수녀 역시 비열했고 이유는 몰라도 나를 전혀 좋아하지 않았다. 그 무렵 수녀들 사이에서 내가 문제아라는 악명이 굳어진 모양이었고, 확실히 나는 규칙에 순응하는 학생은 아니었다. 그 결과 학교에 다니는 내내 방과 후에 늦게까지 남는 벌을 받았다. 별로 나쁜 짓을 하지는 않았다. 교실에서 떠들지 말라는데 떠들었거나 장난을 친 정도였다.

떠드는 아이가 10명 있으면 브렌다 수녀는 항상 나만 지적했다. “로버트 파슨스. 수업 끝나고 남아.” 그런 일이 한두 번이 아니었다.

그러면 고개를 숙이고 대답했다. “네, 수녀님.”

앨런을 데리고 등하교 했기 때문에 내가 벌을 받으면 앨런도 방과 후에 나와 함께 남아야 했다. 가끔 브렌다 수녀는 기다리는 앨런이 측은했는지 우리를 일찍 보내줬다.

그해 종업식 날, 수녀가 없는 여름을 보낼 기대에 한껏 들떴다. 학교를 벗어나서 브렌다 수녀를 보지 않을 생각에 잔뜩 신난 상태였다. 그날은 무척 덥고 습한 초여름날로 기억한다. 브렌다 수녀는 아카데미 시상식이라도 하는 것처럼 학생들에게 성적표를 나눠줬다. “잘했어, 데비.”, “훌륭하다, 스티브.”, “수고했어, 칼.” 이런 식이었다.

성적표를 받고 나면 일어나서 줄을 섰다. 그러면 수녀는 우리를 데리고 교정을 지나 길 건너 모퉁이에서 기다리는 부모들에게 갔다. 교정이 제법 크다 보니 상당히 거창한 행진이었다. 성당, 학교, 수녀원이 순서대로 한쪽 길가에 일렬로 서 있었다. 사제관은 성당에서 길 건너 맞은편이었고 그쪽 길에서 나머지 건물은 주거 시설이었다. 수녀원 앞에는 사제관과 맞붙은 집들이 있었다. 사제관 뒤쪽에서 길을 건너면 부모님들이 우리를 기다리는 모퉁이가 나왔다.

브렌다 수녀가 나눠주는 성적표에 끝이 보였다. 아직 안 받은 사람은 앤서니와 프랭키, 나뿐이었다. 세 명은 낙제생이었다. 줄을 선 반 친구들은 우리의 눈을 피했다.

"너희 셋은 내가 올 때까지 기다려." 브렌다 수녀가 엄하게 말했다.

그녀는 신난 아이들을 데리고 반을 떠났다.

'망했다. 우리 셋은 낙제인 거야.' 나는 숨 막히는 더위 속에 앉아서 생각했다.

처음에는 멍했다. 나는 문을 흘낏 쳐다봤다가 곧바로 결심했다. 브렌다 수녀가 오기 전에 사라지기로.

나는 앤서니와 프랭키에게는 말도 없이 책상에서 일어나 교실을 나갔다. 복도를 뛰어 계단으로 내려가서 뒷문으로 탈출했다. 그때부터 수녀원 뒷길을 내달리다가 수녀원을 둘러싼 울타리를 따라 뛰었다. 모퉁이에 도착해서 주위를 둘러보자 우리 반 아이들과 브렌다 수녀가 내 쪽으로 걸어오는 모습이 보였다. 학교 마지막 날 수녀들은 대부분 자기 반 아이들과 거리를 쭉 걸어가다가 길을 건너서 아이들을 기다리던 부모님을 만났다. 브렌다 수녀도 그랬으면 내 운명은 끝이었다. 하지만 나는 내가 아는 사실에 운명을 걸었다.

브렌다 수녀는 게을렀다. 할 필요가 없으면 굳이 하지 않았다. 방과 후까지 근무하지 않는 열흘 정도는 항상 아이들끼리 일찍 보내고는 곧장 수녀원 정문으로 갔다. 수녀원 울타리를 훔쳐봤더니 다행히 이번에도 나를 실망시키지 않을 모양이었다. 브렌다 수녀는 아이들에게서 등을 돌리고 불경한 세 아이를 벌하러 교실로 돌아가는 길이었다. 나는 아이들이 지나갈 때까지 울타리에서 기다렸다. 놀랍게도 다들 학교가 끝나고 여름방학이 시작된다는 사실에 들떠서 아무도 내게 신경 쓰지 않았다. 휴! 나는 줄 뒤에 서서 거리를 건넜고 나를 기다리던 동생과 아버지를 만났다. 아버지는 학교 마지막 날에 앨런과 나를 데리러 오겠다고 했다.

"성적표는 어디 있니?" 아버지가 물었다.

"수녀님이 안 주셨어요." 내가 대답했다. 거짓말은 아니었다.

"왜?"

그때 거짓말을 했다. "아빠, 올해는 합격하면 성적표를 안 줘요." 내 표정은 태연했다.

"확실히 말해봐. 통과하면 성적표를 안 준다고?"

"네, 아빠. 안 받았어요." 나는 진실이라는 듯 당당하게 우겼다.

동생이 성적표를 가져왔으니 아버지는 뭔가 의심스러운 모양이었다. 경마신문을 들고 입에는 타레이톤^{Tareyton} 담배를 물고 잠시 조용히 서서 나를 바라보더니, 길에 엉덩이를 털고 담배 연기를 뿜으며 말했다. "알았다. 차에 타."

나는 안도의 한숨을 쉬었다. 아버지가 진실을 모르기만 바랄 뿐이었다.

아버지는 앨런과 나를 루이스 J. 스미스Louis J. Smith 스포츠용품점에 데려갔다. 졸업 선물이니까 하나 고르라고 했다. "맘에 드는 거로 해." 아버지가 말했다.

동생이 물건을 잔뜩 안고 오자 아버지는 대부분 다시 가져다 놓으라고 했다. 나는 고르지 않았다. 사형 선고를 받은 것이나 다름없는 상태였다. 거짓말했다는 사실을 들키는 순간 처형당할 테니 죄책감이 들었다.

"로버트, 왜 그래? 갖고 싶은 것 없어?" 아버지가 물었다.

"아빠, 이미 많아요. 필요한 거 없어요." 게다가 우리가 무일푼이라는 걸 알았기에 선물 살 돈을 어디서 마련했는지 의심스러웠다.

"가서 하나 골라, 아들."

나는 망설이며 일루수용 야구 글러브를 골랐다. 부도 수표를 쓰는 사람들의 마음이 어떤지 알 듯했다.

집에 왔을 때 앨런은 계주라도 하듯이 집으로 뛰어 들어가서 어머니에게 성적표를 보여줬다. 나는 느릿느릿 들어갔다.

"네 성적표는 어디 있니, 로버트?" 어머니가 물었다.

"수녀님이 안 주셨어요."

"왜?"

아버지에게 했던 말이 있으니 그대로 말했다. "통과하면 성적표를 안 줘요." 그리고 잠깐 멈췄다가 내뱉었다. "브렌다 수녀님한테 전화해보세요. 말해줄 거예요."

"그래? 전화해야겠네." 어머니가 대답했다.

"그래야 맘이 편하시면 전화하세요." 하지만 어머니는 전화하지 않았다.

며칠, 몇 주일이나 마음을 졸이며 기다렸지만 학교에서도 부모님에게 전화하지 않았다. 나는 브렌다 수녀가 전화하면 뭐라고 할지, 어머니와 아버지에게는 어떻게 설명할지 궁리했다. 전화벨이 울릴 때마다 말 그대로 소스라치게 놀랐다. 하지만 수녀는 끝내 전화하지 않았다.

내 인생에서 가장 긴 여름이었다.

2주가 지났을 때는 학교에서 전화하지 않을 거라는 확신이 들었다. 아침에 일어나면 여름이라 행복했지만, 사형을 앞둔 처지라는 생각에 기분이 천천히 가라앉았다. 부모님이 진실을 알면 총살당할 운명이었다. 그 생각이 머릿속에서 떠나지 않았다. 아이들과 공놀이할 때도 떠올랐다. 어찌나 생각에 깊이 빠졌는지 친구들이 왜 그러냐고 물어볼 정도였다. 누구한테 말하면 금방 소문이 퍼질 테니 입도 벙긋하지 않았다.

여름이 끝날 때쯤 아버지에게 사실대로 고백하려 한 적도 있다. 볼티모어는 8월에 무척이나 덥다. 우리 집은 작았고 작은 거실에 열기가 모였다. 아버지는 반바지에 흰 티셔츠를 입고서 신문을 읽고 있었다. 신문을 양손으로 들어서 얼굴이 보이지 않았다.

어느 날 나는 용기를 내어 말했다. "아빠."

대답이 없었다.

"아빠." 다시 불렀다.

여전히 묵묵부답이었다.

아버지는 이름이 몇 번 불리고 나서야 천천히 신문을 내렸다. 얼굴에 땀이 흥건했다. 아버지는 눈을 번쩍 뜨더니 비탄에 잠긴 나를 바라봤다. "왜?"

할 말을 잊었다.

"아무것도 아니에요." 그렇게만 말했다.

다시 신문이 천천히 올라갔고 나는 결국 고백하지 않았다. 여름이 끝나고 내년 학용품을 사야 할 때가 되자 나는 친구들처럼 6학년을 준비하는 척했다.

등교 첫날 앨런과 나는 어쩌다 스탠리잡화점의 몰리 부인과 함께 차를 타고 갔다. 몰리 부인은 작은 빨간색 폭스바겐 비틀에 우리를 태웠다. 그날 그 차에는 아이들이 많이 탔다는 말로는 부족하다. 우리를 포함해서 다들 차에서 꼼짝도 못했다. 나는 손으로 허리춤에서 배낭을 쥐고 있었는데 하도 꽉 차 있어서 팔조차 들지 못했다. 몰리 부인이 학교 앞에 차를 세우고 우리를 내려줄 때, 남들이 보면 그 작은 비틀에서 아이들이 끝없이 나오는 것처럼 보였을 테다.

나는 학교에 도착해서 다른 6학년 아이들과 줄을 섰다. 브렌다 수녀의 5학년 줄을 보니 당연히 프랭키와 앤서니가 서 있었다. 눈이 마주치자마자 그쪽으로 오라고 손을 흔드는 걸 보니 계속 나를 찾고 있었던 모양이다. '하느님, 자비를 베푸세요.' 그렇게 생각했던 기억이 난다. 나는 손을 마주 흔든 다음 고개를 젓고 두 사람을 외면했다.

종이 울린 뒤 유치원생들이 먼저 들어가고 그다음 1학년, 2학년, 3학년 순으로 들어가다가 우리 차례가 왔다. 문을 열고 들어가자 6학년 교사인 성 토마스 수녀가 복도에서 나를 기다리고 있었다. 토마스 수녀는 나를 따로 불러서 벽에 세웠다. 그리고 몸을 굽혀서 코가 거의 맞닿을 정도로 얼굴을 가져다대더니, 속삭이는 목소리로 엄포를 놓듯 엄격하게 말했다. "네가 무슨 짓을 했는지 브렌다 수녀님이 말씀하시더구나. 학년 평가에 낙제했고, 올 때까지 기다리라고 했는데도 안 왔다고. 어떻게 할 방법이 없어서 너를 통과시켰다고 하셨어."

"방법이 없어서 너를 통과시켰다."

그때까지 들어본 말 중에 가장 아름다운 네 어구가 쏟아졌다. "날 실망시키면 곧바로 5학년으로 보낼 거야." 성 토마스 수녀가 덧붙였다. 그냥 하는 말은 아닌 듯했다.

"안 그럴게요, 수녀님. 약속해요." 내가 대답했다. 그 순간만큼은 더할 나위 없는 진심이었다.

나는 죽은 목숨인 줄 알고 포기하고 있었다. 여름 내내 진실이 밝혀질까 봐 걱정하며 스스로 벌을 줬다. 하지만 이 경험으로 아주 중요한 두 가지 교훈을 얻었다. 첫째, 속내를 드러내면 안 된다. 누구에게 말했더라면 곤란해졌을 것이다. 내가 한 짓이 밝혀지면 운명을 피할 수 없었을 테다. 둘째, 굴하지 않고 버티면 일은 풀리기 마련이다.

그날 이후 이 깨달음을 인생에 적용했더니 어긋나는 법이 없었다. 베트남전쟁 때도, 여러 사업을 할 때도, 심지어 지금까지도 이 원칙을 지키며 살고 있다. 6학년 때는 성 토마스 수녀와 좀 더 잘 지냈다고 말하고 싶지만 별로 그렇지는 않았다. 그래도 차이가 있다면 성 토마스 수녀는 내게 악감정을 품지는 않았다. 예전 수녀들보다는 내게 잘해줬다.

나는 여전히 연필을 씹는 통제 불가능한 짐승이었다. 6학년도 거의 낙제할 뻔했지만 결국에는 통과했다. 그해 어머니에게 성적표를 보여주자 어머니는 성적을 들여다보더니 말했다. "흠. 자랑스럽진 않지만 어쨌든 통과는 했구나." 잠시 후 덧붙였다.

"성적표가 나오는 편이 훨씬 낫네."

나는 절실하게 그 말을 이해했다. 그저 이렇게 말할 수밖에 없었다.

"맞아요, 엄마. 제 생각도 그래요."

3

돈 버는 법을 깨우치다

 나는 늘 긍정적인 편이다. 그렇다고 밑도 끝도 없는 낙관주의자는 아니다. 누가 가르쳐주지 않았는데도 어렸을 때부터 그 차이를 이해했다. 이런 면에서 늘 기업가 정신이 있었던 사람처럼 보일 수도 있다. 분명히 말해두지만 내가 시작했던 사업이 모두 성공하지는 않았다. 야심만만한 기업가로서 초기에는 실수도 자주 했고 그러면서 배워야 했다.

 나는 10살 때 레모네이드 가판대를 설치했다. 레모네이드를 맛보기는커녕 만들어본 적도 없지만 힘들면 얼마나 힘들겠냐고 생각했다. 레몬, 설탕, 물만 있으면 되지 않나. 식은 죽 먹기지. 어머니는 신선한 레몬즙을 '레몬'이라고 표시한 병에 보관했다. 나는 그 병을 가져와서 물을 가득 채운 커다란 병에 붓고 설탕을 넣었다. 맛을 봤더니 끔찍했다. 하지만 원래 이런 맛인가 하고 생각했다. 설탕을 좀 더 넣고 다시 맛봤지만 여전히 이상했다. 나는 맛을 바로잡으려고 계속 설탕을 넣었다.

현관 계단 모퉁이에 가판대를 설치하고 직접 쓴 간판을 세웠다. '신선한 레모네이드 5센트'. 그리고 사람들이 오길 기다렸다. 무더운 한여름이었다. 어찌나 더운지 길거리 아스팔트에서 올라오는 아지랑이가 눈에 보일 정도였다.

당시 동부 볼티모어에서는 생명보험 설계사들이 매주 보험료를 받으러 돌아다니곤 했다. 그중 한 사람이 힐 씨였다. 힐 씨는 어깨에 재킷을 올리고 중절모를 쓴 채 레모네이드 가판대로 다가왔다. 그는 넥타이를 풀고 와이셔츠 윗단추를 열었다. 덥고 피곤하고 목이 말라 보였다. '좋았어.' 힐 씨가 내 첫 고객이었다.

"그거 한 잔 주렴." 힐 씨는 곧 유명해질 신선한 레모네이드 잔을 가리켰다. 바지 주머니에서 동전을 꺼내주면서 말했다. "잔돈은 가지렴." 믿기지 않는 행운이었다. 나는 레모네이드를 건네고 꿀꺽꿀꺽 넘기는 모습을 지켜봤다.

힐 씨의 눈이 튀어나올 듯이 커지더니 입에 든 레모네이드를 길에 뱉었다.

"맙소사, 얘야. 생전 이렇게 끔찍한 레모네이드는 처음이야!" 그는 컵을 던지더니 알아들을 수 없는 말을 중얼대며 떠났다.

그 반응에 뜨끔했지만 그만두지는 않았다. 얼마 지나지 않아 길 건너편에 사는 수잔 하멜^{Suzanne Hamel}이 들렀다. 레모네이드를 팔았지만 그 애도 맘에 들지 않는 모양이었다. 수잔은 몇 분 뒤에 다시 오더니 자기 엄마가 동전을 돌려받으라고 했다고 말했다. 그래서 돌려줬다.

이런 일이 몇 번 더 있었고 내 레모네이드를 사지 말라는 소문이 났다. 그 후 나는 가판대를 접었다.

내가 시작하려던 첫 사업은 완전히 망했다. 뭘 잘못했는지 알 수 없었다. 그날 어머니가 뭔지 몰라도 볼일을 보러 나갔다가 집에 왔을 때, 나는 레모네이드를 팔았는데 아무도 좋아하지 않더라고 말했다. 어머니는 무엇으로 어떻게 만들었냐고 물었다. 나는 레몬즙과 물, 설탕을 섞었다고 대답했다.

"레몬은 어디서 났어?" 어머니가 물었다.

나는 냉장고에 '레몬'이라고 표시된 병이라고 대답했다.

"로버트! 그 병에 있는 건 레몬즙이 아니라 식초야!" 어머니가 말했다.

내가 그걸 무슨 수로 알았겠는가? 이제 모든 게 이해됐다. 내가 만든 건 레모네이드가 아니라 식초에이드였다.

어머니는 새 레모네이드 만드는 걸 도와줬다. 이번에는 제대로 된 재료를 썼다. 하지만 너무 늦었다. 형편없는 레모네이드라고 온 이웃에 소문이 났기 때문이다. 나는 한 컵도 더 팔지 못했다. 덕분에 제품 품질이 아주 중요하다는 사실을 일찍 깨달았다. 또 유일한 목적이 돈뿐인 일이면 돈도 벌지 못할 확률이 높다는 사실도 알았다. 적어도 장기적으로는 불가능하다.

이 부분은 보통 사람들이 돈벌이를 바라보는 관점과는 상반되겠지만, 이 원칙이야말로 내가 기업을 구축하고 성공한 방법이었다. 정말 돈을 벌려면 당신의 제품에 열광하게 하고 고객의 니즈에 맞춰야 한다. 마지막으로 먼저 사람들의 관심부터 끌어야 한다. 그날 나는 분명히 관심을 끌긴 했지만, 그 의도가 잘못됐다.

나는 자연스럽게 창의적인 사업 아이디어를 생각해 냈다. 다시 말하지만 전부 훌륭하지는 않아도 기발한 사업이었다. 언젠가 열대어를 번식해서 판매하려고 구매한 적이 있다. 샴투어 Siamese fighting fish였다. 투어는 특히 산란기에 아름다운 지느러미로 수컷을 구분할 수 있다. 적당한 시기가 될 때까지 수족관에 유리판을 넣어 수컷과 암컷을 분리해야 한다. 수컷의 지느러미가 활짝 퍼지면 번식 준비가 끝난다. 내 수컷 투어는 아름다운 거품 둥지를 만들었다. 나는 거품 둥지가 계속 커지는 모습을 지켜봤다. 하지만 거품집이 거대해져도 두 물고기를 합치지 않았다. 결국 수컷은 포기하고 오그라들더니 죽었다. 여기서도 귀한 교훈을 하나 얻었다. 아니, 둘이다. 첫째, 기다림이 지나치면 일을 그르친다. 둘째, 쇠가 달궈지면, 또는 물고기가 준비되면 두드려야 한다.

나는 어릴 때 했던 신문 배달 일을 좋아했다. 일요일 새벽 3시마다 친구 몇 명이 집에 와서 나를 깨웠다. 친구들은 지하실 창문 앞에서 속삭이곤 했다. "로버트." 나는 그 소리를 듣자마자 귀신을 본 양 벌떡 일어났다.

"뭐야?" 나도 속삭였다.

친구들과 나는 폭소를 터뜨렸다. 부모님이 그 시간에 깨면 나를 혼낼까 봐 걱정이었지만 그런 일은 없었다. 나는 조용히 뒷문으로 나가서 뒷골목에서 친구들을 만났다. 우리는 길모퉁이에 떨어진 신문 뭉치를 집어들고 집집마다 신문을 배달했다. 나는 신문을 운반하려고 커다란 끈을 갖고 다녔다. 최대한 신문을 많이 모아서 등에 짊어졌다. 신문이 가득하면 어찌나 무거운지 허리가 부러질 듯했다. 나는 번개처럼 길거리를 질주하며 최대한 빠르게 신문을 배달했다.

신문사에서는 신문값을 내게 청구했고, 나는 신문을 배달한 다음 수금해서 요금을 내야 했다. 신문값을 내고 나면 수익은 내가 챙겼다. 수금이 힘들 때도 있었지만 돈을 내라고 압박한 적은 없었다. 내 고객은 거의 다 무척 친절했다. 사정상 돈을 내기 힘들면 항상 다음 주까지 주겠다고 약속했다. 그리고 대부분 그 약속을 지켰다. 돈을 내지 않았던 소수의 고객은? 돈을 받으려고 문을 두드리면서도 그다지 기대하지는 않았다. 나는 이것도 사업 비용이라고 생각했다. 정말로 별로 신경 쓰지 않았던 이유는 함께 바쁘게 일하는 친구들과 어울리는 게 좋았기 때문이다.

경로를 따라 배달을 끝내고 새벽 5시쯤이 되면 가끔 화이트커피폿 White Coffee pot이라는 식당에 갔다. 식당 밖에는 신문 자판기가 두 대 있었는데, 하나는 〈볼티모어선 The Baltimore Sun〉을 팔고 다른 하나는 〈뉴스아메리칸 The News American〉이었다. 나는 자판기 하나에 25센트씩 넣고 신문을 전부 꺼낸 다음, 식당 옆 인도에서 내가 파는 것처럼 쌓아뒀다. 일요일 새벽에 신문을 살 곳이 많지 않아서 고안한 방법이었다.

그 식당은 위치가 좋았다. 바로 옆에는 모뉴멘털버스투어 Monumental Bus Tour 터미널이 있었기 때문이다. 필라델피아나 뉴욕에서 오는 버스는 그 터미널에서 연료를 보충했고, 승객들은 나와서 다리를 스트레칭하거나 커피와 신문을 찾았다. 나는 신문을 한 부당 50센트에 팔았고, 과감하게 1달러를 받을 때도 있었다. 대부분 매진이었다. 다 못

팔더라도 남은 신문을 자판기에 다시 넣고 판매한 신문 하나당 25센트씩 집어넣었다. 달리 말해 팔고 나서 신문값을 치렀다는 뜻이다. 보통 5달러나 6달러 정도 벌었는데 아이에게는 상당한 수입이었다. 내가 무슨 일을 하는지 아무에게도 말하지 않았다. 친구들에게 말했다가는 와서 망칠 게 뻔했다.

나는 늘 돈을 벌 방법을 찾아냈고 대부분 좋아하는 일을 했다. 덕분에 재미있고 흥미진진하고 수익성도 있었다. 나는 뭔가 잘 안될까 봐 걱정하지 않았다. 처음에 방법을 모르겠으면 어떻게든 알아냈다. 누군가 "잘 안되면 어떡해요?"라고 물을 때마다 늘 이렇게 대답한다. "잘되면요?" 나는 거의 평생 이 철학을 따랐고, 늘 좋은 결과를 봤다.

4

실전은 생각과 다르다

다행히 성엘리자베스에서의 생활은 그 시작처럼 7학년 중간에 갑자기 끝났다.

7학년 담임이었던 빈첸시아 수녀는 체벌에 관해서는 타의 추종을 불허했다. 나이가 아주 많았고 절대로 웃지 않았으며 성격이 독단적이었다. 당연하다면 당연하게도 나는 빈첸시아 수녀의 동네북이었다. 레퍼토리는 똑같았다. 다 함께 떠들어도 나만 걸렸다. 창밖을 쳐다보기라도 하면 무조건이었다.

빈첸시아 수녀는 다른 수녀들 못지않게 자로 나를 때려댔지만, 가장 좋아하는 고문은 교실 앞으로 끌고 나가서 교탁 밑에 처넣는 것이었다. 커다란 책상 아래 공간은 수녀의 다리 한 쌍이나 들어갈 뿐 거기다 작은 로버트까지 감당하기는 힘들었다. 나는 탈출 곡예사처럼 몸을 구겨넣었다. 보이는 거라곤 먼지투성이 나무와 수녀복, 투박한 검은 신발뿐이었다. 거기서 먼지를 어찌나 많이 들이마셨는지 천식에 걸리는 기분이었다.

나도 힘들었지만 반 친구 샌드라는 더 심하게 당했다. 그 여자아이는 가만히 앉아 있지 못하는 애였다. 그래서 빈첸시아 수녀는 대책이랍시고 샌드라의 손을 등 뒤로 돌려서 밧줄로 묶었다. 게다가 샌드라가 움직이지 못하게 하려고 등쪽으로 뾰족한 침이 향하도록 밧줄에 핀을 꽂았다. 샌드라가 몸을 조금이라도 구부리면 핀이 꽂힌다. 하지만 돌이켜 보면 놀랍게도 이 핀 체벌은 반 아이들에게 그리 충격적이지 않았다. 참수 정도는 돼야 충격이었을 테다. 아마도.

하지만 어머니와 아버지에게는 상당한 충격이었나 보다. 샌드라에게 무슨 일이 있었는지 전하고 내가 책상에 앉아 보낸 시간과 빈첸시아 수녀의 책상 밑에서 보낸 시간이 비슷하다고 설명했더니 부모님은 가톨릭학교에 보낸 것 자체를 후회했다. 그때 아버지는 앨런과 나를 성엘리자베스에서 나오게 해서, 나는 동네 공립학교였던 햄스테드힐중학교Hampstead Hill Junior High에, 앨런은 다시 83번 공립학교에 보냈다. 다시 행복한 날이 시작되었다.

하지만 신은 인생이 얼마나 불공평한지 내게 강조하고 싶었던 모양이다. 내가 성엘리자베스에서 나온 지 하루 뒤에(정확히 하루 뒤였다) 빈첸시아 수녀가 층계참 아래로 굴러떨어져서 쿵!…… 목숨을 잃었다. 비정하게 들리겠지만 빈첸시아 수녀가 세상을 떠난 건 그리 신경 쓰이지 않았다. 진짜 백미는 전교생에게(그렇다, 성엘리자베스에 다니는 학생 모두에게) 일주일 휴교령이 떨어진 것이다. 속은 기분이었다. 나는 학교에 빠진 적이 한 번도 없었고, 학생 중 누구보다 빈첸시아 수녀의 수용소에서 오랜 시간을 보냈다.

빌어먹을. 빈첸시아 수녀를 다시 보게 될 듯한 끔찍한 생각에 중얼거렸던 기억이 난다. 언젠가 그녀를 지옥에서 만나지 않을까. 그녀는 늘 내가 지옥에 갈 거라고 했고, 그녀 역시 그곳에 있을 확률이 높으므로.

젠장! 최후의 승자는 빈첸시아 수녀였다.

성엘리자베스는 음침하기 짝이 없었지만, 햄스테드힐은 정반대였다. 여유롭고 재미있는 분위기였고 선생님을 비웃는 게 아니라 선생님과 함께 웃을 수 있는 곳이었다. 나는 이곳에서 새 친구를 사귀었고 폴 콜브도 만났다.

내 담임선생은 콜드웰 부인이었다. 나는 콜드웰 선생님을 정말 좋아했다. 그때까지 선생님을 좋아한 적은 전혀 없었는데 정말 멋진 분이었고, 수녀들이 가르치지 않은 것을 가르쳐줬다.

나는 흰 쥐를 셔츠 주머니에 넣어 다니곤 했다. 달리 마땅한 장소가 없었다. 그 정도로 동물이라면 사족을 못 썼다. 5학년 때는 친구들과 함께 동네 묘지에 가서 작은 묘비를 들추곤 했다. 가끔 그 밑에서 작은 가터뱀 garter snake 이 나왔다. 나는 한 친구에게서 뱀을 사서 항상 가지고 다녔다. 반 친구들을 곧잘 괴롭히는 아이 하나가 내 뱀을 가지고 싶어 했다. 비열하고 나보다 훨씬 덩치가 큰 아이였다. 몇 년 전에 여러 학년 낙제를 해서 나보다 나이가 많았다고 기억한다. 어쨌든 거대한 녀석이었다. 학교에서 내 발목 뒤를 걷어차며 뱀을 가져가려 했던 기억이 난다. 하지만 나는 뱀을 포기하지 않았다. 필요하면 강하게 나갔지만 그 애처럼 누구를 괴롭히진 않았다. 해서는 안 될 멍청한 짓을 하고 다녔다는 건 여러분도 짐작하겠지만, 딱히 대단히 나쁜 짓은 하지 않았다. 콜드웰 선생님은 내 애완 쥐를 그리 나쁘게 생각하지 않은 듯했다. 어느 날 내게 말했다. "로버트 파슨스, 그 흰 쥐에 대해 하나만 묻자. 온종일 주머니에 넣고 있으면 쥐가 화장실은 어떻게 가니?"

"제 주머니일걸요." 내가 대답했다.

선생님이 질문하기 전까지 그 문제는 생각해 본 적이 없었다. 그 후로는 쥐를 가지고 다니지 않았다. 좀 더럽다는 생각이 들었기 때문이다.

햄스테드힐에 들어간 뒤로는 좋은 성적을 받고 싶어서 열심히 공부했고 갑자기 좋은 학생으로 바뀌었다고 말하고 싶다. 하지만 그렇지는 않았다. 사실 늘 하던 일을 하며 그럭저럭 학교에 다녔다. 적어도 학업에는 소홀했다. 햄스테드힐을 졸업하고 갈 수 있는 고등학교 몇 군데 중에 볼티모어폴리테크닉인스티튜트^{Baltimore Polytechnic Institute}라는 공업고등학교를 선택했다. 실제보다 이름이 거창한 곳이었다. 학교가 시내에 있었기에 버스를 타고 다녔다. 어두워지지만 않으면 안전했다. 다만 어두울 때 버스정류장에 있다가는 주머니 속 동전 한 푼까지 털리기 쉬웠다. 별로 좋은 동네가 아니었다.

폴리테크닉은 남자 고등학교였다. 공부가 상당히 어려웠고 나는 학교가 마음에 들지 않았다. 특히 남고라는 점이 그랬다. 필요한 공부에만 집중했고 기하학 같은 특정 과목은 잘했다. 하지만 그런 과목을 빼면 대부분 낙제였다. 그냥 공부에 관심 자체를 끊었다. 이러다가 큰일 나겠다고 생각한 아버지는 10학년이 지나자 폴리테크닉을 그만두게 하고 패터슨고등학교Patterson High School에 보냈다. 집에서 1.6킬로미터 정도 떨어진, 이웃 아이들이 대부분 가는 큰 학교였다. 패터슨고등학교는 내가 입학하기 몇 년 전인 1962년에 볼티모어에서 촬영된 연극과 영화 〈헤어스프레이Hairspray〉의 무대로 유명했다.

패터슨에서의 생활은 〈헤어스프레이〉와 똑같지는 않았지만, 마음에 드는 공통점이 아주 많았다. 특히 나는 이곳에서 여자와 술, 록 음악, 모타운Motown(1958년에 미국 최초로 흑인이 세운 음반 회사_옮긴이) 음악에 눈을 떴다. 패터슨고등학교의 여학생은 무릎 아래까지 내려오는 치마를 입고 머리를 뒤로 묶거나 동그랗게 말아 올렸다. 남학생은 다들 강해 보이려 애썼고, 제임스 딘 같은 꽁지머리나 장발에 나팔바지를 입었다. 그때는 1960년대 미국이었다. 영국 문화가 미국에 침투했고, 미국은 본격적으로 베트남전에 참전했으며 전반적으로 사회가 변화하는 분위기였다.

패터슨고등학교는 전학 온 학생에게 쉽지 않은 곳이었다. 사실 전학하고 얼마 안 됐을 때 판화 수업을 듣는 도중에 루라는 아이가 내 펜을 가져갔다. 루는 몸집이 크고 나보다 한 살 많았다. 이유는 모르지만 펜을 돌려주지 않았다.

"루." 교실을 떠나야 할 때 내가 말했다. "펜 좀 돌려줄래?"

"싫어." 루는 뼈다귀를 지키는 개처럼 말했다.

"난 펜이 필요해."

"이제 내 거야. 안 주면 어쩔 건데?" 루가 물었다.

루는 나보다 키가 크고 체중도 많이 나갔지만 이대로 펜을 주면 만만해 보일 게 틀림없었다. 서서 종이 울리길 기다리는 동안 내 뒤에 있는 루에게 한 번 더 말했다.

"루, 펜 돌려달라니까."

"싫다고." 루가 대답했다. 나는 다시 앞을 보고 잠깐 멈췄다가 서슴없이 뒤돌아서 루의 커다란 얼굴에 힘껏 주먹을 날렸다. 퍽! 주먹이 정확히 얼굴에 꽂혔다. 루에게 제대로 한 방 먹였다.

루는 서서 으르렁댔다. "죽여버릴 거야!"

"큰일 났네." 내가 말했다.

루가 내게 달려왔고 나는 루의 다리 사이로 몸을 숙였다. 다리 뒤로 빠져나오면서(몸집 차이가 절묘했다) 루가 나를 잡으려고 고개를 숙였을 때 루의 두 팔을 잡고 죽자 살자 매달렸다. 그러다 기술 선생님이 우리를 떼어놓고 교장실에 데려갔다.

우습게도 교장 선생님을 기다리는 동안 열이 식었다. 루는 나를 보며 웃더니 내 펜을 돌려줬다. "이 미친놈아, 친하게 지내자." 나는 내심 미소를 지었고 처음부터 약간 미쳤다는 걸 보여주는 편이 나을 때도 있다고 생각했다.

루는 그때부터 나와 친해졌다. 심지어 뒤를 봐주기까지 했다. 우리 관계는 과격하게 시작했다. 그렇다고 싸움이 정당하다는 말은 아니다. 나는 그런 식으로 시비 붙는 게 정말 싫었다. 어떤 면에서는 그 또래의 특징인 듯하다. 고등학교에 입학할 나이가 되면 〈42년의 여름(유부녀를 짝사랑했던 16세 소년을 그린 성장 영화_옮긴이)〉 같은 시기에 접어든다. 요즘에는 덜한지 몰라도 크게 다르지 않을 것 같다. 당시에는 누가 나를 괴롭히면 참기 힘들었다. 나는 루를 치기 직전에 흠씬 두들겨 맞을 줄 알았지만 괜찮았다. 그냥 루에게 펜을 주고 나면 펼쳐질 고문 같은 삶보다는 나아 보였다.

이것이 패터슨고등학교였다. 나는 패터슨을 좋아했다. 돌이켜 보면 패터슨으로 전학해서 천만다행이었다. 그곳에서 껍데기를 깨고 나왔고, 오랫동안 지하실에 처박혀 있었던 사람치고 유별나게 붙임성이 좋았다.

나는 14살 때부터 담배를 피웠다. 어머니는 내 담배에 불을 붙여 주고 학교에 보내곤 했다. 그렇게 늘 담배를 피웠다. 그때는 학교에서도 피웠다. 누구나 그랬던 시절이었다.

주말에는 앨런과 함께 몰래 지하실 덧문으로 나와서 친구들과 콜트45 맥주를 마셨다. 겨울에 동네에는 맥주를 시원하게 하려고 현관 밖에 보관하는 사람들이 있었다. 10대 남자아이로 가득한 곳에서 바보 같은 생각이었다. 나는 중고등학교 시절에 10대가 할 법한 짓은 다 했다. 대마초를 접했고 길거리 하키를 했으며 책을 읽었다. 주로 전쟁 관련 책이었다. 율리우스 카이사르의 《갈리아 원정기 The Conquest of Gaul》, 율리시스 S. 그랜트 Ulysses S. Grant와 윌리엄 테쿰세 셔먼 William Tecumseh Sherman의 《회고록》 따위였다. 드럼을 쳤지만 실력이 형편없었고 나아지지 않았다. 두 군데에서 일도 했다. 가까운 싱클레어주유소 sinclair station에서 기름을 넣었고 주말에는 건설 현장에서 일했다.

고등학생이 됐을 때는 10대 소년에게 일생일대의 기회가 생겼다. 섹스였다. 고등학교 때 대니 손$^{Danny\ Thorne}$이라는 친구가 있었다. 그는 나보다 나이가 많았고 내가 모르는 것도 다 알았다. 성교육을 해준 이도 대니였다. 무척 고마웠다. 확실히 아버지와는 그런 대화를 한 적이 없었다.

대니는 토니라는 예쁜 소녀와 사귀었다. 토니는 엄마와 함께 살았고, 토니의 엄마는 주말마다 시내에 나갔다. 대니는 토니의 친구 폴린을 소개해 준다며 나를 초대했다. 폴린과 나는 아는 사이였고 듣기로는 내게 관심이 많다고 했다. 나도 마찬가지였다. 폴린은 정말 아름다웠다. 검고 부드러운 머리칼에 눈동자 색은 더 짙었고 피부는 말도 안 되게 매끄러웠다. 내가 섹스에 대해 아는 것(혹은 안다고 생각한 것)은 전부 대니에게 들었거나 〈플레이보이〉에서 읽은 내용이었다.

"금요일 밤에 와. 토니와 나는 2층에 있을게. 너와 폴린은 지하실에 있으면 돼." 대니가 씩 웃으며 윙크했다.

나는 이런 일 자체가 처음이었다. 얼마나 들떴는지 모른다. 월요일에 하교한 뒤 약국에 가서 콘돔을 샀다. 하나를 살 돈밖에 없었다. 화요일에 학교를 마치고 집에 와서 포장된 콘돔을 서랍장에 넣었다. 그리고 콘돔을 쳐다봤다. 콘돔도 나를 봤다. 우린 대화를 나눴다.

'사실 난 이번이 처음이야.' 내가 말했다.

'나도 그래.' 콘돔이 대답했다.

금요일까지 시간이 잘 가지 않았다. 나는 그 주 내내 매일 콘돔과 같은 대화를 했다.

마침내 금요일이 왔다. 가슴이 터질 것 같았다.

학교에 다녀와서 깨끗이 씻은 다음 제일 좋은 옷을 입고(그리 고급은 아니었지만 그나마 제일 나은 옷이었다) 콘돔을 주머니에 넣었다. 빨리 가고 싶어서 좀 쑤셨다. 그러다 시간이 세 시밖에 안 됐다는 사실을 깨달았다. 토니의 집에 가기까지 세 시간이나 남았다. 나는 일주일 내내 그랬던 것처럼 콘돔을 꺼냈다. 그러고는 자리에 앉아서 들여다봤다.

'세 시간 남았어.' 내가 말했다.

'못 기다리겠다.' 콘돔이 말했다.

'나도!'

왜 그랬는지, 나는 콘돔을 뜯어서 착용했다.

'이래도 되겠어?' 콘돔이 물었다.

그냥 어떤 느낌인지 알고 싶었다. 기분은 아주 좋았다.

침실 문을 잠그고 앉은 채, 그냥 놔두기로 했다. 때가 되면 이대로 하면 되니까.

알고 보니 아주 어리석은 생각이었다.

폴린을 만날 시간이 되기 전에 당연히 그곳은 쭈그러들었다. 그때 내가 모르는 사이에 콘돔이 털에 말려 들어갔다. 그래도 빼지 않고 두었다.

토니네 집으로 간 폴린과 나는 지하실에 내려갔고, 소파에서 거사를 시작했다. 나는 빛의 속도로 발기했다. 그곳이 다시 일어섰을 때 콘돔이 펴지지 않고 털에 집혔다. 가랑이가 자동차 범퍼에 끼었는데 운전자가 액셀을 밟은 느낌이었다.

눈물이 쏙 빠지게 아팠다.

처음에는 참을 수 있다고 생각했지만 가능할 리 없었다. 노련한 전문가라면 아프다고 얘기했겠지만 나는 갑자기 바닥에 쓰러졌다. 그리고 지하에 있는 작은 간이 화장실로 기어갔다.

무슨 짓을 해도 콘돔이 빠지지 않았다. 나는 성모 기도를 외우고 못생긴 수녀들을 생각했다.

"괜찮아?" 폴린이 문을 두드리며 물었다.

"응, 금방 나갈게." 나는 정상으로 되돌릴 방법을 모조리 시도하며 빽 소리를 질렀다. 아무것도 효과가 없었다. 콘돔을 벗기기까지 시간이 얼마나 흘렀는지 모르겠다. 결국 뺐을 때는 털이 사방에 빠져 있었다. 나는 다시 콘돔을 꼈다. 아아! 이제 안심이었다. 드디어 준비됐다. 나는 곤경에 빠진 아가씨를 구하는 슈퍼히어로처럼 화장실 문을 열었다. 하지만 문제가 발생했다. 폴린이 진작 사라졌다. 그렇게 끝났다. 당연히 폴린은 기분이 그리 좋지 않았다. 자기 여자 친구들에게 토니네 지하실에서 나와 몇 번 키스했는데, 본 게임을 시작하자마자 내가 화장실로 도망가서 문을 잠갔다고 했다.

당연히 그 일로 나는 한동안 고생했고 오랫동안 섹스는 꿈도 꾸지 못했다.

"어떻게 그걸 망치냐, 파슨스?" 대니가 물었다. "다 된 밥이었는데!"

나는 이 책을 쓰기 전까지 대니는 물론 아무에게도 사정을 말한 적이 없다. 그러나 독자들에게 비밀은 없다.

대니 말이 맞았다. 실제로 다 된 밥이나 마찬가지였다. 하지만 돌아보면 그때 운이 정말 좋았던 것 같다. 콘돔은 하나뿐이었고 이미 닳은 상태였다. 우리가 섹스했다면 한 번으로 끝나지 않았을 테고 폴린은 분명 임신했을 것이다. 선호하는 방식은 아니었지만 멍청해서 운이 좋았던 셈이다. 그래도 그 일로 정말 중요한 교훈을 얻었다. 간절히 바라는 성공이 있다면 기억해라. 가끔 준비가 지나칠 수도 있다는 사실을.

5

꼼짝 마, 강도다

앞서 언급했듯이 나는 16살 여름에 하이랜드대로Highland Avenue와 페이엣Fayette 모퉁이에 있는 싱클레어주유소에서 일했다. 기름을 넣고 오일을 점검하고, 타이어에 바람을 넣고, 앞 유리를 닦았다. 고객이 원하면 무엇이든 했다고 보면 된다. 가끔 낮에도 일했지만 주로 야간 근무를 했다. 그 시간에는 일이 많지 않아서 좋았다. 다른 일을 할 시간이 생겼기 때문이다.

1967년 7월 4일 나는 존 투메넬로John Tumenelo와 함께 일하고 있었다. 존은 30대 중반이었지만 50대처럼 보였다. 키는 163센티미터 정도에 다부진 체형이며 렌즈가 두꺼운 안경을 꼈다. 치아도 거의 없었다. 늘 존을 보면 거북처럼 생겼다는 생각이 들었다.

나는 병 로켓을 가지고 놀면서 길 건너에 있는 집들 위로 쏘곤 했다. 주유소 차고 문을 잭 손잡이가 들어갈 만큼만 올린 다음에 손잡이로 집 위를 겨냥하고, 끝에 병 로켓을 놓은 뒤 담배로 불을 붙였다. 로켓은 하늘로 날아가면서 펑! 펑! 터졌다. 집주인들이 소리 나는 곳을 확인하려고 밖으로 나오면 재빨리 차고 문을 내렸다. 무슨 영문인지 몰라서 머리를 긁적이는 사람들을 보며 웃었다. 다들 집에 들어가면 5분에서 10분쯤 기다렸다가 또 그 짓을 했다.

새벽 한 시쯤 존이 나를 사무실로 불렀다. 틀림없이 무슨 문제가 생겼을 것 같았다. 나는 마지못해 잭을 제자리에 두고 차고 문을 닫은 후 사무실로 걸어갔다. 도착해서 보니 한 남자가 존에게 권총을 겨누고 있었다. 세상에. 이런 일은 상상도 못했다.

존은 살찐 손가락에서 금으로 된 결혼반지를 빼려고 애썼지만, 반지는 꼼짝도 하지 않았다. 알고 보니 오른쪽에 남자가 하나 더 서 있었다.

"있는 돈 다 내놔." 한 명이 요구했다.

나는 바지를 뒤져서 주머니에 있던 7달러를 건넸다. 몇 대 남지 않은 말보로 한 갑도 빼앗겼다. 존은 공포로 몸을 떨었지만 나는 아니었다. 왠지 나는 매우 침착했다. 이런 광경은 처음이었고 그저 멍할 뿐이었다.

두 강도는 존과 나를 승강기 세 대가 있는 휴게소 뒤쪽으로 밀었다. 차고와 사무실을 구분하는 벽 끝에는 분리된 공구실이 있었다. 콘크리트 블록으로 된 벽과 보통 닫아두는 쪽문이 있는 방이었다. 둘 중 하나가 문을 열고 존과 나를 안으로 떠밀었다.

"쏘지 마세요." 존은 울면서 애원했다.

"닥쳐." 남자는 그렇게 말하고 권총 측면으로 존의 얼굴을 내리쳤다. 그러면서 실수로 총을 발사했고 총알 하나가 사방으로 튀었다. 어쩐 일인지 아무도 총에 맞지 않았다.

이때 존은 땅에 누워서 훌쩍였다. 나는 어땠냐고? 여전히 무섭지 않았다. 그냥 아무렇지도 않았다. 누가 당신에게 총을 겨누면 생각이 사라진다. 최소한 그 순간만큼은 머릿속이 텅 비기 때문이다.

그 자리에 서 있는데 한 남자가 내게 총을 겨눴다. 이유는 모르지만 그는 쏘지 않았다. 그 대신 두 사람은 문을 닫고 밖에서 걸쇠를 걸었다. 그리고 우리가 나갈 수 없도록 드라이버를 끼웠다.

나는 몇 분 기다렸다가 문을 열려고 움직였다. 그때 두 남자가 돌아왔다. 드라이버를 빼더니 갑자기 문을 열었다. 두 사람이 안으로 들어왔고 아까 그 남자가 내게 총을 겨눴다. 이번에야말로 총을 쏘겠다 싶었지만 결국 쏘지는 않았다. 둘은 아까처럼 문을 닫고 떠났다. 그리고 몇 분 뒤에 마지막으로 나타났다. 총에 맞을 거라고 생각했지만 그는 방아쇠를 당기지 않았다. 그들이 다시 문을 잠그고 나서 시간이 약간 지난 후에 드디어 갔다는 확신이 들었다. 나는 확인차 10분쯤 기다렸다. 정말 떠났다는 게 확실해졌을 때 파이프렌치로 힘껏 문을 내리쳤다. 그리고 반대편으로 기어나가서 문을 열고 존을 풀어줬다.

이제 경찰에 전화해서 신고해야 했다. 당시 주유소에는 공중전화뿐이었고 긴급 전화라는 장치가 없었다. 돈이 없으면 전화를 걸지 못했다. 두 남자가 돈을 모조리 가져갔기 때문에 나는 빈털터리였다. 그들은 동전까지 탈탈 털어갔다.

페이엣 모퉁이로 나가서 경찰차를 향해 손을 흔들었지만 아무도 멈추지 않았다. 보통 사방에서 날 쫓아오던 경찰들이 그날따라 내게 관심이 없었다. 황당해서 머리를 흔들며 다시 역으로 걸어왔다.

역 옆에 있는 지저분한 쓰레기통에는 한 남자가 들어가서 자곤 했다. 남자의 이름은 짐보였고 전형적인 부랑자였다. 목욕은 전혀 안 하는 듯했고, 늘 떠돌이 개 예닐곱 마리와 함께 잤다. 짐보는 누가 건드리지 않는 한 다른 사람을 귀찮게 하지 않았다. 그를 깨울 정도의 안면은 있었기에 나는 짐보를 쓰레기통에서 꺼내서 강도를 당했다며, 경찰에 신고해야 하는데 돈이 하나도 없다고 말했다. 짐보는 호주머니에서 전화할 돈을 꺼내줬다. 신고하자마자 경찰이 잔뜩 모여들었다.

주유소 주인은 지글러 씨였다. 그는 강도 사건을 전해 듣고 그날 밤늦게 주유소에 왔다. 그리고 존과 나에게 각자 돈을 얼마나 빼앗겼는지 물었다.

"7달러요." 내가 말했다.

"300달러요." 존이 끼어들었다.

나는 존이 300달러를 가지기는커녕 본 적도 없을 거라고 생각했고, 지글러 씨도 그 말을 믿는 눈치는 아니었다. 그래도 물었다. "300달러가 어디서 났어요, 존?"

"갖고 다니던 돈이에요." 그가 말했다.

물론 그렇겠지.

놀랍게도 지글러 씨는 우리에게 돈을 돌려줬다. 나는 깜짝 놀랐다. '300달러라고 할걸.' 하고 후회했다. 다만 그건 사실이 아니었다. 나는 돈과 사업에 관해서는 늘 정직했다. 내 고용주라면 특히 더 이용하고 싶지 않았다. 그건 잘못됐다고 생각했다. 존의 계략이 먹혔는지 몰라도 나는 그의 행동에 화가 났다.

그날 밤 침대에 누워서 그날 있었던 일을 떠올렸다. 침실이 조용해졌을 때 그제야 운이 좋았다는 생각이 들었다. 그것도 천운이었다. 그 사실을 깨달았을 때 넋이 나가는 듯했다. 누군가 높은 곳에서 나를 돌봐준 거라고 확신했다.

며칠 뒤 강도 두 명이 체포됐다. 둘은 약에 취한 채 시내 곳곳의 다른 주유소에서 같은 짓을 했다. 내가 사는 곳에서 범죄는 드물지 않았다. 시끄럽고 험악한 동네였다. 누가 약에 취하거나 심하게 맞아서 치아가 부러지거나, 당구봉에 찔렸다는 끔찍한 말을 듣기도 했다. 그런 일은 늘 달갑지 않았다. 안타까운 이야기였고 마음이 아팠지만, 동부 볼티모어에서는 그런 일이 흔했다. 좋든 싫든 나는 그런 세상을 보고 자랐고 별로 심각하게 생각하지 않았다. 그게 내가 아는 세상이었다.

내 친구의 아버지는 맞서 싸우고 자기 몸을 지키는 법을 가르쳐줬다고 한다. 우리 아버지는 그런 스타일은 아니었다. 나 스스로 알아내야 했다. 하지만 궁지에 몰리면 몰라도 나는 애초에 공격적인 성격이 아니었다. 그런 문제에 휘말리고 싶지 않았다. 가끔 멍청한 녀석들 몇 명이 바보 같은 짓을 하는 바람에 불똥이 튄 적은 있다.

언젠가 성엘리자베스의 가톨릭 청소년 단체가 주관하는 무도회에 가기로 했다. 처음 참석하는 학교 무도회였다. 멋지게 보이고 싶어 하니까 어머니가 반소매 셔츠를 새로 사줬다. 날이 따뜻해서 재킷 없이 셔츠만 입어도 괜찮았다. 나는 엘우드공원에 있는 작은 운동장을 가로질러 무도회장으로 향했다. 밖이 상당히 어두웠지만 그 길로 가면 훨씬 빠르게 도착할 수 있었다. 공원을 반쯤 지났을 때 갑자기 등이 엄청나게 따끔거렸다. 오른쪽 신장 바로 위쪽이었다. 알고 보니 두 아이가 거기 숨어 있다가 내게 BB탄 총을 쐈다. 얼마나 아팠는지 모른다.

나는 그들과 맞섰다. 서로 모르는 사이였다. 몸집을 봐서는 나보다 나이가 많은 듯했다. 그 멍청이들은 공원에서 모르는 사람에게 총을 쏜 것도 모자라 내가 저항했다고 두들겨 팼다. 게다가 내 셔츠를 찢어발겼다. 폭행이 끝나자마자 나는 집으로 돌아갔고, 곧바로 화장실에 들어가서 물을 틀어 욕조를 채웠다. 그리고 욕조에 몸을 담갔다. 셔츠는 던져버리고 무슨 일이 있었는지는 어머니에게 말하지 않았다. 창피하고 당황스러웠다.

존과 내 돈을 빼앗은 강도들이 체포됐을 때 경찰은 경찰서에 와서 줄 서 있는 사람들을 보고 그 강도가 맞는지 확인해 달라고 했다. 나는 한 번 쳐다보고 곧바로 그들을 발견했다. 다른 피해자들처럼 단번에 범인을 알아차릴 수 있었다. 하지만 그들에게 당했을지도 모르는 한 피해자는 그곳에 오지 못했다. 내 친구 찰리 브라운이었다. 찰리는 야간 근무를 하다가 머리에 총을 맞고 사망했다. 찰리를 죽인 범인이 이 강도와 동일 인물인지는 모르지만, 찰리가 머리에 총을 맞는 건 말도 안 된다는 사실만은 확실히 알았다. 찰리는 그저 내 나이 또래였다. 찰리와 자주 대화하지는 않아 그 친구를 잘 모르지만, 사랑하는 가족을 남겨두고 떠나는 게 뭔지는 알았다. 그들은 찰리를 잃고 영원히 고통받을 것이다. 그 총격 사건과 우리가 당했던 강도 사건 이후로 동네 주유소는 안전을 위해 9시에 문을 닫았다.

두 도둑은 무장 강도 혐의로 입건됐고 몇 달 후에 재판을 받았다. 경찰은 존과 나를 포함한 증인들이 불리한 증언을 해주길 원했다. 이 무렵 나는 개학해서 3학년 학기를 시작했다. 법원에 갈 시간이 되자 경찰이 나를 데리러 집에 왔다. 경찰차를 탔는지 형사 차를 탔는지는 기억나지 않는다. 알고 보니 내가 유일한 증인이었다. 다른 사람들은 관여하길 꺼렸기 때문이다. 그날 내 부모님조차 안 왔다. 두 강도의 친구가 사람들에게 접근해서 증언하지 못하게 협박했는지도 모른다. 하지만 나는 증언할 책임이 있다고 생각했다. 이들은 좋은 사람이 아니다. 여동생이 집에 데려왔으면 하는 남자는 더더욱 아니다. 나는 증언이 무섭지 않았다. 그저 해야 할 일이라고 느꼈을 뿐이다. 그들은 사회에서 격리해야 했다.

겪은 일을 말하자 판사가 나를 보며 말했다. "파슨스 군, 방금 한 일을 칭찬하고 싶군요. 큰 용기가 필요한 일이었어요." 나는 파슨스 군이라는 호칭이 좋았다. 내가 선하고 온전하고, 중요한 사람으로 느껴졌다. 하지만 내 행동이 칭찬받은 사실이 더 흐뭇했다. 그때까지 평생 나에 대해 불평하는 사람만 만났으니 긍정적인 변화였다.

강도들이 어떻게 됐는지는 모른다. 분명 유죄를 선고받았겠지만, 둘 중 한 명도 다시 보거나 소식을 듣지 못했다.

나는 사람들에게 인생에 무슨 일이 일어나서 삶의 궤도를 바꿀지 모른다는 말을 자주 한다. 핀볼 게임에서 무작위로 범퍼를 때리면 공이 여기저기로 튀는 것과 마찬가지다. 가끔 공이 플리퍼를 건드리기도 한다. 그러면 모든 것이 바뀔 수 있다. 그 강도 사건도 내게 그런 영향을 주었다.

방법은 이상했지만 앞으로 일어날 사건을 대비하는 훈련이기도 했다. 나는 이 경험 덕분에 당면한 상황에서 한 걸음 물러나는 법을 배웠다. 어떤 의미에서는 나 자신을 벗어나서 피할 수 없는 일에 대처하는 법도 배웠다. 무릎이 덜덜 떨리는 채로는 무엇도 제대로 판단하기 어렵고, 공황에 빠지면 좋은 결정을 내리기 힘들다.

이런 교훈은 삶의 모든 면에 적용되지만, 특히 사업에서는 더 중요하다. 용감하다는 건 무엇인가 두렵더라도 실행한다는 뜻이다. 어떤 위험이 닥쳐도 상황에 침잠하지 말고 두려움을 가라앉히며, 빠르게 마음을 전환해서 침착하고 합리적인 관측자가 되어야 한다. 두 발로 땅을 딛고 제대로 서야 한다.

하지만 그 땅이 악취가 진동하고 영혼을 갉아먹는 1969년 베트남의 질퍽한 논이라면, 말은 쉬워도 누구라도 실천하기는 쉽지 않았을 테다.

6

정말 안전한 건 시체뿐이다

　사람들은 대부분 평생 익숙한 관념에 속박되어 살아간다. 정해진 사고방식에 묶여 있기 때문에 벗어나는 건 불가능에 가깝다. 나는 안전지대에 머무르다가는 중요한 일이 전혀 일어나지 않는다는 사실을 인생에서 계속 배우고 받아들였다. 요즘도 내가 자주 하는 말이 있다. "정말 안전한 건 시체뿐이다."

　패터슨고등학교에 애기 시로키스Aggie Sirokis라는 친구가 있었다. 애기의 어머니는 동네에서 술집을 운영했다. 애기의 아버지가 돌아가신 후 어머니는 그 술집으로 가족을 부양했다.

　어느 날 오후, 수업이 끝난 뒤 체육관 사물함 앞에서 옷을 갈아입을 때 애기와 다른 반 친구 찰리 메이슨Charlie Mason이 졸업 후에 뭘 할 거냐고 물었다. 나는 별생각이 없었다. 그저 웃으며 이렇게 대답했다. "글쎄, 또 학교에 다니지 않을까?" 그때는 3학년 마지막 학기였고 조짐이 영 불길했다. 솔직히 졸업할 수 있을 것 같지 않았다. 성적이 나빴기 때문에 반 친구들과 함께 졸업장을 받을 가능성은 희박했다. 물론 원인은 고등학교 시절 내내 술을 마시고 가끔 약을 했기 때문이다. 그냥 뒷골목에서 산 마리화나와 알약일 뿐 그리 심각한 건 아니었다. 이렇게 흥분제와 진정제를 하나씩 먹는 걸 '세트'라고 불렀다. 어쨌든 당시는 60년대였다. 변명이 아니라 사실이 그렇다.

애기가 해병대에 입대했다는 사실은 알고 있었다. 그 결정이 무척 존경스러웠다. 그날 애기는 찰리와 나에게 해병대 모집 담당자를 만나러 콘클링가Conkling Street에 가겠냐고 물었다.

"좋아." 내가 말했다.

해병대 사무실에서 키가 크고 강인해 보이는 모집자를 만났다. 몸이 꽤 탄탄했다. 옷도 반듯하게 다림질되어 주름이 완벽히 잡혀 있었다. 무척 멋있었다.

"안녕하세요, 여러분." 우리가 문을 열고 들어가자 그 남자가 인사했다.

나는 그 말이 듣기 좋았다. 그전에는 누구도 내게 말을 높이지 않았다. 다른 사람들의 눈에 나는 멍청한 아이일 뿐이었다.

함께 잡담하다가 그가 부스럭거리기 시작했다. 찾는 물건이 있는 듯 찬장을 뒤졌다. 그러다 우리를 돌아보며 말했다. "미안하군요. 음료를 주고 싶은데 다 떨어졌어요."

음료라면 물론 환영이었다. 하지만 우리 중 한 명이 말했다. "괜찮아요."

모집자는 한두 시간 동안 미국 해병대의 역사와 해병이 무엇을 보고 경험하는지 설명했다. 해병대에 입대할 때 필요한 것도 알려줬다. 얼마 지나지 않아 책상 너머로 몸을 구부리며 이렇게 말했다. "두 사람이 마음에 드네요. 혹시 관심 있으면 입대할 수 있는지 알아볼게요."

"정말 그래 주실래요?" 우리는 불길에 날아드는 나방이나 마찬가지였다. 모집자도 그 사실을 알고 있었다.

찰리는 18살이라 부모님 허락 없이도 입대할 수 있었지만 나는 겨우 17살이었다. 그해 11월에 18살이 되기 때문에 입대 지원 서류에 서명하려면 어머니를 데려와야 했다.

나는 사무실을 나와서 곧바로 집에 갔다. 어머니에게 빨리 내 계획을 말하고 싶었다. 사정을 설명했지만, 어머니는 나처럼 신난 눈치가 아니었다.

"왜 해병대에 들어가고 싶다는 거니?" 어머니가 물었다.

그때는 베트남전쟁이 격렬해지던 1968년 4월이었다.

"엄마, 난 모험하고 싶어요. 가서 조국을 지키고 싶다고요." 나는 이 일이 얼마나 가치 있는지 설득하려고 계속 설명했다.

"정말 입대하고 싶어?" 어머니가 물었다.

"네." 진심이었다.

나는 그때도 지금도 애국자다. 조국을 사랑한다. 물론 모험하고 싶은 마음도 있었지만, 환경의 변화가 절실했다. 나는 소속감을 느끼고 싶었다. 그때까지 집에서는 갈등을 피하고 학교에서는 빈둥거리며 둥둥 떠다니는 듯 살았다. 변화가 필요하다는 걸 제대로 설명할 수 없었지만, 본능적으로 이해했다. 여러모로 나에게 입대는 꼭 해야 하는 일 같았다.

놀랍게도 어머니는 알았다며 서류에 서명하기로 했다.

어찌나 신나는지 자제하기 힘들었다. 그러고는 어머니의 서명을 입증하고 보증할 공증인을 찾아 이웃에 갔다.

막상 어머니는 서명하기 전에 망설였다. 서류에 펜을 가져갔지만 이름을 쓰지는 않았다. 그러다 나를 쳐다보며 진지하게 말했다. "네 인생에 서명해서 양도하는 느낌이야."

"엄마, 난 내가 뭘 하는지 잘 알아요. 걱정하지 마세요." 모든 게 괜찮을 거라며 어머니를 안심시키기 위해 최선을 다했지만, 어머니는 그렇게 어리석지 않았다. 나는 순진하게 굴었지만 내 말에 확신이 있었다. 준비됐고, 의지가 굳건했고, 얼마든지 전쟁에 나갈 수 있었다. 그런 내가 자랑스러웠다.

찰리와 나는 함께 입대해서 해병대에서 '버디플랜'이라고 부르는 프로그램(서로 의지해서 훈련할 수 있도록 동료와 짝을 지어주는 프로그램_옮긴이)에 들어갔다. 우리는 신병 훈련과 보병 훈련 같은 기본 훈련을 함께 받았다. 훈련이 끝나면 갈라져서 베트남에 있는 다른 부대에 들어갈 확률이 높았다. 동반 입대했기 때문에 사우스캐롤라이나주 패리스아일랜드 Parris Island로 가야 하는 8월까지는 출근할 필요가 없다는 장점도 있었다.

입대 통지서를 받은 후 선생님들에게 보여줬다. 그들은 서류를 보고 나를 통과시켰고 나는 베트남전쟁이 절정이던 1968년에 고등학교를 졸업했다. 입대한다는 사실을 알리자 즈보나르 선생님이 나를 따로 불러서 물었다. "이게 무슨 뜻인지 알고 있니?"

"당연하죠." 내가 말했다. 확실히 나는 우등생은 아니었다. 입대하지 않았다면 졸업장을 받을 확률은 아예 없었다. 하지만 이제 졸업할 수 있었고, 내게 중요한 건 그것뿐이었다.

선생님은 눈물을 보였다. 당시에는 이해하기 힘들었지만, 선생님은 내 앞에 어떤 길이 펼쳐지고 어떤 위험이 있을지 확실히 알았던 모양이다.

패리스아일랜드로 떠나기 전에 아버지는 나를 포트홀라버드Fort Holabird에 데려갔다. 볼티모어 남동쪽에 있는 신병 신체 검사소로 한때 미육군정보학교US Army Intelligence School와 방첩기관Counterintelligence Records Facility이 있었던 곳이다. 여기서 신병을 대상으로 신체검사를 하고 사무를 처리했다. 나는 신체검사 과정에서 청력 검사용 방음 장치가 있는 방에 들어갔다. 그곳에서 헤드셋을 끼고 벽을 쳐다봤다. 검사자는 삐 소리가 들리면 해당하는 쪽의 버튼을 누르라고 했다. 영원 같은 시간이 흘렀지만, 그놈의 삐 소리는 들리지 않았다. 이런. 청력에 문제가 있으니 베트남에 못 갈지도 모르겠다는 생각이 들었다.

알고 보니 담당 군인들이 나를 그 방에 넣어두고 점심을 먹으러 갔다. 그들은 청력 검사를 하지 않았다. 믿기 힘들겠지만 내 존재를 잊어버렸다.

점심을 먹고 온 군인 중 하나가 문을 열고 말했다. "세상에! 너 아직 여기 있었어?" 나는 마음이 놓여서 웃기만 했다. 일어나서 방 밖으로 나왔다. 어쨌든 통과였다.

시스템 등록까지 마치고 이제 미국 해병대에 입대할 자격이 생겼다. 곧 나는 신병들과 함께 기차역으로 가는 버스를 탔다. 그리고 기차역에서 사우스캐롤라이나행 열차를 탔다.

  나를 포트홀라버드에 데려갔던 날, 아버지는 얼굴이 젖도록 눈물을 흘렸다. 평생 잊지 못할 장면이다. 아버지가 말했다.

  "무슨 짓을 해서라도 내가 대신 가고 싶구나."

  "알아요, 아버지."

7

엄마한테 전화해, 이제 집에 못 간다고!

사우스캐롤라이나행 열차에서 누군가 콜트45 맥주를 두 상자 가져왔다. 아주 큰 상자였다. 우리는 몸이 따뜻해질 때까지 맥주를 마셨다. 술이 들어가자 발동이 걸렸다. 그러다 맥주가 미지근해져서 우리는 캔을 열차 밖으로 던졌다. 맥주캔은 땅에 떨어지기 전에 터졌다. 열과 공기, 속도 때문이었다. 확실하진 않지만 캔을 던지면서 "파이어 인 더 홀!"이라고 외쳤던 것 같다. 해병대 신병다운 행동이었다. 그때까지만 해도 무척 재미있었다.

사우스캐롤라이나에 도착해서 버스를 타고 패리스아일랜드에 있는 해병대 모집 기지Marine Corps Recruit Depot로 갔다. 버스가 멈추자 한 해병이 올라타서 고함쳤다. "앉아서 뭣들 하나! 일어나! 버스에서 내려. 당장 망할 버스에서 나오라고!" 욕설이 줄줄이 이어졌다. 잊지 못할 환영 인사였다.

그다음 이런 말도 들렸다. "엄마한테 전화해, 이제 집에 못 간다고!" 그때 망했다는 생각이 들었다.

밖은 미친 듯이 더웠다. 우리는 바닥에 페인트로 노랗게 칠한 구역에서 움직이지 말고 서 있으라는 지시를 받았다. 지시를 따랐다. 그러다 한 명이 기절했다. 해병들이 냄새나는 소금을 뿌려 기절한 사람을 깨우자 다른 신병이 웃음을 터뜨렸다.

"이게 웃겨?" 해병은 키득거리는 멍청이에게 소리치더니 셔츠 앞섶을 쥐고 냄새나는 소금을 코에 쑤셔넣었다. 신병은 발길질하면서 전력을 다해 반항했다. 하지만 역부족이었다.

노란 구역에서 해산하자마자 다들 이발하러 갔다. 나는 다른 신병처럼 장발은 아니었지만 풍성한 머리카락에 나름대로 애정이 있었다. 당연히 이발사는 머리카락을 전부 밀었다. 나는 우는 게 아니라고 주장했지만 어쩔 수 없이 눈물이 흘렀다. "눈에 뭐가 들어갔나 봐요." 계속 같은 말을 중얼거렸다. 유일한 위안이라면 다들 공평하게 민머리가 됐다는 사실이었다. 확실히 공정한 경쟁의 장이 열렸다.

처음 사흘 동안 우리는 막사에 처박혔다. 그동안 힘들지는 않았지만 집이 조금 그립긴 했다. 한 가지는 확실했다. 이곳에서는 누구도 우리에게 말을 높이거나 음료를 권하지 않았다.

우리는 막사에 줄지어 늘어선 좁은 이층 침대에서 잤다. 그 자체는 괜찮았다. 어렸을 때부터 지낸 지하실 방보다는 나았기 때문이다. 하지만 새벽이 되기 전에 교관이 막사가 떠나가라 소동을 일으키며 우리를 깨웠다. 교관들은 복도를 질주하며 쓰레기통을 걷어차고 날카롭게 호루라기를 불었다. 우리는 행진이며 맨손 체조며 어두워질 때까지 훈련했다. 맞기도 많이 맞았다. 하지만 이곳은 신병 훈련소였다. 신병이 해병으로 거듭나도록 성격, 자존심, 개성 등 모든 것을 벗겨내는 곳이었다.

우리 중에는 견디지 못하고 사라져서 소식이 끊기는 사람도 있었다. 두 명이 면도칼로 자살을 시도하는 사건이 생기자, 우리 부대 중사는 신병을 모아놓고 올바른 자살 방법을 가르쳤다. 가로가 아니라 세로로 손목을 긋고, 염병할 피를 닦느라 다른 병사가 고생하지 않도록 욕실에서 하는 예의를 보이라고 했다. 〈풀 메탈 자켓 Full Metal Jacket (스탠리 큐브릭 감독의 베트남전을 혹독하게 그린 영화_옮긴이)〉에 나오는 장면은 기숙학교로 보일 지경이었다.

신병 배치가 끝나자 우리는 패리스아일랜드의 1010부대로 불렸다. 신병에게는 저마다 군번이 있었고 내 번호는 61번이었다. 교관이 점호하라고 하면 순서대로 1번부터 번호를 외쳤다. 자기 번호를 말하지 않은 사람은 한밤중에 불려나가곤 했다. 우리 부대에서 세 명이 그냥 사라졌다. 특히 베트남전에서는 마음대로 해병을 그만두지 못했다. 그 사람들은 무단이탈로 분류됐다. 해병대는 잡힌 사람에게 (대부분 잡혔다) 별로 너그럽지 않았으며 집에 보내지도 않았다. 그들은 보통 다시 훈련에 투입되거나 구금실에 붙잡혀 갔다. 한번 입대 서류에 서명하면 돌이키지 못했다. 평생 해병으로 살 수밖에 없었다.

첫날 아침 속옷 수를 세고 있는데, 교관인 거니 올리버 Gunny Oliver가 내 몸을 보고 그 웃긴 태닝 자국은 뭐냐고 물었다. 나는 해병대에 입대하기 전에 삼촌의 건설 회사에서 일하면서 늘 끈 셔츠를 입었다. 민소매는 아니고 좀 더 시원한 끈으로 된 내의였다. 그 결과 몸에 끈 자국이 생겼다.

"건설 현장에서는 끈 셔츠를 입습니다. 햇볕에 타서 그렇습니다." 나는 당당하게 말했다.

"헛소리 마. 브래지어를 입고 돌아다니는 동성애자 아니야?" 교관이 맞받았다.

"아닙니다!"

"솔직히 말해. 브래지어나 입고 다니는 변태였지?"

"아닙니다!"

"잘 들어라. 다른 병사를 이상한 눈으로 보다가 걸리면 가만히 안 돼. 나도 쳐다보지 마. 이 역겨운 놈아!" 그러더니 걸어나갔다.

본인도 말도 안 된다는 걸 알고 한 소리였다. 나를 열받게 하려 했을 뿐이었다. 그리고 강하게 단련하려는 목적도 있었을 것이다.

신병 훈련소에서 그 교관이 최악이었다고 말하고 싶지만 아니었다. 교관은 친구가 아니라 혹독한 베트남 환경에 대비시키는 사람이었다. 내 기억에 특히 험악한 교관이 있었다. 나는 나이트 하사처럼 손이 큰 사람은 처음 봤다. 그는 모든 게 컸다. 나이트 하사가 손을 내 이마에 올리면 손가락이 내 뒤통수에 닿았다. 그는 잘못 건드리면 큰일 나는 사람이었다. 상당히 점잖은 편이었지만 가끔 우리를 휘어잡기도 했다. 다만 그 이유는 보통 우리가 잘못했기 때문이었다. 개인적인 감정은 섞지 않았다. 보통은.

어느 날 아침, 나는 일찍 일어나서 군복과 군화를 모두 갖춰 입었다. 훈련 교관이 우리 막사에 왔을 때 나머지 병사는 규칙대로 아직 속옷 차림이었다.

"누가 옷을 입으랬어?" 나이트 하사가 내 코앞에서 있는 힘껏 소리쳤다. 어찌나 가까웠던지 침방울이 안구와 피부에 튀는 게 느껴질 정도였다.

"아무도 지시하지 않았습니다!" 내가 대답했다.

"이병, 지시가 없으면 아무것도 하지 마! 여기 방 가운데로 와라. 다들 침상 한데로 밀어!" 내 실수 때문에 다들 벌을 받았다.

처음에는 나이트 하사가 왜 그러는지 알 수 없었다. 해병대 신병 훈련소에서는 누군가 잘못하면 무슨 일이든 상관없이 모두가 대가를 치렀다. 실수한 사람만 제외하고 전체를 벌할 때도 많았다. 해병대는 우리가 서로 의지해야 한다는 사실을 깨우쳐주려 했다. 전투 상황에서는 모두가 맡은 일을 하고 제 몫을 다해야 한다. 그렇지 않으면 분대 전체가 고통받는다. 결국 나는 이것이 해병대가 훌륭한 군대가 된 이유라는 사실을 깨달았다. 그들은 첫날부터 모두는 하나를 위해, 하나는 모두를 위해 존재한다는 사실을 가르쳤다.

신병 훈련소에서 며칠 지낸 후에도 모집자에게 속았다는 생각은 들지 않았다. 나는 무엇을 하겠다고 서명했는지 잘 알고 있었다. 그래도 내가 생각했던 것과는 전혀 달랐다.

놀랍게도 음식은 생각보다 괜찮았다. 해병대에 입대하기 전에 먹었던 음식과 비교하면 상당히 고급이었다. 우리가 식당에 가면 교관이 식탁 위에서 펄쩍펄쩍 뛰면서 소리 질렀다. "먹어! 먹어!" 아무도 내게 두 번 묻지 않았다. 나는 늘 배고팠다. 특히 초콜릿 우유는 얼음장같이 차가워서 내 입맛에 딱 맞았다. 캐롤라이나 내륙의 뜨거운 열기 속에서는 특히 맛있었다. 그래도 너무 많이 먹거나 빨리 먹으면 안 된다는 걸 금방 깨달았다. 먹고 나서 뛰어야 하는데 급히 마셨다가 토하기 일쑤였다.

또 정확히 언제가 될지 몰랐지만 식사 후에 8킬로미터 구보를 할 때가 많았다. 물론 새 운동화를 신고 뛰지는 않았다. 군화를 신고 달려야 했다. 그러면 다들 정강이에 통증이 생기고, 물집이 잡히거나 발목을 접질렸다. 이 같은 고통스럽고 불편한 시간은 실전 대비였다. 부상을 치료할 수는 있었지만 만약 의무실에 간다면 소대에서 하는 훈련을 며칠 이상 빠지게 된다. 그러면 신병 훈련을 처음부터 다시 해야 한다. 그건 사양한다. 나는 강하게 나가기로 했다. 그냥 마음을 비운 채 매번 구보를 해내고 아파도 참았다.

우리는 뛰면서 손뼉 치고 노래도 했다. 정치적으로 올바른 노래는 아니었지만 어떤 노래는 뇌리에 박혀 잊히지 않는다.

전장에서 죽어야 한다면 상자에 담아 고향에 보내주오.
가슴에 손을 얹어두고 최선을 다했다고 내 여자에게 전해주오.

한번은 노래를 부르지 않았다가 교관에게 발각됐다. 교관은 나를 사기 진작 소대에 보냈다. 사기 진작 소대는 여러분이 생각하는 그런 곳이 아니다. 진짜 지옥을 맛볼 수 있는 곳이다. 나는 군모를 쓰고 전투복을 입고, 단추를 잠그고서 완전 군장을 하고 소총을 짊어졌다.

해가 뜨기 전에 깊은 모래밭에서 행군하고, 다음 날 어두워지면 종료했다. 정말 혹독했다.

우리 팀에서 한 명이 쓰러졌을 때가 기억난다. 나는 그때까지 때려치울지 고민했지만 다행히 버텼다. 교관은 그에게 일어나라고 소리쳤지만 가련한 동료는 일어나지 못했다. 애쓰다가 다시 땅에 넘어졌다.

"당장 일어나!" 교관은 늘어진 그의 몸을 밟고 소리치더니 얼굴에 물을 뿌리고 발로 모래를 차서 끼얹었다. 우리는 그때가 최악이라고 생각했지만 교관이 또 소리쳤다. "얼음 왜건 가져와!"

얼음 왜건은 뒤에 커다란 얼음 상자를 실은 픽업트럭이다. 트럭이 오자 교관은 남자의 셔츠를 열고 얼음을 집어넣었다. 다른 교관에게 그의 발을 쥐게 하고 자신은 팔을 잡고서 트럭 뒤에 내던졌다. 쓰러진 남자의 셔츠에서 얼음이 사방으로 튀었다.

며칠 후 누군가 자기 토사물에 질식해서 실제로 죽었다는 소문을 들었다. 그럴 리 없다고 확신했지만 혹여 그렇게 되기는 싫었다. 그래서 더 악착같이 버티며 내가 이곳에 있는 이유를 진지하게 가슴에 새겼다. 돌이켜 보면 사기 진작 소대는 신병 훈련소에서의 기억 중 가장 암울하다. 당시는 8월이었고 그곳은 패리스아일랜드였다. 숨 막히게 덥고 습했다. 지옥이나 다를 바 없는 곳이어서 정규 훈련이 괜찮게 느껴질 정도였다. 사기 진작 소대에 다시는 가고 싶지 않았다.

그 후로는 내가 행실을 고치고 착실해졌다고 생각하겠지만, 의도치 않게 교관들을 자극하는 짓을 했다.

고등학교 시절 주유소에서 일하면서 오른쪽 귀에 노란 연필을 꽂아두는 습관이 있었다. 초등학교 때 썼던 연필과 비슷하다. 뭐가 적을 일이 있으면 무척 편리했다. 주유하고 나서 다시 사무실에 가지 않고 신용카드 전표를 쓸 수 있었다. 신병 훈련을 받던 어느 날 훈련을 마치고 다른 훈련장으로 향하는데 교관이었던 리틀 병장이 급히 내게 다가와서 물었다.

"귀 뒤에 뭘 꽂았나?"

"연필입니다."

"연필을 왜 거기 꽂아?"

"예전에 주유소에서 일했습니다. 저도 모르게 꽂은 듯합니다." 그 답변밖에 떠오르지 않았다.

"멍청한 자식, 살기 싫어? 다시는 거기에 연필을 꽂지 마라. 또 내 눈에 띄면 엉덩이에 꽂아줄 테니까. 알았나?"

"네, 알겠습니다!"

다음 날 소대원들과 함께 다른 훈련장으로 이동하는데 리틀 병장이 또 다가왔다. 당연히 그놈의 연필을 귀 뒤에 꽂았기 때문이다. 일부러 그런 건 아니고 오랜 습관일 뿐이었다. 리틀 병장은 건물 기둥에 등을 부딪칠 때까지 나를 계속 떠밀었다. 그리고 연필을 가져가더니 기관을 절개할 것처럼 목구멍 깊숙이 밀어넣었다.

"다음번에는 이거로 죽을 줄 알아."

"네, 알겠습니다!"

하나도 안 무서웠다고 말하고 싶지만 무서웠다. 빈말이 아닌 게 확실했기 때문이다. 하지만 다음 날 훈련장을 떠나다가 리틀 병장이 내 쪽으로 오는 걸 발견했다. 손으로 더듬으니 연필이 또 귀 뒤에 꽂혀 있었다. 다행히 그가 보기 전에 빼냈다. 그 아슬아슬한 순간 이후로 나는 절대로 연필을 거기에 꽂지 않았다. 오래된 버릇은 고치기 힘들다는 말이 있지만, 해병대 훈련을 받으면 빨리 고칠 수 있다.

패리스아일랜드에서 1단계 훈련을 받으면서 처음에는 이해하기 힘든 일을 많이 경험했지만, 교관들이 하는 행동에는 전부 의미와 목적이 있었다. 전부. 발가벗고 목 조르는 기술도 마찬가지다. 누군가의 뒤로 다가가서 상대의 무릎 뒤에 내 무릎을 대고 뒤에서 목을 조르는 방법이다. 그러면 숨쉬기가 힘들어진다. 상대가 헐떡일 때 케이바나이프 KA-BAR knife(사냥 및 전투용 단검으로, 베트남전 당시 미 해병대원이 주로 사용했던 칼로 유명하다_옮긴이)로 신장을 찌른다. 칼이 없으면 한 손으로 다른 손을 꽉 잡아서 더 세게 움켜쥔다. 물론 훈련할 때는 칼이 없어서 상대를 실제로 찌르지는 않았지만, 이 전투 기술에 완전히 익숙해질 때까지 여러 번 반복해서 훈련했다.

교관은 훈련병을 모두 세운 다음 2인 1조로 한 명은 기술을 시도하고 다른 한 명은 반격하게 했다. 처음에 우리는 한 번씩 해볼 거라고 생각했지만, 결국 다들 세 번씩 반복했다. 훈련이 끝날 무렵이 되자 아무도 말할 기운이 없었다. 첫 연습 때는 내가 시도하는 쪽이었다. 나는 파트너 뒤로 가서 살살 목을 조였다. 역할을 바꾸고 파트너가 나를 제압할 때는 살살하지 않았다. 이제 목을 조를 때마다 손목뼈로 목구멍을 때렸고 대결은 점점 격해졌다. 훈련을 마치고 교관이 말했다. "잘 들어, 머저리들아. 설마 모르진 않겠지만 지금 같이하는 동료한테 잘해줘라. 단 지금만이다. 전투에 나갔을 때는 인정사정 봐주지 마. 안 그러면 네가 죽는다." 그게 해병대였다.

해병대가 내게 가르쳐준 많은 것 중에 무엇보다 강인함과 인내가 가장 중요했다. 사람은 강해질 수밖에 없는 상황이 되기 전까지는 본인이 얼마나 강한지 모른다. 굽실거려도 괜찮다. 넘어져도 된다. 토해도 된다. 피를 흘려도 된다. 고통도 괜찮다. 하지만 그만두는 건 안 된다. 실패는 선택지에 없다.

당신을 강인하게 만드는 건 과거가 아니다. 할 수 없다고 생각했던 일을 극복했을 때 강해진다. 미국 해병대 훈련을 받은 사람은 장애물이 있어도 멈추지 않는다. 문제가 생겼다고 그만두지 않는다. 나를 막는 건 나뿐이다. 신병 훈련소를 떠날 무렵 나는 내 역할과 목적을 이해했다.

8

즐거운 보병 훈련

　해병대 신병 훈련소를 졸업하던 날은 다른 졸업식과 비슷했다. 한 시름을 놨다는 느낌이었다. 우리는 1단계 훈련을 완료했고, 잠깐이지만 조금은 긴장이 풀렸다. 졸업식 당일에 식을 앞두고 예장용 군복으로 갈아입기 전에 나는 무엇인가 찾으러 급히 막사에 갔다가 평소 나를 괴롭히던 루이지애나 출신의 덩치 큰 병사를 만났다. 우리가 대면하는 내내 주변에 다른 사람들이 있었다.

　나는 훈련소에서 가장 몸집이 크지는 않았지만, 불같은 성질과 뚝심이 있었다. 막사에서 그 병사가 언제나처럼 시비를 걸었다. 갑자기 이성이 뚝 끊겼다. 그의 등 뒤에서 덮치며 있는 힘을 다해 머리를 때렸다. 그는 나를 매달고 둔탁하게 쓰러졌다. 결국 다른 사람들이 우리를 떼어놓았다. 사람들이 있어서 망정이지 아니었다면 둘 중 하나는 죽었을 테다. 아마 나였겠지. 그는 일어나서 나를 노려보며 죽이겠다고 위협했다. 나는 굴하지 않았다. 그 개자식을 노려봤을 뿐이다. 결국 그는 나를 두고 떠났다. 무엇인가 생각지도 못했던 일이 신병 훈련소에서 나에게 벌어졌다. 내가 성격이 급하고 야망이 크다는 사실을 그 순간 깨달았다. 웬 얼간이가 나타나서 내 인생을 방해하지 않을 만큼 정신적으로 무장되었다. 그 병사에게 맞서면서 기분이 좋았다. 내가 호락호락하지 않다는 걸 그는 물론이고, 모두가 알길 바랐다. 사실 그 사건이 해병으로서 내 첫 전투였다. 이겼다고는 할 수 없지만 분명 지지는 않았다.

내 졸업식에 참석하려고 볼티모어에서 부모님과 여동생이 왔다. 아버지는 나를 자랑스러워했다. 아마 그때 가장 자랑스러워했을 것이다. 어머니는 울음을 그치지 못했다. 나는 어머니가 아버지에게 하는 말을 들었다. "로버트가 예전과 달라졌어." 그 말이 맞았다. 나는 변했다. 입대하기 전보다 더 차갑고 냉정해졌다. 날이 갈수록 계속 변하겠지만 얼마나 심하게 바뀔지는 알 수 없었다.

가족과 함께할 시간이 겨우 2시간 정도였기 때문에 이홉^{IHOP}(간단한 메뉴를 판매하는 미국의 식당 체인_옮긴이)에 가서 팬케이크를 먹었다. 정말 맛있었다. 어느새 시간이 다 돼서 신병 훈련소에 돌아가야 했다. 우리는 아쉬워하며 작별했다.

얼마 지나지 않아 나는 다른 신병들과 함께 버스를 타고 보병 훈련을 받을 르준 기지$^{Camp\ Lejeune}$에 갔다. 뜨거운 공기와 남부에서만 느낄 수 있는 습기로 후텁지근한 곳이었다.

우리 모두 들뜨고 행복한 마음으로 그 버스를 타고 가면서 목청껏 해병대 찬가 The Marines' Hymn를 불렀다.

몬테주마궁정에서 트리폴리해안까지
우리는 조국을 위해 싸운다
하늘과 땅과 바다에서

지금도 나는 그 노래의 가사를 기억한다. 부르다 보면 목멜 때도 있지만 그때마다 자부심을 느낀다.

르준 기지에 도착해서 킬로 중대 Kilo Company에 배치됐다. 도착하자마자 첫날 밤부터 강행군이었고 거의 매일 밤이 그런 식이었다. 강행군이 끝나면 보통 한밤중에 쥐가 심하게 났다. 얼마나 심했는지 깊이 잠들었다가도 깰 정도였다. 너무 아파서 막사를 뛰쳐나가 다리를 부여잡고 쥐가 풀릴 때까지 뛰어다녔다. 쥐가 나지 않으려면, 적어도 그렇게 자주 나지 않으려면 물을 많이 마셔야 한다는 걸 곧 깨달았다.

어느 날 밤, 행군하기 직전에 한 중사가 내게 잊지 못할 말을 했다. 그 중사는 키가 작았지만, 존재감은 엄청났다. "너희 이등병들은 모두 베트남에 가서 대부분 훈장을 달고 고향에 돌아올 거다. 금속으로 된 팔다리를 하고서겠지. 아주 멍청한 녀석들은 가서 개죽음을 당하느니 아예 안 가는 게 도움 된다. 그래야 정부 돈을 낭비하지 않을 테니까."

나는 부상에 관해 별로 생각해 보지 않았지만, 병장들은 늘 그런 이야기를 했다. 우리는 언제부턴가 한 귀로 듣고 한 귀로 흘리는 경지에 이르렀다. 그런 말을 머릿속에 남겨서 거기에 사로잡히고 싶지 않았다. 어림도 없는 일이었다. 가끔 대화가 무척 음침해지기도 했다. 교관이 나약한 사람을 솎아내려고 일부러 한 말일 수도 있지만, 당시에 나는 몰랐다. 그저 계속 앞으로 나아가면서 살아남을 방법을 찾고, 베트남에서 도움이 될 기술을 익히는 데만 집중했다. 죽지 않으려면 몸과 마음을 강하게 단련해야 했다.

---×---

훈련 초반에는 지퍼가 아니라 단추가 달린 바지를 지급받으면 정말 반가웠다. 그건 행운이었다. 왜냐고? 강행군을 나가면 오줌을 누고 싶어도 멈추기 힘들다. 멈추면 뒤처지고 동료들을 따라잡으려면 뛰어야 한다. 우리는 대부분 재빨리 볼일을 봤지만, 밤에 10번 행군을 나가면 한 번은 동료들이 땅에 쓰러지곤 했다. 이유는? 지퍼를 내린 채 소변을 보고 다시 올리려다 그곳이 꼈기 때문이다. 나는 바지에 단추가 달렸으면 그럴 일이 없다는 생각만 했다. 하지만 어쩌다 군복이 찢기는 바람에 지퍼 달린 바지를 새로 받으면? 그렇다. 여러분의 예상이 적중했다. 끼었다. 대단히 고통스러웠다. '해병대 찬가' 가사와 함께 절대 잊지 못할 기억이다!

르준 기지에서는 모든 게 한결 나아졌다. 무기를 다루는 법을 제대로 배웠고, 몸이 무척 좋아졌으며 부대원들과의 호흡도 개선됐다. 르준에서는 유대감을 강화하려고 일명 가스실에서 훈련을 진행했다. 우리는 방독면을 쓰고 가스실로 들어가서 앞사람의 어깨에 손을 올렸다. 다 들어가는 순간 CS 가스통이 터진다. CS 가스는 최루가스의 주원료로, 이 가스에 노출되면 타는 듯한 느낌이 들면서 눈물이 흘러서 눈을 뜨기가 힘들다. 게다가 코와 입, 목구멍 점막이 따끔해지면서 기침이 터지고 콧물이 많이 나며, 어지럽고 호흡하기 힘들어진다. 그러면 제대로 움직일 수 없다. 가스실에 CS 최루가스가 자욱해지면 교관은 단체로 원을 돌며 뛰라고 했다. 그다음 방독면을 벗고 '해병대 찬가'를 부르게 한다. 그러면 가스가 폐와 코, 눈, 입 등으로 들어간다. 결코 재미있는 경험은 아니다.

우리는 명령에 따라 방독면을 벗고 믿기 힘든 고통을 온몸으로 느꼈다. CS 가스가 피부에 어떤 작용을 하는지 아는가? 확실히 아름답거나 편하지는 않다. 결국 교관이 문을 열면 우리는 기침하고 캑캑거리면서 비틀비틀 밖으로 나갔다. 마침내 숨을 쉬면서 고통이 사라지길 기다리는 그 시간이 좋았다. 이 훈련이 끝나면 소변을 봐야 했다. CS 가스가 그곳에 묻는다는 생각은 하지 못했는데, 손에 잔뜩 묻은 상태였고 거기가 엄청 따가웠으니 틀림없이 묻었을 것이다.

그날 밤에는 처음으로 훈련을 쉬었다. 우리는 매점에 가도 된다는 허락을 받았다. 해병대에서는 자기가 속한 대형에 타인이 끼어들지 못하게 한다. 그날 밤 나는 막사를 나와서 다른 무리의 대형에 끼어 뛰었다. 그게 문제라는 인식도 하지 않았다. 그 대형 앞에 서 있던 한 해병이 M16 소총 개머리판으로 내 얼굴을 정통으로 때렸다. 그 덕분에 내 치아는 지금도 달가닥거린다. 누가 떼놓지 않았으면 그 해병을 죽여버렸을지도 모른다. 지금 생각해도 여전히 화난다. 그럴 필요는 없었기 때문이다. 우리는 해병으로서 모두 거칠고 강인하고 조국에 충성하며 어떻게든 남의 손에 죽지 않으려 한다. 더구나 아군의 실수로 죽는다는 건 말도 안 된다.

하루하루 지날수록 내가 무엇을 하고 싶고 어떤 사람이 되고 싶은지 확실해졌다. 르준 기지에서 훈련받으면서 신병 훈련소에서 그랬던 것처럼 최대한 내 역할을 잘하겠다고 결심했다. 나는 최고가 되고 싶었다. 해병 훈련은 내게 그 열정과 동기, 자제력을 부여했다.

그날 이후로 매일 소총을 청소했다. 소총이 무척 자랑스러워서 나는 알아주는 사람이 없어도 계속 닦았다. 그게 내 의무였기 때문이다. 대규모 점검이 실시됐을 때 부대 관리관이 실시한 검사에서 우리 가운데 8명이 낙제했다. 관리관들은 뭐든 흠이 나올 때까지 모든 이의 소총을 점검했다. 문제가 발견될 때마다 소총을 흙바닥에 던졌다. 문제를 찾지 못하면 다음 해병으로 넘어갔다. 결국 그 자리에 서 있는 건 나와 다른 해병대원 한 명뿐이었고, 관리관들은 우리 소총에서 아무 문제도 찾지 못했다. 차려 자세로 선 내게 라이더 병장이 와서 물었다. "그 방아쇠 뒤에 있는 보풀 보이나?"

"안 보입니다!" 나는 화나서 말했다. 방아쇠 뒤에 보풀 따위는 없었다. 내 총은 티 하나 없이 깔끔했다.

라이더 병장은 내 소총을 흙바닥에 던져버렸다. 집어들자 지저분해진 상태였다. 울컥 화가 치밀어 올랐다. 그러다 생각했다. 이제 이런 짓은 집어치우자. 해병대는 죽지 않는 법을 가르치는데 나는 소총 청소에 정신이 팔렸다. 돌아가서 총을 청소했냐고? 큰 먼지는 떨고 닦아내긴 했지만, 예전처럼 집착적으로 하지는 않았다. 소총을 완벽하게 닦는 건 소용없는 짓이라는 사실을 깨달았다. 바로 그게 라이더 병장의 메시지였다.

　그 후로도 소총을 청소했지만 그리 연연하지는 않았다. 힘들게 쥐어짤 가치가 없는 일이었다. 그런 일보다는 조금 여유를 즐기기로 했다. 동료들과 노닥거리며 시간을 보냈고, 다음 검사에도 통과할 리가 없다고 내심 생각했다. 초등학교 시절 철자법 대회에서 '페어'는 버스 요금이라는 교훈을 얻은 것과 별반 다르지 않았다.

9

승선하라

어릴 때부터 제법 주먹다짐을 하면서 컸지만, 권투를 배운 건 보병 훈련 때뿐이었다. 초등학교 때 치고받으며 하는 승강이와 링에서 상대를 때려눕히는 건 차원이 달랐다.

햄스테드힐에 다닐 때 토니 펠레카키스Tony Pelekakis라는 아이와 싸운 적이 있었다. 그냥 남자아이답게 뭔가 바보 같은 이유로 싸움이 붙었다. 학교가 끝나면 우리가 싸울 거라는 소문이 전교에 퍼졌다. 로마 콜로세움에서 검투사 두 명이 싸우는 것처럼 토니와 나는 점점 늘어나는 구경꾼 속에서 맞붙었다. 아무도 싸움을 말리려 들지 않았다. 토니나 나를 응원하는 소리도 들렸다. 나는 토니가 특정 동작을 할 때 얼굴을 들이밀며 다가온다는 사실을 알아차리고 그 동작을 하게 유도한 다음 퍽! 한 방 먹였다.

"이 나쁜 놈아!" 토니는 소리를 지르더니 날 향해 팔을 크게 휘둘렀다. 하지만 내가 슬쩍 피하는 바람에 토니의 주먹은 돌벽에 꽂혔다. 그리고 손가락 관절이 터질 듯 부어올랐다. 토니는 그대로 바닥에 쓰러졌다.

구경꾼 가운데 한 명이 내 어깨에 팔을 두르며 말했다. "네가 이겼네." 나는 그대로 자리를 떠났다. 이긴 느낌은 들지 않았다. 전혀.

다음 날 나는 교장실에 불려갔다. 토니는 손에 붕대를 칭칭 감고 자기 아버지 옆에 앉아 있었다. 나는 그때 정학 처분을 받았다. 왜냐고? 토니는 붕대를 감았고 나는 아니었기 때문이다. 내가 싸움을 걸지도 않았고, 스스로 방어하지 않았으면 토니가 나를 으깨버렸을 것이다. 토니는 내 머리를 치려다 빗맞아서 벽을 쳤을 뿐이다. 그만큼 뻔한 얘기였다. 덕분에 페어는 버스 요금일 뿐이라는 사실을 또 떠올릴 수 있었다. 고맙다, 토니!

해병대에서 내 체중은 64킬로그램 정도여서 권투 경량급이었다. 킬로 중대에 링이 있어서 나는 경기에 참여했다. 이유는 기억나지 않지만 왠지 도전해 보고 싶었다. 내 체급에서는 두 명과 싸웠고 둘 다 이겼다. 그렇게 승리하고 나서 그만뒀어야 하는데, 중량급 한 명이 링에 올라왔다. 부대 관리관이 그와 겨루고 싶은 사람이 있냐고 했고 내가 지원했다. 좋지 않은 결정이었다. 멍청하기 짝이 없는 짓이었다.

나는 링에 들어섰다가 첫 번째 펀치를 세게 맞았다. 차에 치인 느낌이었다. 그러고는 고꾸라졌다. 어리석게도 다시 일어섰고 그다음은 링 밖이었던 기억이 난다. 신발 한 짝이 사라졌고 사람들은 나를 깨우려고 냄새나는 소금을 들이밀었다. 그 경기 후 사흘 동안 두통에 시달렸다. 누구도 뇌진탕이라고 하지 않았지만, 틀림없이 뇌진탕이었을 테다. 그때 비로소 나는 싸움꾼이 아니라 평화주의자라는 사실을 깨달았다.

르준 기지를 떠나 펜들턴 기지Camp Pendleton에서 고등 보병 훈련을 받기 전에 휴가를 받았다. 나는 볼티모어로 가서 30일 동안 가족들과 함께 지냈다. 애기도 신병을 마치고 휴가차 볼티모어에 왔다. 그런데 애기의 어머니가 운영하는 술집에서 누군가 어머니에게 불평을 쏟아냈다. 대화 중간에 애기가 끼어들었고 그 남자는 애기의 심장에 칼을 꽂아 살해했다. 결국 애기는 베트남에 가지 못했고 나는 좋은 친구를 잃어서 가슴이 아팠다.

펜들턴 기지로 떠나기 전날 밤, 외출했다가 즐거운 일이 있었다. 한 샌드위치 가게에서 마사라는 아름다운 여자와 데이트하던 친구를 만났다. 나는 그녀를 보자마자 사랑에 빠졌다. 하지만 그녀는 내 친구와 데이트했고, 나는 베트남으로 떠나야 했다.

펜들턴 기지로 떠나는 날 아침, 어머니는 9시에서 10시쯤 내 방에 와서 나를 깨웠다. 어머니가 말했다. "아침이야, 로버트."

나는 여전히 잠에 취해 중얼거렸다. "안녕하세요, 엄마."

"엄마는 버트 이모와 경마장에 갈 거야. 죽지 마라."

"안 죽을게요. 약속해요."

그날 어머니가 내 볼에 살짝 키스했던 것 같다. 아닐 수도 있다. 그랬다고 믿고 싶지만, 솔직히 기억이 잘 나지 않는다. 만약 그랬다면 어머니가 할 만한 행동은 아니었다.

나는 뒹굴뒹굴하다가 한 시간 정도 더 잔 다음에 일어나서 공항에 데려다주기로 한 사촌에게 전화했다.

아버지는 그날 아침 말도 없이 집을 나갔다. 오후 2시까지 공항에 가야 했고, 아버지가 다시 와서 작별 인사를 하거나 공항에 데려다주길 바랐지만 그러지 않았다. 다른 장병들의 부모님은 모두 떠나는 아들을 보러 와서 손을 흔들고 포옹했고, 대부분 떠나기 직전까지 기다렸다. 성공과 행운을 기원하는 큼직한 카드를 써서 들고 있는 사람도 있었다. 그러나 나는 혼자였다. 탑승하기 전에 주위를 둘러보며 생각했다. 사람들이 많으니까 좋네. 날 보러 온 사람들은 아니지만.

살면서 혼자인 상황에 익숙했기에 그 사실을 곱씹지는 않았다. 여러모로 내게 타인은 필요하지 않았다. 최소한 그 순간에는 그랬다. 알고 보니 어머니는 자신도 모르는 사이에 완벽한 해병을 키웠다. 어머니가 내게 해준 것 중에 가장 가치 있는 선물이었다. 나는 몇 년 후에 그날 왜 경마장에 갔냐고 물었다. 최소한 내가 떠날 때까지 기다리지 않은 이유를 알고 싶었다. "네가 떠나는 걸 참기 힘들었어." 어머니가 말했다.

나는 그 말이 사실이라고 믿는다. 어머니로서 자식이 전쟁터에 가는 모습을 보고 싶지 않은 게 당연하다. 그때는 베트남에서 매주 100여 구에 달하는 시신이 나무관에 담겨 집으로 돌아오던 시절이었다. 그날 부모님의 결정을 당시에는 이해할 수 없었지만, 나중에 함께 대화하면서 이해했다.

휴가를 보내고 펜들턴 기지에 온 해병들은 조금은 물러진 상태였다. 적어도 군에서는 그렇게 봤다. 그래서 베트남 배치를 기다리는 동안 체력을 회복하도록 한두 달 정도 산을 뛰어서 오르내리게 했다.

고등 보병 훈련을 받은 지 2주 정도 지났을 때 카드놀이를 했다. 보통 2주에 한 번씩 급여를 받고 나면 그날 오후에 카드판이 열리곤 했다. 3일짜리 주말을 앞두고 여섯 명이 모여서 큰 판돈을 걸고 포커를 쳤다. 적어도 우리에게는 큰돈이었다. 9시간 가까이 게임이 이어지는 동안 나는 따기도 하고 잃기도 했다. 돈을 거의 다 잃고 그만 접으려던 찰나 무척 좋은 패가 나왔다. 에이스 풀하우스와 킹이었다. 동료들은 그 판에 큰돈을 걸었고 나도 그만큼 걸었다. 다만 나는 돈이 없었다.

"파슨스, 돈은 있어?" 한 동료가 물었다.

"걱정하지 마. 있으니까. 네가 이기면 줄 테니 신경 쓰지 마." 나는 돈이 있다고 허세를 부리며 의기양양했다.

"없다고 하면 안 돼." 한 동료가 속삭였다.

결국 그 판으로 운이 트여서 돈을 땄다. 다음 날 오후 2시까지 게임을 계속했고, 결국 수중에 3,000달러가 들어왔다. 내게는 많은 돈이었다. 그 당시 딴 돈 중에 가장 많았던 것 같다. 딴 돈을 모두 그러모으면서 빨리 행동하지 않으면 무슨 일이 일어날지 뻔하다고 생각했다. 그래서 곧장 우체국에 가서 우편환을 사고 돈을 대부분 집에 보냈다. 돌아가면 비상금으로 쓸 테니 잘 보관해 두라고 전했다. 물론 그 돈이 바로 경마장에 갈 거라는 건 속으로 알고 있었다. 오키나와에 가면 현금이 필요할 테니 25달러는 따로 보관했다.

그날 게임을 같이한 사람들을 제외하면 내가 얼마나 땄는지 정확히 아는 사람은 없었다. 하지만 큰돈을 땄다는 소문이 퍼졌다. 그날 잠들었다가 깼더니 서너 무리가 번갈아 가며 찾아와서 돈에 관해 물었다. 나는 우편환 영수증을 보여주고 집에 돈을 보냈다고 했다. 다들 차례차례 와서 나를 이용해 먹으려 들 거라고 예상했고 실제로 그랬다. 누구는 20달러만 달라고 했고 또 누구는 크게 한턱내라고 했다. 나는 누가 돈을 요구할 때마다 반복해서 말했다. "전부 집에 보냈어."

그 포커 게임을 제외하면 펜들턴 기지에서의 생활은 그다지 기억 나지 않는다. 그곳은 그저 아름다운 산과 바다가 펼쳐지는 해병대 기지일 뿐이었다. 기지 밖으로 나간 적도 별로 없었다. 익숙한 환경이나 사람들로부터 멀리 떨어져 있어도 나는 불편하지 않았다. 혼자 침대에서 책을 읽거나 잔디밭에 누워 있거나, 시간 날 때마다 낮잠을 잤다. 캘리포니아주 오션사이드Oceanside에서 여자들을 쫓아다닐 때보다 해병 1만 명과 부대끼는 편이 훨씬 즐거웠다.

마침내 베트남 파견이 결정되자 무척 설렜다. 무슨 일이 생길지 잘 몰랐지만, 갈 준비는 돼 있었다. 하지만 오키나와로 출발하는 전날 밤에 몸이 좋지 않았다. 불안해서 아픈 게 아니라 감기나 독감 같았다. 다음 날 아침에 짓궂게도 위장에 문제가 생겨 몸이 말을 듣지 않았다. 그래도 상관없었다. 군에서는 나를 엘토로El Toro에 있는 해병 항공기지로 가는 비행기에 태웠다.

알고 보니 나를 비롯해서 많은 병사가 홍콩 독감에 걸렸다. 아픈 사람이 많아서 비행기 화장실이 어찌나 지저분한지 볼일을 보려면 용기를 내야 했다. 착륙할 무렵 나는 피곤하고 목이 탔고, 빨리 편안한 침대에 눕고 싶었다. 그랬더라면 얼마나 좋았을까. 그 대신 군에서는 우리를 뜨겁고 후텁지근한 해병대 기지에 데려갔다. 부대 관리관이 그곳에서 우리를 기다리고 있었다.

"5킬로미터 구보를 시작한다. 8킬로미터가 될 수도 있고. 오키나와에 온 걸 환영한다, 제군. 집합!"

그 구보는 끝나지 않는 느낌이었다. 마침내 막사에 들어와서 샤워를 한 기억은 나지만, 그때도 여전히 심하게 아팠다. 침상에 뛰어들어서 다음 날 아침까지 깨지 않았다. 다행히 독감이 나아서 괜찮아졌다. 나는 지금까지도 그 구보 덕분에 나았다고 믿는다. 해병대만 아는 치료법이다.

---※---

오키나와에서 나는 해병대 제9여단 소속이었다. 우리는 폭동 진압을 위해 가데나 공군기지 Kadena Air Base에 배치됐다. 그곳에서 발로 소리 내는 법, 고대 로마군처럼 방패를 두드리는 법 따위를 배웠다. 그곳에서는 적을 제압하려면 눈부터 제압해야 한다고 했다. 두려움을 불러일으켜야 한다는 뜻이다. 우리가 실제로 가데나에서 폭동을 진압할 필요는 없었지만 어쨌든 방법을 배웠다. 오키나와에 얼마나 있었는지 정확하지는 않지만(2주 정도로 기억한다) 그곳에 있다가 베트남에 갔다. 그렇게 고대했던 베트남이었다.

해병대는 장병을 배치할 때마다 서두르게 독촉하고는 기다리게 했다. 어디로 가든 출발 시간이 6시간 남았더라도 다들 준비를 마치고 대기하게 한다. 그래야 떠나야 할 시간에 여기저기서 장병을 찾거나 기다릴 필요가 없기 때문이다. 계속 언제 떠나느냐고 묻는 사람들도 있었지만 아무도 정확한 답을 주지 않았다.

우리는 가데나 공군기지의 긴 통로에 서서 비행기를 기다렸다. 기다리고, 기다리고, 또 기다렸지만 언제 떠나는지 알 수 없었다. 그래서 나는 노스캐롤라이나에서 만난 윌리엄 파커 주니어 William Parker Jr. 해병과 함께 1~2미터 떨어진 통로에서 잠깐 눈을 붙이기로 했다. 우리는 앉자마자 저도 모르게 잠들었다. 일어나자 다들 떠나고 없었다. 파커를 흔들어 깨운 다음, 통로를 내려가서 처음 보이는 군복 입은 사람을 붙들고 물었다. "사람들은 어디에 갔습니까?"

"다들 너희를 찾느라 난리였다. 비행기가 지금 활주로를 내려가는 중이야. 너희를 무단이탈로 체포한다."

그렇다. 그들은 우리를 구류 막사에 가뒀다. 철창 없는 구금실 같은 곳이었다. 최악의 생각이 머릿속을 스쳐 지나갔다. 우리가 무슨 짓을 한 거야? 총살당하려나? 아니면 교수형? 그냥 깜빡 졸았던 것뿐이야. 도망간 게 아니라고. 아무리 생각해도 출발할 때 우리를 그리 열심히 찾지 않았을 듯했다. 아예 안 찾았을지도 모른다. 며칠 후 한 남자가 와서 말했다. "각자 50달러씩 주면 다음 베트남행 비행기에 태워주지." 우리는 떠나기 직전에 미리 급여를 받았기에 그에게 돈을 줬다. 남자가 우리를 보며 말했다. "운이 좋군. 너희는 이제 베트남에 간다."

10

모든 게 강렬한 땅 베트남

내가 베트남을 사랑하는 이유는 말로 설명하기 힘들다. 여성의 목소리는 당신을 취하게 하고, 모든 게 강렬하다. 색채, 맛, 심지어 비까지도.
- 그레이엄 그린^{Graham Greene}

베트남에서 고생한 사람들은 나 말고도 수없이 많다. 당연히 많은 이가 나보다 훨씬 더한 것을 목격하고 심한 일을 겪었다. 5만 8천 명이 넘는 미군이 자루에 담겨 조국에 돌아왔다. 154,452명이 다쳐서 귀환했고, 상태가 심각한 사람도 많았다. 한 가지 공통점이 있다면 그들 모두 그 경험으로 삶이 완전히 바뀌었다는 것이다.

나는 베트남전쟁을 균형 있게 바라봐야 한다고 생각한다. 특히 너무 어려서 당시를 기억하지 못하거나 사상자에 관해 전혀 모르는 사람들은 더 주의 깊게 생각해야 한다. 베트남전쟁은 여러분이 생각하는 것보다 훨씬 사상자 규모가 컸다. 미국이 참여한 전쟁 중에서 아프가니스탄 전쟁은 기간이 가장 길었다. 숫자가 약간 차이 날 수 있지만 양측 사상자는 매주 150명 정도였다. 내가 파견됐던 1969년 베트남전쟁에서는 매주 32,700명이었다.

해병 중에는 나보다 훨씬 오래 복무한 사람도 많았다. 우리는 저마다 다양하게 등골이 오싹한 전투를 겪었고, 어떤 이는 여러 곳에 파견되기도 했다. 많은 이가 애국자로서 의무라고 믿었던 일을 하면서 상상하기 힘든 대가를 치렀다. 나와 함께 입대해서 신병 훈련소에서 훈련했던 찰리는 심하게 다쳐서 양다리와 팔 하나를 잃었다.

이런저런 섬뜩한 광경을 목격했지만, 그 덕분에 나는 근본부터 바뀌었다. 그때 베트남에서 보고 겪은 일과 생존했던 방식이 지금도 나의 삶에 큰 부분을 차지한다. 내 인생은 볼티모어를 떠나기 전과는 다른 방향으로 흘러갔다. 베트남에 가지 않았다면 지난 세월 그 모든 사업적 성공을 이루지 못했을 거라고 확신한다. 그런 면에서는 무척 감사한 마음이 든다. 살면서 어떤 경험을 하든 선물이 될 수 있다. 당신이 겪는 고통과 고난에 숨은 이유를 그 순간에는 이해하지 못하더라도 경험에는 늘 교훈이 존재한다. 깨달음이 찾아올 때까지 오래 걸릴 수 있지만, 깨달음이 있다는 사실은 변하지 않는다.

요즘 나만큼 인생을 즐기는 사람은 없는 듯하다. 정말이다. 특히 내 어린 시절을 포함해서 늘 이렇지는 않았지만, 요즘에는 나쁜 날이 드물 정도다. 무엇인가 힘든 일이 생겨도 깊이 생각하지 않는다. 내일은 더 나을 게 분명하기 때문에 그냥 흘려보낼 뿐이다. 사실 나는 행동하기를 좋아하는 사람이다. 앞으로 나아가고 싶을 뿐 백미러는 거의 보지 않는다. 그 과정에 존재하는 예측할 수 있는 위험을 얼마든지 감수하며, 늘 새로운 역경을 맞이할 각오와 준비가 됐고 기대감에 충만하다. 베트남에서 겪은 일이 나를 이렇게 만들었다. 여기까지 올 수 있게 해준 삶의 과정을 조금도 바꾸고 싶지 않다.

나는 조국에 헌신했다는 사실이 자랑스러우며, 다시 기회가 주어진다고 해도 같은 선택을 할 것이다.

다만 아무리 그렇다고 해도 전쟁은 즐거운 경험은 아니었다. 우리 모두 마찬가지였다.

———✕———

나는 0311소총수(미 해병대의 전문 직무 코드에서의 소총수_옮긴이)였고, 해병대 26기 제1대대 델타 중대 Delta Company 에 배치됐다. 우리는 베트남 꽝남성 190고지에서 작전을 수행했다. 그곳을 떠올리면 처음 생각나는 건 끝없이 펼쳐진 논이다. 그동안 사람들은 베트남이 나를 바꿀 것이고, 평생 해보지 못한 경험을 그곳에서 다 할 수 있다고 말했다. 이 아름다운 나라에 도착한 후 금방 많은 것을 깨달았지만, 베트남에서는 직접 겪어봐야 완벽히 이해할 수 있는 일도 많았다. 무엇보다 그 열기와 냄새는 막상 겪어보면 압도될 정도다. 그 이전에도, 이후에도 그런 압도적 경험은 다시 접하지 못했다.

우리는 거의 매일 밤 분대 단위로 매복 작전을 펼쳤다. 폭발물 처리반 EOD, Explosive Ordnance Disposal 과 함께 불발탄을 찾아서 폭파해야 하는 날이 많았다. 낮은 물론이고, 밤에도 많이 못 잤다는 뜻이다.

우리의 주요 임무는 190고지 주변의 여러 작은 마을에 침투한 북베트남군이 마을 주민을 공포에 빠뜨리고 쌀을 약탈해서 군량으로 쓰지 않도록 막는 일이었다. 우리는 전반적으로 상당히 잘 막아냈다.

분대에 들어간 첫날, 해병 두 명과 내가 교체 병력이라는 사실을 알지만 그리 놀라지 않았다. 우리 분대는 사흘 전에 매복하다가 사상자를 다섯 명이나 냈고, 네 명은 치명상을 입었다. 게다가 다들 고참이었다. 그곳에 오래 있었던 해병이라는 뜻이다. 새로 임명된 분대장은 배리 조지Barry George였다. 배리는 19살이었고, 베트남에 온 지 6주밖에 안 됐지만 스스로 결정하는 위치에 올랐다. 당시에는 그렇게 보이지 않았지만, 우리 분대는 배리가 잘 관리했다. 알고 보니 배리는 내가 만난 사람 중에 가장 훌륭한 해병이자 리더였다. 지금도 좋은 친구로 지내고 있다.

분대원들을 만난 후 막간을 이용해서 산책하다가 막사 근처에 있는 190고지 꼭대기에 가서 벽에 기대앉았다. 그리고 아래에 펼쳐진 드넓은 계곡을 내려다보았다. 색채가 강렬하고 아름다웠다. 이런 초록색은 처음 보는 듯했다. 확실히 볼티모어에는 없는 색이었다. 눈부실 정도였지만 한 가지 생각에 완전히 집중한 탓에 색이 별로 신경 쓰이지 않았다. 내 고민은 하나였다. 어떻게 해야 살아남을까? 나는 이곳에서 어떻게 버텨야 할지 고민했다. 우리 분대원들은 전부 이곳에 온 지 얼마 되지 않았고, 육군·해군·공군의 파견 기간은 12개월인데 해병대는 13개월이었다.

그 벽에 기대앉은 채 어떻게 해야 13개월 후에도 살아 있을지 애써 상상했다. 내 분대의 상급자도 이곳에 온 지 겨우 6주째였다. 내 미래는 암울해 보였다. 어떤 일이 닥칠지 알 수 없었고 지금 무슨 상황에 부닥쳤는지 명확한 그림이 떠오르지 않았다. 옛말에 이런 말이 있다. 무엇을 원할 것인지 잘 생각해라. 그대로 이뤄질 테니까. 내 상황은 너무도 암울하고 극복하기 힘들어 보였다. 그야말로 망했다는 생각이 들었다.

갑자기 심장박동이 빨라지고 숨이 잘 쉬어지지 않았다. 공기는 후텁지근했고, 기온이 참기 힘들 정도로 뜨겁게 느껴졌다. 피부가 축축했다. 속이 거북했다. 해가 밝고 사방이 화창했지만 내 눈에는 어둠만 보였다. 아마도 불안발작$^{\text{anxiety attack}}$(갑자기 곧 죽을 것 같은 느낌과 구토, 현기증, 심장발작 등이 몇 분에서 몇 시간 동안 나타나는 증상)에 가까웠던 것 같다.

그러다 특별한 일이 일어났다. 한 가지 생각이 섬광처럼 스쳤다. 나는 여기서 죽겠지. 내가 여기서 살아남지 못할 확률이 크다는 사실을 깨달았다. 그렇게 확신했다. 그러고는 크게 한숨을 쉬고 다리를 벽에 올렸다. 그 깨달음을 얻고 망연자실한 채 5분 정도 앉아 있었다. 그러다 기적적으로 이렇게 죽는 게 내 운명이라는 사실을 받아들였다. 그 사실을 받아들이자 갑자기 편안해졌다. 마음속에 평화가 찾아왔고 삶의 무게가 어깨에서 사라졌다. 곧 어둠에서 해방되어 빛을 볼 수 있었다.

그 중대한 순간이 모든 걸 바꿨다. 그제야 내 앞에 펼쳐진 광활한 풍경을 바라보면서 190고지를 둘러싼 계곡의 경이로운 색채를 제대로 인식했다. 여러모로 참 아름다웠다.

모든 게 놀라울 정도로 괜찮았다.

나는 그때 나 자신과 두 가지를 약속했다. 첫째, 형제 같은 분대원들을 위해, 그리고 내 친구와 가족이 자랑스러워하도록 미국 해병으로서 맡은 임무를 최선을 다해 수행한다. 둘째, 어떻게든 살아서 내일 아침 우편물을 받는다.

베트남전에 참여하여 싸우는 짧은 기간에 나를 버티게 해준 건 두 번째 결심이었다. 그 결심은 내일 아침 우편물을 받는 시간보다 먼 미래는 절대 바라보지 않겠다는 것이었다. 코끼리를 어떻게 먹어야 하느냐고? 한 번에 한 입씩 먹으면 된다. 처음에는 감당하지 못할 것 같은 상황도 매일 하면 가능해진다. 나는 그때부터 괜찮아졌다.

깨달음을 얻고 두 가지를 약속한 다음, 숨을 들이마시며 할 수 있다고 말하듯 팔을 쭉 뻗었다. 그러고는 분대에 합류해서 첫 매복 작전에 돌입했다.

매복을 준비하려고 190고지를 떠나자마자 전투가 시작됐다. 흥분되면서도 두려웠다. 11월에 겨우 18살이 된 나는 평생 그 어느 때보다 몸이 좋았다. 그래도 논과 진흙이 너무 깊어서 발을 떼기 힘들었다. 상상 이상으로 흙이 진득했다. 물은 겨우 50센티미터 깊이였지만 진흙도 그 정도로 쌓여 있었다. 발을 뗄 때마다 대변과 조류를 헤치고 나가는 느낌이었다. 가끔 달라붙는 거머리도 끔찍했다. 거머리는 발과 발목에 대롱대롱 매달려 있었다. 나는 군화에서 거머리를 털어내고 불붙은 담배로 거머리 머리를 피부에서 떼는 법을 금방 배웠다. 설상가상으로 해병대에서 지급한 군화는 내 치수보다 2사이즈나 커서 더 걷기 힘들었다.

주위는 손도 안 보일 정도로 어두웠다. 그날 밤 우리 눈에 들어온 빛은 폭발과 총격으로 터져 나오는 불빛뿐이었다. 내가 짊어진 배낭과 무기 등의 장비는 유난히 뜨겁고 짙은 밤공기처럼 무거웠다. 숨 쉴 때마다 뜨거운 흙이 폐로 들어가는 느낌이었다. 그 모든 게 고역이었지만 그중에서도 절정은 사방에서 나는 고약한 냄새였다. 죽음과 파멸, 혹은 지옥에 냄새가 있다면 바로 이럴 것 같았다. 그때까지 맡아본 냄새와는 전혀 달랐다. 그 악취를 절대 잊지 못할 듯하다. 피를 빠는 모기가 사방에 날아다녔고 특히 내게 집중적으로 달라붙었다. 걸을 때마다 튀는 끈적한 물과 땀에 젖은 군복에 모기가 꼬였다. 온몸이 모기 물린 자국이었다. 어느 날 밤에는 얼마나 많이 물렸는지 팔목이 어디에서 끝나서 손이 시작되는지 헷갈릴 정도였다.

우리 분대가 마을 외곽에 첫 매복지를 설치하고 30분쯤 지났을 때, 한 해병이 심각하게 다쳤다는 무전을 받았다. 그 분대는 우리가 있는 곳에서 논을 가로질러 1킬로미터쯤 떨어진 탑에서 매복 중이었다. 나는 몇몇 해병과 함께 마을을 등지고 매복하면서 최대한 조용하게 덮칠 준비를 했다. 그러다 마을 쪽을 보던 해병들이 멀리서 움직이는 적군을 발견했다. 북베트남군인지 베트콩인지 불분명했다.

곧 폭발이 시작됐다. 적군은 빨랐고 머리가 울릴 정도로 시끄러웠다. 무전으로 구조 요청 신호를 받았고 이동하라는 지시가 내려왔다. 우리 분대에는 위생병이 있었지만 그쪽에는 없었다. 위생병은 미 해군에 등록된 의료 전문가인데 해병대에도 근무했다. 특히 교전 지대에서 해병이 다치면 제일 먼저 응답해야 하는 병력이었다. 미 해병은 위생병을 가장 중요하고 유용한 병력으로 여겼다.

우리처럼 아직 20살이 되지 않았고 키 183센티미터에 깡마른 헌트는 바주카포와 비슷한 경량형 대전차화기light anti-armor weapon를 발사했다. 전차를 공격하는 강력한 무기였다. 대전차화기는 한 번 발사하면 던져버린다. 나중에 들으니 헌트가 화기를 발사한 후 적군이 잠복호에서 뛰어나와 헌트에게 치콤Chicom(중공군 수류탄에 붙인 이름_옮긴이)을 던졌다고 한다. 수류탄은 헌트의 다리 사이에 떨어졌고 헌트는 오른쪽 무릎을 꿇었다. 하지만 수류탄은 폭발하지 않았고, 헌트는 수류탄을 다시 적군에게 던졌다. 펑!

수류탄이 헌트의 손을 떠나면서 폭발하는 바람에 팔이 찢어지고 얼굴 일부가 떨어져 나갔으며 머리끝부터 발끝까지 작은 구멍이 여러 개 생겼다. 헌트는 기적적으로 죽지 않았다. 우리가 도착하자 자기 몸을 추스르려 했다. 쇼크 상태였다. 오른팔을 들어서 다친 눈을 만지려 하는 헌트를 두 사람이 붙들었다. 사실 만질 눈도, 만질 팔도 없었다. 눈은 사라졌고 오른손과 오른쪽 팔뚝도 거의 다 날아갔다. 헌트는 전혀 몰랐다. 팔이 없고 짓이겨진 좀비처럼 바르작거릴 뿐이었다. 이 사건이 벌어지자 헌트 분대의 해병들은 미친 듯이 사격했다. 틀림없이 흙 속에는 북베트남군이 잔뜩 누워 있을 터였다.

나는 그 분대의 래리 블랙웰Larry Balckwell 병장과 멀지 않은 논에 있었다. 부상자 수송 헬기가 들어오면서 바람과 소음으로 온통 혼란스러웠다. 앞뒤에 프로펠러가 달린 커다란 휴이헬리콥터(미 육군 부상자를 후방으로 수송하기 위해 개발된 헬리콥터_옮긴이)가 착륙하는 중이었는데 젠장, 블랙웰 병장의 머리 위에 앉기 직전이었다. 하지만 블랙웰은 헌트를 보며 토하느라 바빠서 눈치채지 못했다. 나는 무작정 블랙웰에게 달려들어 세게 떠밀었고, 우리 둘 다 논도랑에 굴러서 흙탕물에 빠졌다. 헬리콥터는 우리 바로 옆을 지나갔다. 어쨌든 살았다. 내가 블랙웰의 목숨을 살린 사실만은 확실했다.

그렇게 첫 매복 작전 때 다른 해병의 목숨을 구했고, 처음으로 소총을 발사했다. …… 뱀에게. 나름대로 이유가 있었다. 헌트가 헬리콥터에 실려간 후 사망자 수를 확인해야 했다. 베트남전쟁에서는 확인된 사상자 수가 무엇보다 중요했다. 두 개 분대의 해병들은 토하느라 상태가 안 좋은 사람이 많았지만 지시에 따라 긴 대형으로 섰다. 소형 낙하산에 매달린 화포가 신호탄을 쏘자 사방이 양키스타디움Yankee Stadium처럼 환해졌다. 우리는 기진맥진한 채 부질없이 모기를 때려가며 논에서 줄지어 북베트남군 시신을 수색했다. 시신의 소총을 거두고 옷을 잘라서 아군의 점수를 올려야 했기 때문이다. 하지만 그날 밤 시신을 한 구도 찾지 못했다. 한 구도. 마치 유령과 싸운 기분이었다.

90센티미터까지 잠기는 논에 서 있는데 5~6미터 앞에서 커다란 붉은 뱀을 발견했다. 정말 거대했다. 뱀은 물을 가로지르며 내 쪽으로 헤엄쳐왔다. 나는 애써 생각했다. 왼쪽이나 오른쪽으로 가겠지. 하지만 아니었다.

그러다 1.5미터 앞까지 다가왔고, 나는 소총을 쏴서 뱀을 하늘나라로 보냈다. 그때 소총에서 나온 총알이 더럽고 냄새나는 물을 치면서 눈에 튕겨 들어왔다. 그렇게 한참 닦아내고 시야가 트였을 때 돌아보자 아무도 없었다. 뭐야, 다 어디 갔어?

다들 물속에 있었다.

총을 쐈을 때 형제들은 다 몸을 수그렸다. 그럴 만도 했다. 적군인지 아닌지 몰랐기 때문이다. 나는 정말 당황했다. 그날 밤 분대장 배리가 면담하면서 말했다. "다음부터 뱀은 쏘지 마."

그 후 나는 탈진했다. 몸도 마음도 지쳤다. 그전에는 한 번도, 정말 단 한 번도 그렇게 진이 빠진 적이 없었다.

델타 중대에 들어온 지 겨우 8시간이나 9시간쯤 됐을 때였다.

다음 날 190고지에 돌아갔더니 한 동료가 내게 사이즈 10짜리 군화를 건넸다. 내 사이즈였다. 신어봤더니 완벽히 맞았다. 군화가 어디서 났냐고 묻자 헌트 것이라는 대답이 돌아왔다.

"장난해?" 내가 물었다.

다들 지금쯤 죽었을 거라고 생각하는 해병의 군화를 신자니 꺼림칙했다. 나는 군화를 잠깐 바라봤다. 길이 잘 든 군화에 아픈 발을 끼워넣었더니 그렇게 편할 수가 없었다.

놀랍게도 알고 보니 헌트는 살아 있었다. 제대 후 뉴저지 서부에 정착해서 골동품점을 몇 군데 운영했고 자녀도 많이 낳았다. 나는 전쟁 후 오랜 세월이 지나 연락해서 군화 이야기를 꺼냈다. 그러자 헌트는 잘 맞았다니 다행이라고 했다. 그러더니 이제 돌려달라고 했다.

11

참혹한 전쟁

　풀숲에서 보낸 이튿날 밤, 우리는 첫날 밤의 기억에서 몸과 마음을 추스르고 다음 매복을 준비했다. 해병대 매복은 보통 세 단계로 진행된다. 먼저 해 질 녘에 나가서 어두워질 때까지 움직이다가 자리를 잡는다. 분대장의 지시에 따라 한 시간에서 한 시간 반 정도 기다리다 다시 움직인다. 나침반을 이용해서 아주 조용하게 두 번째 지점으로 이동한다. 그리고 잠시 후에 세 번째이자 마지막 지점으로 이동한다. 이렇게 움직이는 이유는 적군에게 위치를 노출하지 않고 최대한 예상치 못한 기습을 하기 위해서다. 전쟁에서는 상대의 허를 찌르는 게 무엇보다 중요하다.

　적절한 지점을 찾는 일도 중요하다. 대포나 박격포를 불렀을 때 포가 도착하는 지점은 내 주변의 발포 좌표로 미리 지정된다. 항상 그 좌표 한가운데에 있어야 한다. 그래선 안 되지만 혹시라도 당신이 잘못된 위치에 있으면 박격포나 대포, 혹은 공습이 머리 위에 떨어질 것이다. 당시에는 지금처럼 GPS나 위치 표지가 없었다. 위치를 찾는 수단은 나침반뿐이었다.

우리는 레이 리브시Ray Livesey라는 첨병(행군할 때 맨 앞에서 경계하고 수색하는 임무를 맡은 병사_옮긴이)을 따라 논에서 터벅터벅 걷고 있었다. 레이는 키가 컸고 자칭 록 병장Sergeant Rock으로 통했다. 록 병장은 옛날에 출간된 만화의 주인공으로 늘 2차 세계대전 시대의 적군과 싸우는 캐릭터였다. 당시에는 적어도 우리가 도랑으로 걸어가도 되는지를 첨병이 결정했다. 논도랑을 따라 걸으면 질퍽한 논 위로 걸을 때보다 훨씬 쉽고 편했지만, 북베트남군과 베트콩도 그 사실을 알고 도랑에 위장 폭탄을 설치했다.

레이는 그날 밤 논도랑으로 갔다. 5분도 채 걷지 못하고 폭발물이 레이의 다리에서 터졌다. 그 폭발로 다친 건 레이뿐이었다. 우리는 우비로 들것을 만들어서 레이를 다시 데려갔다. 레이는 무척 고통스러워했다. 800미터 정도 떨어진 190고지 근처까지 그를 데려가야 했다. 그곳에서 후송 지프가 레이를 이송하기로 했다. 그날 밤은 특히 전투가 격렬했고 사상자가 많아서 레이를 데려갈 헬리콥터가 없었다. 레이의 부상이 생명에는 지장이 없어 보여서 지프로 운송할 수 있었다. 전우들과 함께 후송 지점까지 이동하다가 물이 찬 논에서 몇 번이나 넘어졌던 기억이 난다.

레이가 다치고 유진 브라이언트Eugene Bryant가 새 첨병이 되었다. 브라이언트는 깡마른 친구였다. 육감이 발달한 고양이 같았고 나와 절친하게 된 아주 훌륭한 해병이었다. 우리가 190고지에 가까워지면 진지 주변에 배치된 해병들에게 그 사실을 알려야 했다. 그래야 적으로 오인하고 발포하지 않기 때문이다. 190고지의 무전병과 접선해서 그날 밤 암호를 말하고, 척후병이 초록색 신호탄을 쏴서 우리임을 알린다. 보통 신호탄이 터지면 공중으로 똑바로 솟구친다.

그런데 그날 브라이언트는 신호탄을 무릎 위치에서 터뜨렸고, 신호탄은 위로 올라가지 않고 190고지를 향해서 대위가 해병들을 위해 마련한 새 맥주 텐트에 떨어졌다. 다행히 거기에 아무도 없었지만 텐트는 신호탄을 맞고 완전히 타버렸다. 화난 대위는 우리를 다른 매복 작전에 보냈다. 세상에, 얼마나 피곤했는데. 믿기지 않았다.

알고 보니 대위는 어차피 우리를 매복 작전에 또 내보낼 생각이었다. 그때 차이점이라면 우리가 사고로 새 맥주 텐트를 태우는 바람에 기분이 좋지 않았을 뿐이었다.

다음 날 아침 190고지로 돌아가서 언제나처럼 소총을 청소하다가 총신에 가득한 진흙을 발견했다. 논에 넘어지면서 들어간 모양이었다. 그날 밤 방아쇠를 당겼다면 어찌 됐을지 모르지만, 아마 좋은 꼴이 나지는 않았을 듯했다.

나는 레이가 다쳐서 마음이 아팠다. 그를 무척 좋아했기 때문이다. 레이는 참 좋은 사람이고 지금도 친구로 지내고 있다. 심하게 다쳤지만 살아남았다. 하지만 영구적인 장애를 입었고 지금도 목발을 짚고 다닌다.

어느 밤에 우리는 매복 1단계로 마을을 지나갔다. 무척이나 어두웠다. 왼쪽에 줄지어 선 나무를 지나 내려가는데, 갑자기 기관총 사수인 브라우니가 몸을 돌리더니 사격하기 시작했다. 적군 두 명이 임시 막사에서 우리 방향으로 뛰어오고 있었다. 브라우니의 격렬한 사격으로 두 명 다 사살되었다. 순식간에 상황이 끝나서 우리는 시신 쪽으로 이동했다. 나는 시신을 내려다보다가 갓 목숨을 잃은 시신과 으스스하게 눈이 마주쳤다. 그들은 흉하게 손상된 마네킹처럼 나를 올려다봤다. 더 자세히 들여다보자 우리처럼 젊어보였다. 18살이나 19살쯤 됐을 듯했다. 둘 다 AK-47 소총을 갖고 있었으니 베트콩이나 북베트남군일 테고, 기회만 있으면 우리를 서슴없이 죽였을 것이다. 그들이 왜 거기 있었는지 알 도리는 없었다. 막사 내부에서 쉬던 중이었는지, 어떤 목적지로 서둘러 가고 있었는지 궁금했다.

전쟁은 너무 참혹하다.

우리 분대는 흩어져서 주변을 살피고 안전을 확보했으며 될 수 있으면 적군 사망자 수를 올리려 했다. 나는 적군이 머물렀을 임시 막사 옆을 지나갔다. 안에서 움직이는 기척이 들려서 훈련받은 대로 임시 막사 내부에 6발을 발포했다. 갑자기 무엇인가 나를 불렀지만(뭔지 기억나지 않는다) 내부를 확인하지는 않았다.

우리는 다시 이동했다. 무슨 이유인지 기억나지 않지만, 나는 막사를 지나쳐서 도랑 쪽으로 수류탄을 던질 생각이었다. 핀을 당기고 몇 초 기다렸다가 던졌다. 의도처럼 멀리 가지는 않았다. 나는 수류탄 투척 연습도 한 적 없는 깡마른 18살 애송이일 뿐이었다. 수류탄은 도랑 건너편 논에 있는 물속에 떨어져서 폭발을 거의 흡수했지만, 우리가 있는 쪽과 가까웠다. 무척이나.

"미친놈아! 네가 던졌어?" 한 병사가 소리쳤다.

젠장. 벌써 두 번째였다. 처음엔 뱀이었고 이번엔 수류탄이다.

그 이후로 나는 수류탄 투척을 금지당했다.

우리가 훈련하는 목적은 적과 맞서기 위해서였다. 우리는 전투에 참여하러 그곳에 갔다. 거기서 이기려면 다른 사람이 안 하는 일을 기꺼이 해야 했다. 밤새 깨어 있거나 논을 가로질러 행군하는 등 힘에 부치는 일을 말이다. 그냥 놔두고 가면 훨씬 편했을 장비도 가지고 다녔다. 위급 상황이 닥치면 그게 있어서 다행이라고 생각할 테니까. 이기려면 고통을 견뎌야 했고 나는 필사적으로 이기고 싶었다.

해병대는 내 어린 시절과 정반대였다. 해병대의 규칙은 흑 아니면 백이었다. 그 사실을 받아들이기가 힘들지는 않았다. 지금 돌이켜 보면 해병이 된 경험은 평생을 통틀어 가장 긍정적이고 진정 의미 있는 최초의 사건이었다. 내게 책임감을 가르쳐주었고 임무를 완료하려면 필요한 근성과 헌신을 일깨워 주었다. 나에게 자랑스러워할 권리가 있다는 사실도 알려줬다.

해병대에서는 약속은 신성하다고 강조했다. 무엇인가 하겠다고 말했으면 해야 한다. 해병대만큼 그 원칙을 강조하는 곳은 없다. 당신이 내뱉는 말은 무엇보다 중요하다. 말이 당신의 가치다. 약속을 지킨다는 평판과 군건한 신뢰감을 구축하면 언제나 도움이 된다. 지금까지 내 사업은 모두 해병대가 알려준 교훈을 바탕으로 하고 있다. 나는 여전히 이 원칙을 지키며 살아간다. 그래서 꿈꿨던 것보다 훨씬 많은 것을 이룰 수 있었다.

그리고 해병으로 살면서 그때 처음으로 한 팀의 일원이 됐다. 해병은 거의 가족에 가깝다. 그때도 지금도 우리는 서로를 위해 하지 못할 일이 없다. 내가 해병대에서 함께했던 전우들은 다 내게 잘해줬고, 나도 그들에게 잘했다. 190고지에서 함께 복무한 해병들은 그 누구보다 훌륭한 사람들이었다. 우리는 서로 존중했다. 남의 일을 대신해 줬냐고? 아니다. 시도 때도 없이 성가시게 하지 않았느냐고? 그것도 아니다. 하지만 모든 게 미래를 위한 인내였고 우리는 평생 가는 전우애를 다졌다. 전쟁터에서는 그럴 수밖에 없다. 전우들은 순식간에 가까워진다. 처음부터 알았다. 나는 그들 중 누구라도 대신해서 총을 맞을 수 있다. 그들도 마찬가지일 것이다.

놀랍게도 브라이언트는 파병 기간인 13개월 동안 내내 첨병으로 활약했다. 단연코 가장 위험한 역할인 첨병을 브라이언트가 해냈다. 나는 영원히 브라이언트를 존경할 것이다. 브라이언트는 내 친구이자 형제다. 브라이언트를 진심으로 사랑한다.

이 이야기를 하면서 마음속으로 어제 일처럼 생생하게 그들을 볼 수 있다. 오랜 세월이 지난 만큼 예전처럼 자세한 내용까지 정확히 기억나지는 않지만, 그날 밤 어린 소년 두 명의 처참한 시신이 눈에 선하다. 그 논의 냄새, 매일 같이 들이마시던 후텁지근한 공기에 섞여 있던 악취도 맡을 수 있다.

나는 베트남에 도착한 지 일주일 만에 적응했고, 새로운 현실을 받아들였으며 살아남기 위해 할 수 있는 일은 다 했다. 후방 사수 tail-end Charlie를 비롯하여 하라는 일은 가리지 않고 했다. 맨 뒤에서 걸어가면 분대에서 가장 안전하긴 하지만 상당히 으스스하다. 누군가 몰래 다가올까 봐 항상 경계해야 한다. 무전기도 챙겨야 해서 이미 무거운 배낭에 11킬로그램이 추가됐다. 휴대용 전화기가 없던 1969년이었기 때문에 우리는 풀숲에서 주로 무전으로 소통했다. 무전기는 크고 무거웠고 안테나 길이가 2.4미터에서 3미터에 달해서 '나부터 쏴 줘'라는 푯말을 들고 다니는 셈이었다.

나는 매일 내 자리를 찾는 법을 배웠다. 쉽지 않았지만 늘 흥미진진했다. 겨우 일주일 지났지만 평생 그곳에 살았던 느낌이 들었다.

12

타오르는 불빛

가끔 생각지도 못했던 기억이 마음속 어딘가에 뿌리내려 평생 영향을 미친다. 물론 절대 잊지 못하는 기억은 전투 자체와 피의 이미지다. 그건 영원히 머릿속에 새겨져 있을 테니까. 그런데 나무들이 쓰러졌던 그날 밤의 기억도 유난히 끔찍하게 남아 있다.

어느 날 우리는 오래된 묘지에서 매복을 준비했다. 묘지에 숨는 것 자체가 소름 끼치지만, 베트남 묘지는 몹시 흥미로웠다. 미국에서는 시신을 땅 밑에 묻지만 베트남에서는 봉분 속에 덮어둔다. 나는 봉분 옆에 길게 엎드려서 최대한 소리를 내지 않고 경계하며, 끊임없이 달려드는 모기를 때리지 않으려 안간힘을 썼다. 다른 분대원 하나가 봉분 반대편에 있었지만 눈에 보이지 않았다. 그렇게 치면 분대원은 아무도 안 보였다. 그저 흙과 어둠, 달이 비추는 희미한 빛줄기뿐이었다. 오싹할 정도로 조용한 밤이었다.

나는 그 묘지에 얽힌 이야기를 떠올렸다. 8명으로 구성된 분대가 이곳에서 매복을 준비했다고 한다. 사방에서 적군이 움직이는 소리가 들려서 본부에 도움을 요청하려고 붉은 신호탄을 쐈다. 긴급하고 절실한 요청이었다. 신호탄이 하늘로 치솟는 순간 격렬한 총격이 일어났다. 그러더니 갑자기 멈췄다. 지원군이 7클릭^{klick}(클릭은 1킬로미터를 뜻한다) 가까이 미친 듯이 달려서 묘지에 도착했을 때는 이미 늦었다. 베트남인들이 묻힌 봉분 위에 시신 8구가 어지럽게 널려 있었다.

그게 이 묘지의 사연이었다. 최소한 나와 관계있는 이야기였다.

그날 밤 우리는 총 11명이 누워서 기다렸다. 델타 중대에서 두 분대가 나와서 한 분대는 내 왼쪽에, 다른 분대는 내 오른쪽에 자리 잡았다. 둘 다 2~3킬로미터 거리였다. 갑자기 번개 같은 총소리가 침묵을 갈랐다. 내 왼쪽에 있는 분대가 총을 쏘는 소리였다. 그러다 오른쪽에서도 총소리가 시끄럽게 울렸다. 아군일까? 베트콩일까? 그건 중요하지 않았다.

갑자기 모든 소음이 합쳐지면서 공간 감각이 뒤섞였다. 총알이 머리 위로 핑핑 날아다니는 소리가 불협화음을 일으켰다. 지이잉! 소음은 어디에나 있었지만 적은 아무 데도 없었다. 그야말로 아수라장이었다. 나는 총을 쏘지 않았다. 빌어먹을, 어디를 향해 무엇을 표적으로 쏴야 할지 몰랐다. 다만 일어나면 안 된다는 건 알았다. 총알이 지나치게 가깝게 날아다녔다.

그러다 폭발이 일어났다. 누군가 대포와 박격포를 부른 모양이었다. 중포나 박격포, 혹은 둘 다 내가 있는 곳에서 수백 미터 앞에 자리를 잡은 듯했다. 격렬한 섬광이 비치고 폭발음이 진동하더니 나무가 한 그루, 두 그루 눈부시게 환해지다 쓰러졌다. 나는 거기 누워서 눈을 부릅뜨고 머리 위에서 이리저리 날아다니는 총알을 보며 생각했다. 1차 세계대전 때 베르됭Verdun(1916년 2월 프랑스군과 독일군 사이에서 303일간 지속된, 역사상 가장 길고 끔찍한 소모전으로 꼽히는 전투가 벌어진 프랑스 북동부에 있는 소도시_옮긴이)에서 프랑스군과 영국군도 이렇게 무서웠을까?

묘지는 점점 뜨거워졌다. 나는 키 큰 나무가 볼링핀처럼 쓰러지는 모습을 넋을 놓고 바라봤다. 어떤 나무는 땅에서 폭파되어 튀어올랐다가 떨어졌고, 어떤 나무는 그루터기를 걷어차인 양 비틀거리더니 옆으로 툭 쓰러졌다. 어떤 나무는 슬로모션처럼 느리게 쓰러지는 것 같았다.

그러다 총격전은 그 시작처럼 갑작스럽게 중단됐다. 사상자 없이 끝나버렸다. 그전에도 이후에도 그런 광경은 본 적이 없다. 나는 독립기념일에 폭죽이 터지는 모습을 볼 때마다 그날 밤이 생각난다. 물론 폭죽은 그런 의미가 아니지만 어쩔 수 없이 베트남에서의 기억이 떠오른다.

베트남전쟁은 거의 항상 끔찍했지만, 가끔 밤에 논에서 매복하면서 어떻게든 깨어 있으려고 고군분투하는 게 그날 전투의 전부일 때도 있었다. 우리는 끝없이 기다리며 소리를 죽이고 움직이지 않았다. 나는 독실하다고 보기는 힘들지만 당시에는 스스로 가톨릭이라고 생각했다. 우주가 작동하는 방식과 우리가 모르고 이해할 수 없는 형이상학적인 존재가 있다고 믿었다. 하지만 내 믿음과 상관없이 참호에 무신론자가 없다는 것만은 확실했다.

―✳︎―

베트남에서 겪은 일 중에는 달콤한 기억도 있다. 어느 날 오후, 분대원들의 수통에 채울 물을 찾으라는 지시가 해병 두 명과 내게 떨어졌다. 우리는 물을 구하러 마을에 갔다가 10살쯤 된 소년과 마주쳤다. 나무 쟁반 모서리에 끈을 달고 목에 묶은 소년이 천천히 우리 쪽으로 걸어왔다. 그리고 냉기가 사라지지 않게 하얀 삼베 몇 장으로 싼 바닐라 아이스크림을 보여줬다. 보고도 믿을 수 없었다. 우리는 담배와 전투 식량을 주고 아이스크림을 받았다. 세 해병이 소총을 내려놓고 나무 그늘에 앉았다. 숨이 턱턱 막히는 베트남의 오후에 수제 바닐라 아이스크림이라니. 환상적인 맛이었다. 전쟁을 치르면서 매우 드문 무척 기분 좋은 순간이었다. 잠깐 앉아서 쉬는데 한 명이 말했다. "독이 들었으면 어쩌지?"

다른 한 명이 말했다. "그럼 뭐 어때?"

아이스크림은 맛있었다. 이것이 우리의 마지막이라면 기꺼이 받아들일 만큼.

소대에 돌아와서 무슨 일이 있었는지 얘기했지만 우리 분대원은 아무도 믿지 않았다. 분대원들은 풀숲에서 아이스크림을 나르는 아이를 본 적이 없었다. 하지만 맹세코 정말 있었던 일이다. 재미있게도 우리 역시 그 아이를 다시 만나지 못했다.

당시에는 깨닫지 못했지만 거칠고 강인한 리더들은 우리를 보호하려고 허튼짓을 못하게 막을 때가 많았다. 언젠가 초저녁에 벙커에 앉아 담배를 피웠다. 롱 하사가 오더니 베트남에서 죽을까 봐 걱정되냐고 물었다.

"아닙니다, 걱정 안 합니다."

"당장 벙커에서 꺼져, 파슨스."

그때는 롱 하사가 왜 그런 말을 했는지 몰랐지만, 돌이켜 보면 분명 나는 무방비했고 아는 게 없었다. 18살에 갓 임명된 전투 해병이었고 롱 하사의 눈에는 멍청이였다(지금은 그 말에 동의한다). 나는 스스로 똑똑하다고 생각했지만 중간중간 멍청한 짓을 했다. 예를 들어 방탄조끼 보호 장치를 잘라낸 적도 있다. 더 시원하고 가벼웠기 때문이다. 그때도 롱 하사가 왜 그런 짓을 했냐고 물었다. 이유를 말하자 새 방탄조끼를 주면서 고치지 말고 입으라고 했다. 그 조끼 덕분에 목숨을 건졌다고 해도 과언이 아니다. 생과 사를 무작위로 결정하는 운이라는 개념이 베트남에서 절실히 와닿았다. 나는 그 생각에 압도됐다.

어느 날 밤에는 매복 작전에 나가지 않고 190고지로 돌아와서 동료 해병인 프록터와 머물렀다. 내가 자매 분대의 첫 번째나 두 번째 첨병이 될지도 모른다는 예감이 들었다. 프록터가 왜 나와 함께 있는지는 몰랐다. 내가 소속된 분대가 그날 밤 매복하러 나간 다음, 자매 분대의 첨병인 미첼 모턴Mitchell Morton이 와서 프록터와 나는 그날 밤 그들과 나가지 않을 거라고 했다. 알고 보니 모턴이 두 번째 첨병으로 다른 해병을 점찍었기 때문이었다. 내가 첨병을 맡은 건 몇 번뿐이었고 분대장은 현명하게도 더 경험 있는 해병을 가르치고 싶었던 것 같다. 모턴과 그 분대는 내가 첫날 밤에 잠복했던 탑에 갔고, 그날 밤 헌트가 다쳤다. 얼마나 조심해서 걷느냐에 따라 다르지만 걸어서 30분 정도로 그리 멀지 않은 곳이었다. 하지만 모턴의 분대가 도착했을 때는 적군이 어둠 속에서 습격을 준비하고 있었다.

북베트남군 기관총 사수는 어두운 탑 깊숙한 곳에 숨어서 꼼짝하지 않고 기다리다가 총격을 가했다. 그날 밤 누가 첨병이 됐든 그는 희망이 없었다. 모턴은 근거리에서 가슴에 총알을 6발 맞았다. 모턴 뒤에 있던 병사는 손을 관통당했다. 모턴은 헬리콥터에 실렸지만 야전병원에서 곧 사망했다.

나는 안전한 190고지에 앉아 있다가 멀리서 총소리를 듣고 무슨 일인지 궁금해했다. 그뒤 내가 죽을 수도 있었다는 생각을 종종 했다. 원래 모턴이 아니라 나였는지도 모른다. 젠장, 누가 알겠는가? 무엇 하나 말이 되는 게 있나? 나중에 배리 조지와 위생병인 화이트먼 선생은 그날 일이 그렇게 진행된 게 아니라고 했다. 그들은 정말 그렇게 생각했다. 사람들의 기억은 시간이 지나면서 바뀌기 마련이지만 내 기억은 보통 정확하다. 나는 일이 정말 그렇게 흘렀다고 믿는다.

어느 날 밤, 이유는 기억나지 않지만 우리 분대는 진지에 머무르면서 매복 작전을 나가지 않았다. 그날 한 병사가 이발하러 갔다가 매점에서 5분의 1만 남은 서던컴포트 Southern Comfort (위스키 명칭_옮긴이)를 훔쳐왔다. 다들 얼마나 행복했는지! 또 다른 병사는 집에서 보내준 캔햄을 받았다. 우리는 술을 햄에 붓기로 했다. 햄을 술에 절였다가 플라스틱 폭약 C4로 데웠다. C4로 요리하려면 기술이 필요하다. C4는 폭발 캡이 있으면 폭발하고 캡이 없으면 무척 뜨겁게 탄다. 햄이 구워지자 우리는 곧바로 달려들었다. 배리가 케이바나이프로 햄을 잘랐다.

다들 손에 커다란 햄 덩어리를 들고 게걸스럽게 먹기 시작했다. 그렇게 맛있는 건 처음이었다. 그런데 어쩌다 내 몫을 떨어뜨렸고, 언덕 아래로 굴러가 가시철조망 밑에 안착했다. 꺼내기 힘든 위치였다. 하지만 햄을 포기하지 못하고 전우들에게 말했다. "가서 가져올게. 무슨 짓을 해도 괜찮은데 날 쏘지는 마!"

나는 고지 아래로 내려가 햄 덩어리에 닿을 때까지 가시철망 밑에서 몸을 꿈틀거렸다. 햄에 손이 닿자 철망 밑에서 몸을 빼내어 다시 올라왔다. 햄은 흙투성이였다. 최대한 흙을 털고 수통에 있던 물을 부은 다음, 흙과 온갖 먼지를 우적우적 씹으며 먹었다. 지금 생각해도 가장 좋은 기억이다. 얼마나 맛있던지! 지금도 집에서 햄을 구울 때는 항상 서던컴포트를 붓는다. 그리고 190고지 햄이라고 부른다.

매복하거나 적을 추적하지 않을 때는 집에 편지를 쓰곤 했다. 길지는 않았지만(길게 쓸 시간이 없었다) 부모님이 반가워할 거라고 생각했다.

어머니, 아버지께

저는 매일 밤 매복을 나갑니다. 잠을 많이 못 자서 깨어 있는 게 정말 힘들어요. 잠이 깨야 살아남을 수 있어요. 노도즈^{NoDoz}(카페인 성분이 든 각성제)를 보내주시면 감사하겠습니다.

− 로버트 드림

추신: 걱정하지 마세요.

집에 쓰는 편지는 보통 이 정도였다. 고맙게도 가족들이 노도즈를 한두 번 보내줬고, 논에서 밤을 새워야 할 때 특히 유용했다.

13

우연은 없다

나는 결국 첨병 팀에 지원했다. 소총 분대에서 첨병은 단연코 제일 위험한 역할이며 전투를 가장 많이 겪는다. 첨병 팀에서 보병은 필요할 때 빠르게 움직이도록 짐을 많이 들지 않는다. 내가 처음 선두에 섰을 때 우리는 막 마을에 들어선 참이었다. 때는 해 질 녘이었고 머리 위에 드리운 나뭇가지 사이로 마지막 빛이 반짝거렸다. 우리는 무성하게 웃자란 산울타리를 따라 움직였다.

나는 첨병 팀에서도 선두였고 함정을 살피는 역할을 맡았다. 고개를 숙이고 폭발물이 있는지 살폈다. 총구를 땅으로 겨눈 채 소총 손잡이를 쥔 상태였다. 집게손가락을 방아쇠 위에 두지 않고 옆에 뒀다. 엄지손가락은 안전장치에 있었다. 무슨 일이 생기면 빠르게 소총을 위로 돌리고 안전장치를 해제한 다음, 손가락을 방아쇠에 놓고 쏠 수 있었다.

산울타리 주변에서 분대를 이끌고 가는데 갑자기 큰 소란이 일었다. 정체를 알 수 없는 것이 울타리를 따라 똑바로 내 쪽으로 다가왔다. 나는 준비한 대로 소총을 들고 안전장치를 해제했다. 개머리판을 어깨에 올리고 쏘려는 찰나 소음의 주인공이 누군지 알았다. 물 양동이를 든 어린 소년이었다. 간발의 차이였지만 천만다행으로 아이를 쏘지 않았다. 그 아이는 총구에서 30센티미터 떨어진 곳에서 멈췄다. 아이의 눈이 화등잔만 했다. 어머니가 물을 길어오라고 한참 전에 보냈는데, 친구들과 놀다가 늦어지자 급히 집으로 가던 중인 것 같았다. 아이는 목숨을 잃을 뻔했다. 나는 지금도 그 순간을 가끔 생각한다. 아이를 어제 본 것처럼 생생하다. 한 가지는 확실하다. 그 아이가 지금 살아 있다면 나를 기억할 테다. 또 하나, 그날 밤 집에 돌아가서 옷을 더럽혔다고 혼났을 것이다.

베트남에 파견된 지 30일째, 우리 분대는 어두워지기 직전에 한 마을을 지나고 있었다. 이번에 나는 선봉에서 두 번째였고 적군 저격수를 찾아야 했다. 브라이언트가 첫 번째였다. 마을 오솔길을 따라 걸으면서 사방이 조용하다고 생각했다. 지나치게 조용했다. 그러다 탕! 주위가 환하게 밝아졌다.

이런 순간을 어떻게 묘사해야 할까? 멀쩡했던 내가 갑자기 폭발해 버렸다.

무엇인가 따끔했다. 엄청난 타격을 느꼈다가 감각이 사라졌다. 귀가 울렸다. 무슨 일인지 알 수 없었다. 누가 다쳤나? 젠장, 나였다. 브라이언트는 넘어갔지만, 나는 낮은 수풀 옆에 있던 지뢰선에 걸렸다.

아마 치콤이었던 것 같다. 실제로 터지는 소리를 듣지는 못했다. 그저 귀가 먹먹할 뿐이었다. 어린 시절 폭죽에 불을 붙이고 나서 소리가 안 들릴 때가 있었다. 너무 가까웠기 때문이다. 그저 귀로 진동만 느꼈다. 이번에는 그때의 천배였다.

무엇인가 밟았으면 산산이 조각났을 테고 도약식 지뢰였다면 머리가 터졌을 것이다. 하지만 둘 다 아니었다. 다리와 팔에 격한 통증이 느껴졌지만 폭발물이 오솔길에서 떨어진 곳에 설치됐기 때문에 나는 쓰러지지는 않았다.

조지가 내 뒤에 있었지만 거리가 멀어서 폭발물에 닿지 않았다. 나는 조지를 돌아보며 말했다. "세상에, 너무 아프다."

그러고 나서 쓰러졌다. 바닥에 넘어져서 쇼크 상태에 빠졌다. 지금은 기억하지만 오랫동안 이 사건 자체가 흐릿했다. 그 폭발로 바지와 다리가 찢어졌다. 피를 멎게 하려고 왼팔을 뻗었지만 팔꿈치 뼈가 튀어나온 상태였다. 그때 사방에 피가 홍건하다는 사실을 깨달았다. 조지가 나를 도와주러 왔고 휘트먼 선생이 붕대를 감았다. 선생이 모르핀을 투여하자 금세 약효가 돌아서 몽롱해졌다.

그곳에 누워 있는 동안 우리 분대원들은 이 일로 화가 머리끝까지 뻗쳤다. 그들은 라이터로 근처 오두막에 불을 붙였고 막사가 불길에 휩싸였다. 내 기억은 거기까지였다.

조지가 의료 헬리콥터를 불렀지만 그날 밤 헬리콥터는 모두 사용 중이었고 내 부상은 목숨이 달린 정도는 아니었다. 분대원들은 나를 도로에 옮기라는 지시를 받았다. 가장 가까운 야전병원에서 몇 주 전 리브시를 옮길 때처럼 지프를 보내기로 했다. 나는 한참 비틀거리고 욕하고, 그르렁대고 앓다가 지프가 대기한 수송 지점으로 옮겨졌다. 다행스럽게도 나는 말라서 체중이 많이 나가지 않았다. 해병들이 지프 뒤에 묶여 있던 들것에 나를 올렸다.

나는 지프 뒷좌석에 누워서 의사가 놔준 모르핀에 취해 해롱대다가 누가 내 '고무 아가씨'를 차지할지 분대원끼리 다투는 소리를 들었다. 고무 아가씨란 우리끼리 야외용 침낭을 부르는 말로, 하나 있으면 삶의 질이 달라졌다.

원래 고무 아가씨는 내 것이 아니었지만, 190고지에서 이틀 동안 잠을 잘 틈이 있을 때마다 둘이 즐거운 시간을 보냈다. 사실 언젠가 주간 순찰을 하다가 군복이 가시철조망에 걸려 찢어졌다. 유일한 군복이었는데 엉망이 되는 바람에 머리를 깎고 새 군복을 받으러 다낭 본부에 갔다. 보급 건물에 있던 해병들은 군복을 받으려면 비품청구 전표에 대령의 서명을 받아야 하는데 대령은 다음 주까지 자리를 비운다고 했다. 나는 입고 있던 찢어진 군복을 보여주며 한 시간 뒤 190고지로 돌아가야 한다고 설명했다. 그들이 대답했다. "미안하지만 도울 방법이 없다."

"집어치워." 나는 작게 중얼거렸다.

찢어진 군복을 입고 고지로 돌아가는 트럭을 타러 가는 길에 막사 몇 채가 눈에 띄었다. 반은 호기심으로 문을 열었더니 반가운 광경이 눈에 들어왔다. 아무도 없었다. 나뿐이었다. 게다가 온갖 물건이 가득했다. 안으로 들어가서 관물대를 열었더니 새 군복 한 벌이 들어 있었다. 입고 있던 옷을 벗고 새 옷을 걸쳐봤다. 빙고, 맞춘 듯이 맞았다. 찢어진 군복 대신 새 군복을 챙겨 입고 지저분한 군복은 관물대에 넣었다. 질 좋은 담배도 두 갑 발견했다. 말보로와 윈스턴이었다. 그리고 가장 좋은 상을 발견했다. 아름다운 고무 아가씨였다. 간이침대에 널브러져 있기에 공기를 빼고 다른 전리품과 함께 팔 밑에 낀 다음 자리를 떴다. 머리를 깎고 새 군복과 담배, 고무 아가씨를 가지고 190고지에 돌아갔을 때 동료들의 반응이 기억난다.

"그게 다 어디에서 났어?" 한 해병대 전우가 물었다.

"걱정하지 마. 알아서 할 거니까." 나는 씩 웃으며 말했다.

내가 다쳐서 드러누운 채 부상이 얼마나 심한지 궁금해하는 동안 우리 분대의 형제들은 누가 고무 아가씨를 가져갈지를 두고 다퉜다(다시 한번 분명히 밝히지만 고무 아가씨는 야외용 침낭이지 이상한 인형이 아니다. 정말로).

후송 지프 운전자와 동료는 약간 술에 취했거나 엄청나게 흥분한 상태였다. 우리는 그 상태로 출발했다. 그들은 헤드라이트를 끄고 컨트리 음악을 튼 채 어두운 밤 울퉁불퉁한 시골길을 달리며 내려가는 내내 웃고 노래했다. 나는 묶여 있지만 지프가 이리저리 흔들리는 걸 느낄 수 있었다. 무서웠다. 적어도 무섭다고 생각했던 것 같다.

그날 밤 이전에는 이상할 정도로 자신만만했다. 최근 참여했던 매복 작전(짧은 기간에 압축됐던 수많은 전투)이 영화를 빨리 되감아 보듯이 머릿속에서 휙휙 지나갔다. 주간 순찰을 하다가 마을에서 마주친 북베트남군이 소대를 둘러쌌던 때가 떠올랐다. 총격을 주고받으며 총알이 사방으로 날아다녔다. 브라이언트와 나는 M60 기관총 사수였던 브라우니에게 탄약 두 통을 가져다주라는 지시를 받았다. 우리가 보유한 가장 강력한 화기였다. 우리가 브라우니에게 달려가자 마을 안에 있던 북베트남군 기관총 사수가 미친 듯이 총알을 쏟아부었다. 흙이 사방으로 튀며 솟구치는 와중에 우리는 마른 논에 난 도랑 뒤로 뛰어들었다. 빗발치는 총알은 대부분 머리 위로 날아갔고 나는 완전히 정신 줄을 놨다. 그리고 미친 듯이 웃었다. 크게, 시끄럽게, 진심으로 웃어댔다. 브라이언트는 그 폭발음 속에서 나를 보며 소리쳤다. "이 미친놈아." 탄약을 브라우니에게 건넨 후에는 무슨 일이 있었는지 전혀 기억나지 않는다. 하지만 다쳐서 들것에 누워 있을 때 이유는 몰라도 그 기억이 떠올랐다.

마침내 후송 지프가 해군 야전병원에 도착했고 나는 지프에서 내렸다. 병원에서는 내 새 군복을 다 찢어버렸고 벗긴 채로 중증도를 분류했다. 그날 밤 전투가 특히 치열했던 모양이었다. 다쳐서 들것에 누운 해병이 사방에 널려 있었다.

야전병원의 커다란 텐트에는 성능 좋은 에어컨이 있었다. 특히 풀숲에서 막 나온 사람에게는 내부가 정말 추웠다. 시키는 대로 다른 부상병들과 함께 길게 줄을 서서 엑스레이 촬영기에 조금씩 다가갔다. 엑스레이 촬영기 옆에는 물 양동이가 있었다. 처음에는 왜 양동이가 있는지 몰랐다. 알고 보니 환자가 엑스레이 촬영기를 사용하면 온통 피가 묻었다. 물 양동이는 피를 씻는 용도였다.

그리고 다음 날 아침에 병원 침대에서 깨어났다. 소변을 지려서 흥건했다. 병원 위생병 하나가 내게 너무 마음에 두지 말라고 했다. 전날 밤 바빠서 소변줄을 꽂을 시간이 없었던 모양이었다. 담당자들은 아무렇지도 않게 재빨리 시트를 갈았다. 15분쯤 지났을 때 해병대 대령이 찾아와서 퍼플하트 Purple Heart(금색 테두리 안에 보라색 하트가 있는 미국 군사 훈장. 전투 중에 사망·부상·실종된 미군에게 수여된다_옮긴이)를 건넸다. 대령은 내게 악수하고 사진을 찍고 나서 말했다. "축하하네." 축하할 순간이라는 기분은 안 들었지만 어쨌든 군대는 그렇게 굴러갔다. 나는 그날 다낭에 있는 해군 병원으로 이송됐다. 그때 찍은 사진이 베트남에서 남긴 유일한 사진이다.

결국 다낭에서 일본 요코스카에 있는 미 해군 병원으로 이송됐다. 요코스카로 가는 동안 더 강한 진통제를 처방받았다. 깼을 때 옆 침대에 윌리엄 파커 주니어 William Parker Jr.가 있길래 깜짝 놀랐다. 기억하겠지만 파커는 베트남으로 가는 비행기를 놓쳤을 때 함께 낮잠을 잤던 친구이다. 파커도 델타 중대에 배치됐지만 소대가 달랐다. 내가 다치기 일주일쯤 전에 목에 정통으로 총을 맞았다고 했다. 내가 치료받는 동안 파커는 제대 명령을 받았다.

나는 고통 때문에 모르핀을 맞았다. 병원에서는 모르핀을 끊으려고 빠르게 투여량을 낮추기 때문에 심한 금단 증상이 생기기 마련이다. 특히 밤이면 약을 달라고 애원하는 소리가 들리곤 했다. 나는 어땠냐고? 그냥 조용히 견뎠다. 모르핀을 끊는 건 부상 못지않게 고통스러웠다. 이런 증상이 며칠 이상 지속됐다. 하지만 한번 겪어보니 다시는 그 고생을 하고 싶지 않았다.

몇 주 정도 더 지나고 나서 전쟁에 복귀하라는 명령을 받았지만, 먼저 오키나와에 가야 했다. 내가 회복하는 동안 해군에서 내 급여 기록부를 분실했단다. 내게 급여를 지급할 방법이 없다는 뜻이었다. 그래서 돈을 못 받았다. 모든 게 그 서류에 따라 진행됐기 때문이다.

급여 기록부가 없으면 급여도 없다. 아주 단순한 원리다. 나는 동료들에게 부탁했다. "외출하고 싶은데 돈 좀 빌려줄래?"

"파슨스, 우리는 너를 좋아해. 하지만 그 정도는 아니야." 나는 외출하지 못했다. 친구들에게 편지로 집에서 돈을 좀 받아줄 수 있냐고 부탁했더니 친구들이 돈을 약간 마련해 줬다. 놀라운 일이었다.

양쪽 다리와 왼쪽 팔꿈치 곳곳에 파편상을 입긴 했지만, 팔다리가 붙은 채로 병원을 떠났다. 수술로 대부분 회복했어도 평생 양다리에 작은 금속 파편을 여러 개 박은 채 살아야 했다. 병원에서는 애써 쉬려고 했지만 흙바닥에서 자는 데 워낙 익숙해서 그런지 오히려 불편했다. 병원 침대가 너무 푹신했기 때문이다. 온갖 주사를 주렁주렁 달고 침대에서 기어 나와서 리놀륨 바닥에 누웠다. 병원 직원은 경악했다. 직원들이 계속 나를 다시 침대에 눕혔지만 나는 바닥에서 아주 잘 잤다.

내가 있는 곳은 해병들을 베트남 버틀러 기지Camp Butler와 오키나와 핸슨 기지Camp Hansen로 이송할 수 있게 준비하고 처리하는 구역이었다. 의사들은 내가 전투에 복귀할 준비가 안 됐다고 했다. 팔꿈치에 입은 상처가 아직 벌어진 상태로 잘 회복되지 않았고 다리도 낫지 않은 상태였다. 의사들은 내가 회복하도록 부상자 중대에 배치했다.

마침내 팔과 다리가 나았을 때 의사에게 가서 말했다. "선생님, 다 나았습니다. 이제 갈 수 있습니다."

"파슨스, 자네는 역할을 다했어. 그 고기 분쇄기로 돌아갈 필요는 없잖아. 원한다면 파견 기간 내내 여기 있게 해줄게."

나는 잠시 생각했다. 의사가 호의를 베푼다는 건 알았다. 그에게

신의 축복이 함께하길 바란다. 누구나 받아들였을 만한 기회였다. 하지만 나는 아니었다. "선생님, 가고 싶습니다. 복무했던 전우들과 함께했으면 합니다."

"어쩔 수 없지. 알겠어." 그가 말했다. 의사는 내가 풀숲으로 돌아갈 수 있게 서류를 작성해 줬다.

일주일 정도 지나서 지시가 내려왔다. 다음 날 오전 7시에 떠나기로 했다. 운이 좋았는지 급여 기록부도 나와서 미지급된 800달러를 받았다. 내게는 200만 달러나 다름없는 돈이었다. 맥주 한 병이 1달러였으니 그날 밤 파티도 거뜬히 열 수 있는 금액이었다.

"외출해서 즐겁게 놀아. 그리고 자정까지 돌아와. 잊지 마, 자정이다. 자정까지 꼭 와야 해." 내게 지시를 전달한 해병대 병장이 세 번 말했다. 돈이 생긴 병사들은 늦게 들어오는 경향이 있는 모양이었다.

나는 돈다발로 무장하고 외출해서 술을 마셨다. 술집이 눈에 띄면 다 들어갔다. 신나게 돈을 썼다. 그야말로 무모했다. 자정까지 돌아갈 생각이 없었던 건 확실하다. 그렇다고 나를 어떻게 하겠는가? 베트남에 보낼까? 어차피 갈 텐데. 그래서 생각했다. 될 대로 돼라!

새벽 세 시쯤 되어 뭘 할지 고민했다. 오키나와에 있는 킨마을의 거리를 걸으면서 문을 연 곳이 있는지 살폈다. 장대비가 내리는 바람에 비에 잔뜩 젖은 상태였다. 멀리서 누군가 다가오는 모습이 보였다. 그도 흠뻑 젖어 있었다. 서로 스쳐 지나갈 정도로 가까워졌을 때 생각했다. 저 사람 혹시…… 아냐, 설마…… 풀숲에서의 첫날 밤에 헬리콥터에 치일 뻔했다가 내가 구해준 블랙웰 병장이었다.

지금 내가 유령을 보나?

블랙웰은 내가 다치기 몇 주 전에 심하게 다쳤고 우리는 그가 죽었다고 들었다. 그래서 그런 줄로만 알았다. 하지만 그는 비에 흠뻑 젖은 채 아무것도 없는 컴컴한 킨마을에 서 있었다. 얼마나 반가웠는지 모른다. 블랙웰은 세 번 이상 다친 사람은 전투에 복귀할 필요가 없다는 해병대 군율에 따라 이제 오키나와에서 주둔한다고 했다. 당시 해병대 정보부 Marine Corps Intelligence(상상하기 힘든 곳이지만)에서 일하고 있었다.

"넌 내 목숨을 구했어." 블랙웰이 말했다.

"우리는 병장님이 죽은 줄 알았어요!"

"보다시피 안 죽었어. 헛소문이 많이 떠돌거든. 그래도 네가 날 구해준 건 절대 안 잊을 거다. 너한테 빚을 졌어."

나는 대답하지 않았다. 전혀 빚이 아니라고 생각했기 때문이다. 그저 살아 있는 모습을 봐서 기쁘기만 했다.

블랙웰은 오키나와 본부 중대에서 일하도록 주선해 주겠다고 했다. 다른 임무도 있지만 오키나와에서 베트남으로 오가는 전령과 첩보원으로 일하면 온갖 중요한 정보를 다루게 되는 장점이 있었다. 아주 근사한 제안이었지만 군에 있다 보면 과장된 약속과 허풍이 일상이어서, 그저 블랙웰이 마음을 써준다고 생각했고 실제로 기대하지는 않았다. 그래도 웃으며 말했다.

"좋아요."

"언제 떠나?"

"오늘 아침 7시에 가기로 했어요."

그때가 새벽 세 시였으니 겨우 몇 시간 남은 셈이었다.

"이런, 가능할지 모르겠네."

내가 말했다. "걱정하지 마세요." 진심이었다. 솔직히 베트남으로 돌아가고 싶었다. "방법을 찾아볼게."

"정말 반가웠어요." 나는 그렇게 말하고 블랙웰을 힘껏 포옹한 후 잠깐 눈을 붙이려고 숙소에 돌아갔다.

기지로 돌아가자 헌병이 나를 기다리고 있었다. 물론 통금을 어겼으니 체포됐다. 나는 몇 시간 후에 베트남으로 돌아가야 한다고 설명하며 그가 봐주길 기대했다.

"당장 꺼져." 헌병이 말했다. 이것이 해병대가 자비를 베푸는 방법이다.

두 시간 후, 막사에서 엄청난 숙취를 느끼며 아침 집합을 하려고 일어나자 베트남행 비행기를 타러 가지 말고, 이곳 오키나와에 있는 본부 중대에 나오라는 지시를 받았다.

"파슨스, 특별 지시다. 너는 제9해병상륙여단 본부에 배치됐다."

도저히 믿기지 않았다. 블랙웰이 약속을 지켰다.

그 운명적인 밤에 블랙웰과 마주친 것이 우연이라고 생각하지 않는다. 나를 지켜보는 수호천사의 작품이었다고 믿는다. 해군이 내 급여 기록부를 잃어버리지 않았다면, 그랬다가 다시 찾지 못했다면, 돌아가겠다고 결심하지 않았다면, 그 거리를 5분 일찍 지나가거나 늦게 지나갔다면, 통금을 어기지 않았다면…… 블랙웰과 마주치지 못했을 것이다. 절대로. 하지만 그곳에서 블랙웰이 나처럼 비를 맞으며 걷고 있었다. 신에게 맹세컨대 절대 꾸며낸 이야기가 아니다.

블랙웰은 그날 밤 여러모로 나를 살렸다. 나중에 그가 말했다.

"이제 우리 비긴 거야."

전혀 그렇지 않다. 내가 훨씬 많이 빚졌다.

14

요청을 기각한다

 나는 전령이 되어 오키나와와 다낭을 오가며 명령을 전달했고, 일이 무척 마음에 들었다. M1911 권총으로 무장한 채 지시서를 마대에 넣고 다녔고, 가끔 델타 중대의 친구들을 만나기도 했다. 델타 중대에는 무엇인가 나를 끄는 점이 있었다. 그게 뭔지는 몰랐지만 거기 갈 때마다 차분해졌다. 나는 남베트남인들이 좋았다. 그 주변에 있으면 마음이 편해졌다. 그들의 문화와 아름다운 풍경을 사랑했다. 이상하게도 고향 같다고 느꼈다.
 나는 전령으로 일하면서 자유의 언덕Freedom Hill으로 통하는 327고지에 자주 갔다. 327고지는 중앙 베트남 다낭의 남서부에 있으며 미 해병대와 미 육군, 베트남공화국 육군이 사용하는 기지였다. 나는 그곳에서 일하는 남한 군납업자들이 맥주를 마시는 반원형 막사를 알아냈다. 그쪽과 우리를 분리하는 울타리를 넘어간 다음 막사에 드나

드는 사람을 불러서 말했다. "안녕, 조." 이유는 기억나지 않지만 나는 그들을 조라고 불렀다. 영어를 하는 사람은 없었다. 최소한 유창하지는 않았다. 나는 맥주 6병을 사달라며 울타리 밖으로 돈을 던졌다. 그들은 항상 와줬다. 건네받은 맥주는 늘 차갑고 완벽했다.

자유의 언덕에서 해병들과 앉아 있으면 다들 덥다고 불평하곤 했다. 나는 아무 말도 안 했다. 그저 차가운 맥주를 줬을 뿐이다.

"대체 이게 어디서 났어?"

"다 방법이 있지." 나는 고개를 젖히고 벌컥벌컥 맥주를 마셨다.

전투부대로 돌아가고 싶다고 두 번 더 지원했지만 승인되지 않았다.

두 달 후 드디어 전령이 되도록 주선해 준 블랙웰을 만났다. "밥, 이제 작별이야." 그가 말했다.

"고향으로 가십니까?"

"아니, 베트남으로 간다. 전출을 신청했는데 승인됐어. 소총 중대로 돌아가기로 했어. 이쪽 일은 잘 알지만 그쪽은 잘 몰라. 난 그곳으로 가야 해."

나는 그 기분을 이해했다. "건투하십시오, 래리. 사랑합니다."

"나도 사랑한다." 그가 말했다. 그 이후로는 그를 만나거나 대화하지 못했다.

———✕———

그 와중에 나는 계속 예전 분대원들의 소식을 수소문했다. 당시 그들은 배리어섬 Barrier Island에서 작전을 수행했다. 베트남 연안에 있는 큰 섬으로 밀림이 울창하고 굴이 많은 곳이었다. 한번은 배리어섬 근처에 정박한 오키나와전함 USS Okinawa에 방문했다. 운명이었는지 우리 분대는 섬에서 전투에 참여했다가 함선에서 휴식하던 참이었다. 승선했다는 소식을 듣고 한시바삐 만나고 싶었다.

헬리콥터에서 내려서 제일 먼저 본 건 부대에 담긴 시신 네 구였다. 시신 부대는 머리 위부터 골반이나 무릎까지를 천으로 덮고 있어서 튀어나온 발만 보였다. 지금이 전시라는 현실을 냉혹하면서도 극적으로 실감할 수 있는 풍경이었다. 이 시신들은 다낭으로 돌아가는 헬리콥터에 실릴 예정이었다.

마침내 조지와 전우들을 만났지만, 상태가 그리 좋아 보이지 않았다. 다들 이 참혹한 전쟁이 끝나길 기다릴 뿐이었다. 그래도 전함에 승선했고 밀림에 돌아가지 않아도 된다는 데 반가운 기색이었다.

서로 인사한 다음 내가 불쑥 말했다. "나 돌아올 거야. 전출 신청을 넣었거든. 조금만 기다려!" 진심이었다.

전우들은 나를 한심하게 바라봤다.

"정신 나갔어?" 쿡이라는 해병이 물었다.

"내가 너라면 이딴 곳에 다시는 안 와! 여기서 뭘 바라는 거야?" 다른 해병이 물었다.

"난 너희를 사랑해. 함께 있고 싶어." 내가 말했다.

쿡이 나를 보면서 중얼거렸다. "제정신이 아니네." 아마 그 말이 맞겠지만 내 마음은 바뀌지 않았다.

이미 전출 신청서를 제출한 터였다. 2등 중사만 빼고 필요한 승인도 다 받았다. 오키나와로 돌아가자 그가 나를 불렀다. 중사는 내 전출 신청서를 들고 책상에 앉아 있었다.

"파슨스, 지금 뭐 하는 건가?" 그가 약간 혼란스러운 듯 물었다.

"베트남 분대로 돌아가고 싶습니다." 나는 사무적으로 대답했다.

"왜?"

"함께 복무했던 전우들과 있고 싶습니다." 내가 설명했다.

중사는 크게 한숨 쉬더니 말했다. "넌 네 역할을 다했어."

"전우들과 함께하고 싶을 뿐입니다." 내가 다시 말했다.

"그 요청은 기각한다." 그는 내 앞에서 전출 신청서를 찢었다.

그것으로 끝이었다. 나중에 깨달았지만 어떻게든 돌아갔다고 해도 예전 동료들과 함께하지는 못했을 것이다. 그곳에서 아무 분대에나 들어가고 싶지는 않았다. 내 분대원들과 함께하고 싶었다. 하지만 중사는 나를 돌려보내 주지 않았다. 전령으로 일하면서 박격포와 로켓 공격을 목격했지만 전투에 직접 참여하지는 못했다.

전쟁은 계속됐고 아직 복무 기간이 남았다. 몇 달 후 내가 오키나와에서 주둔했던 부대가 해산했다. 병력은 귀향하거나 베트남으로 갔다. 나는 베트남으로 돌아가는 쪽이었다. 하지만 파견 기간이 몇 달밖에 남지 않았고 그저 그런 부대에는 가고 싶지 않았다.

베트남으로 돌아가는 길에 먼저 버틀러 기지에서 처리 절차를 밟았다. 정신없는 곳이었고 가련한 중위 한 명이 넘치는 일을 처리하며 고군분투하고 있었다. 이 불쌍한 남자를 도와주려면 정면으로 부딪쳐야 한다고 생각했다. 나는 다가가서 말을 걸었다. 파견 기간이 3개월 정도 남았고 무엇이든 할 수 있다고 설명했다. "일손이 필요해 보이십니다. 저 일 잘합니다. 이것도 다 할 수 있습니다." 내가 말했다.

"그래, 해봐." 그가 대답했다.

내 업무는 군인들을 고향으로 가는 비행기에 태우고 도착하는 군인을 베트남 부대로 배치하는 것이었다. 정보부에서 잠깐 일한 경험으로 나는 특히 운 없는 부대가 어디인지 알았다. 제9여단을 비롯한 특정 여단이 여기 포함됐다. 베트남 전투부대에 가는 병사들을 보면 무슨 일이 벌어질지 눈에 훤했다. 다들 말쑥하고 기대에 차 있었다. 함께 맥주를 한잔하거나 공놀이하고 싶은 사람들이었다.

신입 해병을 한 명씩 처리할 때마다 그들의 미래를 아는 만큼 가슴이 아팠다. 다들 아직 어리고, 얼마 전의 나처럼 눈이 휘둥그레진 채 기대감에 차 있었다. 나는 이제 그 소년이 아니었고 헤아릴 수 없이 많은 면에서 바뀌었다. 이 소년들도 곧 이런 느낌을 받겠지. 그때까지 살아남는다면 말이다. 나는 어떤 면에서 사람의 운명이 정해져 있다고 생각한다. 그래도 앞으로 벌어질 일을 생각하니 마음이 좋지 않았다.

가끔 그 처리 업무 자체가 무척 신경 쓰였다. 내게는 이 해병들의 운명을 바꿀 권한이 전혀 없었다. 지금도 특히 워싱턴 D.C.에 있는 베트남 참전 용사 기념비 Vietnam Veterans Memorial에 가면 그들에게 진심으로 미안하다고 말한다.

나는 마침내 파견 기간이 종료되면서 고향에 돌아왔다. 비행기를 타고 태평양을 건너 해병대 전역 절차를 밟기 위해 남부 캘리포니아에 있는 엘 토로 해병 항공기지로 가면서 말로 설명할 수 없는 안도

감을 느꼈다.

펜들턴 기지에서 소집 해제하고 볼티모어로 돌아가기 전날 밤, 맥주를 마시다가 마이크라는 해병을 만났다. 그는 전쟁에 참전하기 전에 보병 훈련을 받으면서 알았던 사이다.

"잠깐, 밥. 보여주고 싶은 게 있어." 마이크가 속삭였다.

우리는 막사에 있는 그의 침상에 갔다. 마이크가 관물대를 열었다. 양말 무더기를 헤치더니 브라소^{Brasso} 캔을 꺼냈다. 브라소는 주로 면 패드에 적신 광택제로 놋쇠에 광을 낼 때 쓴다. 이 캔 안에 포르말린 유리병이 담겨 있었다. 용액을 좀 더 자세히 들여다봤더니 귀 하나, 손가락 하나가 떠다녔다. 손톱에는 흙이 끼었고 잘린 귓불에는 까만 머리카락이 붙어 있었다.

나는 할 말을 잃었다. 눈이 튀어나올 듯했고 입이 벌어졌다. 어이가 없었다.

"마이크, 이런 걸 왜 가지고 있어?" 솔직히 충격과 공포에 빠진 상태로 물었다.

"거기서 마지막 밤에 매복 작전에 나갔어. 그때 북베트남군을 두 명 죽였지."

마이크는 신체 일부를 가져오려고 죽은 북베트남군의 귀와 손가락 몇 개를 잘랐다. 이제 고향에 갈 테니 포장해서 보관한 것이었다. 그는 다낭에서 만난 위생병에게 손가락 하나와 귀 하나를 주고 포르말린을 한 병 얻었다. 아버지에게 트로피를 보여주고 싶어서였다.

"장난해? 마이크, 이제 고향에 가잖아. 여기서 잡히면 감옥에 갈 수도 있어. 이런 걸 갖고 있다가 무슨 일이 있을지 어떻게 알아? 이러면 안 돼.” 내가 말했다.

"괜찮아. 멋지잖아. 기념으로 항상 갖고 있을 거야."

기념품? 정말 기념품이라고 한 건가?

마이크는 말하면서 그 유리병을 쥐고 있었다. 나는 병에서, 아니 귓불에 달린 검은 머리카락이나 손톱에 낀 흙에서 눈을 떼지 못했다. 갑자기 이 지독한 전쟁에서 벌어진 끔찍한 일들이 밀려들었다. 통증, 소음, 고통, 팔에서 튀어나오던 뼈, 찢어진 얼굴, 그 모든 참상. 그렇다. 전쟁의 해악은 우리도, 그들도 아닌 전쟁 그 자체다. 전쟁이 악이다. 우리 대부분은 목격했던 모든 것을 간절히 씻어내고 싶어 했는데, 이 녀석은 손가락과 귀를 유리병에 담아 기념으로 집에 가져간단다. 무슨 에펠탑 모형이라도 되는 것처럼.

마이크는 자랑스러워 보였다. 전쟁은 그렇게 사람들의 정신을 헤집어 잔혹하게 만든다. 나는 결코 이 일을 잊지 못할 테다.

15

나는 참전 용사다

나는 일어나서, 고개를 내밀고, 앞으로 내디뎠다. 오른손을 들고, 온몸으로 막고, 불에 뛰어들었다. 도망가지 않았고, 숨지 않았고, 회피하지 않았으며, 모면하지 않았다. 그래서 증명할 것도, 설득할 것도 없다. 중요한 이들은 이미 알고 있다. 그렇지 않은 이들은 영영 모를 것이다.

- 작자 미상

1960년대 말은 입영 통지서를 불태워 버리는 게 멋져 보이던 시대였다. 그래도 많은 이가 다른 길을 선택했다. 우리는 변치 않고 국가에 충성했다. 아무도 알아주지 않아도 용감한 남성과 여성들이 국가를 위해 싸우고 의무를 다했다. 그들에게 신의 은총이 내리길.

베트남에서 고향으로 돌아오는 길은 정말 힘들었다. 생각보다 훨씬 고단했다. 이미 죽음을 각오했던 터라 실제로 집에 간다는 게 믿기지 않았다. 미국에 돌아가기로 했을 때 나도 모르게 그런 기분이 들었다.

나는 부상에서 회복하는 동안 텔레비전으로 미국에서 진행되는 시위를 지켜봤기 때문에 전쟁에 대한 의견이 갈린다는 사실도, 시위대가 무슨 행동을 하는지도 알았다. 온건하게 표현하자면 속상했다. 내가 있는 곳에서 시위가 벌어지진 않았지만 개인적으로 느낀 분위기는 별반 다르지 않았다. 나는 그들의 분노가 나나 내 형제자매에게 직접 향하는 것이 아니라고 되뇌었다. 정말 그렇다고 믿고 싶었다. 자유를 위해 싸운 사람들이 고향에 돌아가면 영웅으로 반겨줄 거라고 믿고 싶었다. 이곳에서 버텼던 우리는 당연히 그런 존재가 되고 싶었다. 엘 토로 해병 항공기지에서 소집 해제를 할 때 사람들은 우리에게 군복을 입지 말고 가라고 했다. 나와 내가 아는 사람들은 다 입었지만, 반전 운동으로 생기는 충돌을 피하려면 안 입는 편이 낫다고 했다. 당시 분위기를 생각해서 베트남에 갔다는 얘기조차 삼가야 한다고 했다. 하지만 돌이켜 보면 여러모로 더 많이 얘기했어야 한다는 생각이 든다.

나는 짐을 싸면서 조금 안도했고 행복했다. 돌아가서 분대원들과 함께 복무하길 간절히 바랐지만 생각대로 되지 않았다. 조국을 섬길 만큼 섬겼으니, 이제 다음 장으로 넘어갈 때가 됐다는 사실을 인정했다.

많은 베트남 참전 용사는 전쟁에서 가장 힘들었던 점으로 전투를 꼽지 않는다. 물론 전투도 쉽지 않았지만, 그보다 귀향이 더 힘들었다. 안타깝게도 영웅을 환영하기는커녕 아예 반겨주지도 않았다. 예상한 대로 반전 시위자들의 적대적인 팻말과 당장 꺼지라는 듯한 불쾌한 욕설이 우리를 맞이했다. 처음에는 씁쓸하고 분했다. 시위자들이 우리에게 분노한 건 말도 안 되고 방향도 잘못됐다. 그들이 전쟁에 동의하거나 반대하는 문제와는 관계없다. 나는 우리가 그 멍청한 짓을 위해, 그 시각을 표현할 권리를 주기 위해 싸웠다는 생각이 들었다.

볼티모어에 와서 보니 부모님은 현관에 '환영한다'는 현수막을 걸어두었다. 사실 일부만 걸려 있었다. 나머지 반은 내가 도착하기 전에 떨어졌다. 내가 해병대에 입대할 무렵 그 집으로 이사했기 때문에 나는 거기서 오래 지내지 못하고 베트남으로 떠났다. 기억보다는 괜찮은 집이었다. 부모님은 삼촌에게 계약금을 빌렸다.

위치만 바뀌었을 뿐 집 분위기는 옛날과 다르지 않았다. 어머니는 여전히 신경쇠약이었고 아버지는 늘 집에 없었다. 나는? 제대를 자축하고 싶었다. 베트남을 떠나기 전에 도박으로 따서 집에 보냈던 3,000달러가 어떻게 됐냐고 물었지만, 다 쓴 지 오래라는 건 이미 짐작한 바였다.

"엄마 선물은 없어?" 어머니가 물었다.

없었다. 그곳에서 어머니 선물을 산다는 생각조차 하지 못했다. 살아서 안전하게 집에 왔다는 사실이 행복했고 어머니도 마찬가지일 거라고 생각했다. 그래도 곧바로 대답했다. "예쁜 귀걸이를 샀는데 가방에서 누가 훔쳐갔나 봐요."

"어떤 귀걸이였는데?" 어머니가 신나서 물었다.

이런. 딱 걸렸다. 순간적으로 아버지에게 손가락과 귀를 가져다

주려고 한 친구가 떠올랐다. 그걸 건네주면서 "여기 있어요, 엄마. 아버지 병은 따로 있어요."라고 하면 어땠을까? 대답할 도리가 없어서 얼렁뚱땅 꾸며냈다. "금방 고른 거라 생각 안 나요. 그래도 정말 예뻤어요."

"그걸 왜 잃어버리고 그러니." 어머니는 실망한 투로 말했다.

"잃어버린 게 아니에요. 도둑맞은 거예요." 애초에 없다고 할 용기가 나지 않았다. 어머니가 실망할까 봐 두려웠다. 그날 어머니는 친척들에게 선물받을 뻔했던 귀걸이 얘기를 했다.

사실 내가 베트남에서 복무했던 시간이 어머니를 뒤흔들었다는 걸 마음속 깊이 알고 있었다. 그 이유도 이해했다. 나는 떠날 때와는 전혀 다른 사람이었고 그 사실은 금방 드러났다. 베트남에 있을 때는 작은 카메라를 가지고 다니면서 사진을 많이 찍었다. 현지에서는 필름을 현상하지 않았다. 집에 돌아오면 할 작정이었다. 어머니는 그 필름 통을 보고 내가 전쟁터에서 찍었다는 걸 눈치챘다. 그러고는 망치로 통을 부숴서 필름을 꺼낸 다음 우유를 붓고 전부 쓰레기통에 버렸다.

왜 그랬냐고 물었더니 내가 한 짓이 찍혔을지도 모르는데, 감옥에 보내고 싶지 않다고 했다. 당시 미라이 학살 재판이 진행되고 있었다. 미라이 학살은 1968년에 미 육군이 무장하지 않은 남베트남 시민을 대량으로 학살한 사건이다. 나는 그런 짓은 안 했으니 걱정하지 않아도 된다고 말했다. 그래도 어머니의 대답은 간단했다. "그건 모르는 일이지."

어머니는 무엇이든 자기 위주로 생각했고 동시에 내가 국가에 바친 헌신을 무시했다. 다시 말하지만 늘 본인 위주였다. 나중에 돌이켜 보면서 내린 결론은 어머니는 내가 체포될까 봐 걱정하기보다 전쟁범죄로 기소되는 상황에 대처하기 싫었던 것 같다. 우리는 분명 끔찍한 일을 목격했지만 미라이 학살 같은 잔혹 행위를 저지르는 사람은 극히 일부였다(우리 분대에는 분명히 없었다). 어머니는 미친 사람이었고 그건 본인 잘못이 아니었다. 그래도 나는 어머니를 깊이 사랑했다. 아무리 미쳤어도 내 어머니였으니까.

―――✕―――

민간인 생활에 다시 적응하기는 쉽지 않았다. 내가 베트남에서 복무했던 시절을 깎아내리는 사람도 많이 만났다. 오늘날까지 베트남전쟁에 참전했던 사람들은 조국을 위해 싸우고도 귀향을 환영받지 못한 유일한 군인이다. 직접 겪으니 텔레비전으로 봤던 상황 못지않게 가혹하고 불쾌한 경험이었다. 되돌아보면 그 시위자들이 전쟁을 보는 시각은 올발랐을지 몰라도 엉뚱한 사람들에게 따지고 들었다. 그렇다고 그들에게 적대감이나 유감은 없다. 분노하지 않아서가 아니다. 물론 분노했다. 함께 싸웠던 많은 전우도 마찬가지였다.

하지만 누군가 미워한다고 상황이 나아지거나 결과가 바뀌지 않는다. 누구를 미워한다는 건 뜨거운 석탄을 맨손으로 잡아서 그쪽으로 던지는 일이다. 먼저 데는 사람이 누구일까? 바로 나다. 그 사실을 깨닫기까지 시간이 걸렸지만 한번 깨달은 후에는 내가 짊어질 필요가 없는 짐이 되었다. 안 그래도 해결해야 할 감정이 넘쳐난다. 그리고 이런 문제를 해결하려면 시간이 필요하다.

나는 집에 와서 1, 2주 정도는 친구들을 만나 돌아다니면서 맥주를 마시고 가끔 위스키도 마셨다. 어느 날 너무 많이 마셔서 친구들이 집 앞에 데려다줬지만 나는 여전히 정신을 못 차렸다. 만취 상태였다. 걸어 다니다가 다른 동네에 가서 거기가 어디인지 알아내려 했다. 두 시간쯤 지나자 조금씩 술이 깨서 마침내 집을 찾았다. 몇 주 동안 여러 번 이 정도로 만취했다. 일종의 자가 치료였을까? 그럴지도 모른다. 스트레스를 풀 필요가 있었을까? 있고말고.

얼마 지나지 않아 어머니는 돈이 필요하다며 숙식 비용을 내라고 했다. 막 전쟁에서 돌아와서 돈이 별로 없었고 집으로 보낸 돈은 전부 도박으로 날아간 상태였다. 나는 스패로우스포인트Sparrows Point에 있는 베들레헴스틸Bethlehem Steel에 잡역부로 취직했다. 그곳에는 거대한 터릿 선반(회전하면서 가공하는 기계)이 있었다. 기술자들은 23미터에 달하는 기계 안에 크고 길쭉한 철재를 집어넣었다. 그 선반으로 철재를 매끈하게 밀어서 해양 선박과 원양선에 들어가는 샤프트(동력을 전달하는 기계 부품)를 제작했다.

선반에는 앞뒤로 오가는 절삭기가 있었고, 철강재를 자를 때 나오는 뜨거운 금속 조각이 기계 밑의 거대한 구덩이에 떨어졌다. 내가 속한 팀은 구덩이로 뛰어내려 가서 조각을 커다란 통에 퍼내고, 그 통을 수거 구역으로 운반해서 들어 올린 다음 비우는 일을 했다. 그 일을 6개월 정도 계속했다. 당시에는 체력이 무척 좋았고 황소처럼 튼튼했다. 일은 힘들었지만 견딜 만했다.

나는 그 공장에서 기계 기술자의 수습생으로 지원해서 합격했다.

로이라는 상사와 함께 배치되었다. 로이는 커다란 터릿 선반을 작동하면서 나를 가르치고 할 일을 정해줘야 했다. 나보다 나이가 많고, 모질고 비열한 남자였다. 불만이 없는 날이 없었고 늘 회사에 화가 난 상태로 출근했다. 하지만 노조 소속의 정규직이었기 때문에 아무리 형편없이 행동해도 해고되지 않았다. 로이는 매일 선반이 금속을 자르지 않게 설정했다. 그가 근무하는 동안 기계는 앞뒤로 움직이기만 하고 아무 일도 하지 않았다. 내 머리로는 이해되지 않았지만 어쨌든 회사는 그렇게 굴러갔다.

로이는 내가 만난 사람 중에서 가장 옹졸했다. 그는 내게 말을 거는 법이 없었다. 아무리 기를 쓰고 대화를 시도해도 자기를 내버려두라고 했다. 그래도 그를 도우면서 배우는 게 내 일이었다. 어쨌든 로이가 아주 중요한 반면교사가 되긴 했다. 그와는 무엇도 하고 싶지 않았다. 형편없는 사람이었고 어떤 면도 닮고 싶지 않았다. 절대로.

무엇보다 로이는 나를 제철소에서 나가게 해줬다. 그는 내가 대학에 가겠다고 결심하게 된 강한 동기를 부여해 주었다. 시간이 지날수록 나는 로이 같은 형편없는 늙은이가 되고 싶지 않았다. 정확히는 모르지만 살면서 무엇인가 이루고 싶었다.

노조 기계 기술자 수습생으로 3개월 정도 일하자 벌이가 괜찮아졌다. 많은 돈은 아니었지만 그럭저럭 살아가기에는 충분하고도 남았다. 그러다 볼티모어대학에서 참전 용사를 위한 특별전형 공고를 발견했다. 고등학교 졸업장과 학비만 있으면 학기를 준비할 수 있다고 했다. 입학시험을 칠 필요도 없고 고등학교 성적도 상관없었다. 완벽한 조건이었다.

안타깝게도 300달러가 모자랐다. 얼마나 빨리 돈을 마련할 수 있을지, 마련할 수 있기나 한지 자신이 없었다. 그러던 어느 날 사촌 루이스에게 대학에 갈 계획인데 현금이 부족하다고 털어놨다. 루이스가 말했다. "내가 빌려줄게."

누가 내게 그렇게 베푼 건 처음이었고, 그 친절을 절대 잊지 못할 것이다. 얼마나 고마웠는지 모른다. 그렇게 등록금을 손에 쥐고 볼티모어대학에 등록하러 갔다.

나는 19살이었고 가족 중에서 처음으로 대학에 갔다. 교무과장에게 갔더니 전공을 결정하라고 했다. 그저 수업을 듣는 줄 알았을 뿐 전공을 정해야 하는지 몰랐다. 전혀 아는 게 없었다. 교무과장은 상담실에 가서 도움을 받으라며 보냈다. 그곳에 도착하자 줄이 복도를 넘어갈 정도로 길었다. 그 줄에 서고 싶지 않았기에 교무과에 가서 그냥 전공을 고르면 안 되냐고 물었다. 교무과장은 가능하다며 다양한 대학 전공이 적혀 있는 강좌 소개 책자를 건네줬다. 책자를 넘기자 처음 보이는 전공이 회계였다.

"이게 뭔가요?" 교무과장에게 물었다.

"자네 수학 잘하나?"

"네." 학창 시절 학업은 엉망진창이었지만 늘 수학은 잘했다. 어머니 덕분인 듯하다. 분수를 가르치고 경마신문에서 이런저런 지식과 수치를 알려줬으니까.

"사업에는 관심 있고?" 그가 물었다.

"그럼요, 당연하죠." 내가 대답했다.

"그럼 회계를 전공하는 것도 괜찮아. 마음에 들지 않으면 언제든

지 전공을 바꿀 수 있어."

그렇게 회계를 공부하기로 했다. 말 그대로 강좌 책자에 제일 먼저 나와 있었기 때문이었다. 뒷장부터 봤으면 동물학자가 됐을지도 모른다!

알고 보니 회계는 훌륭한 선택이었다. 내 마음에 쏙 들었다. 그리고 잘했다. 수업 첫날부터 공부에 온전히 집중했다. 다행히 공부가 취향에 잘 맞았다. 그때도 외상 후 스트레스 장애^{Post-Traumatic Stress Disorder}, 즉 PTSD를 앓고 있었지만 그 사실을 몰랐고, 뭐든 혼자 하는 게 좋았다. 스터디 그룹이라는 말을 들을 때마다 나와는 안 맞다고 느꼈다. 나는 오랜 시간 숙제에 매달렸고 완전히 이해할 때까지 그만두지 않았다. 열심히 노력한 끝에 평생 처음으로 좋은 성적을 얻었다. 첫 학기에는 친구와 놀면서 약간 정신이 팔리는 바람에 영어학에서 B, 사회학에서 C를 받았던 것 같다. 하지만 그게 대학에서 받았던 가장 낮은 성적이었다.

베트남에서는 매복 작전에 나가서 내가 잠을 잘 차례가 되면 잠들기 직전에 별을 바라보며 전쟁에서 싸우는 것에 비하면 고등학교 생활은 참 쉬웠다고 생각했다. 가끔 내 운은 언제 트일지 궁금해지기도 했다. 하지만 이 생각만은 꼭 했다. 여기서 살아남으면 돌아가서 마사 리터부시^{Martha Ritterbusch}에게 전화해야지.

집에 간 지 6개월쯤 됐을 때 마사의 번호를 알아내서 전화했다. 마사의 집에 전화할 때마다 어머니나 아버지가 받아서 마사는 집에 없다고 했다. "밥이 전화했다고 전해주세요." 나는 그렇게 말하고 끊었다. 이런 일이 네다섯 번 있었지만 회신 전화는 오지 않았다. 나중에 알고 보니 그때 나 말고도 마사와 데이트하고 싶어 하는 밥이라는 남자가 있었다. 마사는 그 밥과는 사귈 생각이 전혀 없었기 때문에, 내가 전화할 때마다 마사의 가족은 내가 그 밥이라고 생각하고 마사가 집에 없다고 했다. 나는 마지막으로 다시 전화했다. 마사의 아버지가 받더니 거짓말하는 게 피곤했는지 마사를 불렀다.

"와서 얘랑 얘기 좀 해봐."

마사가 인사하자 나는 불쑥 내뱉었다. "안녕, 나 밥이야. 막 제대했어." 그제야 마사는 밥이 나라는 사실을 알았다. 나중에 고백하기로는 내가 전화하기 몇 달 전에 나와 결혼할 거라고 친구들에게 털어놨다고 했다.

마사는 내 기억대로 아름다웠다. 스웨덴계 독일인 같은 금발 미녀로 길고 얇은 금발에 눈은 푸르고 아름다웠다. 키가 큰 편인 것도 내 취향이었다. 나는 마사보다 두 살 많았다. 알고 보니 예전에 내가 마사네 집에 신문을 배달했다고 한다. 물론 그때 마사는 어리숙한 소녀였다. 이제는 아니었다. 아름다운 여성으로 활짝 피어났다. 나는 마사를 처음 본 순간부터 홀딱 반했다.

우리가 데이트한 지 6개월쯤 됐을 때 마사는 우리 아들 숀을 임신했다. 마사에게 그 소식을 듣고 나는 결혼해서 가족을 이루고 싶었다. 곧바로 마사의 아버지 롭을 만나 내 의지를 전했다. 롭은 좋은 남자였다. 그는 암코스틸Armco Steel에서 그라인더를 작동했고 우리에겐

공통의 관심사가 있었다. 그라인더를 작동하는 건 물리적으로 무척 힘든 일이다. 여러모로 황소보다 강한 남자였다. 몸과 마음이 강인하고 약간 예측하기 힘든 면도 있었다. 마사가 임신했고 결혼하고 싶다고 말하자 롭은 단 하나만 물었다.

"마사를 사랑하니, 밥?"

"사랑합니다." 내가 대답했다.

"원하지 않으면 굳이 결혼할 필요 없어." 롭이 제안했다.

"마사와 결혼하고 싶습니다. 저는 따님을 사랑해요. 실망하지 않으실 겁니다. 마사와 우리 가족을 잘 부양하겠습니다. 롭이 생각하는 이상적인 사위는 아니겠지만 좋은 사위가 될게요. 약속드립니다." 나는 진심으로 맹세했다.

"좋아, 결혼해." 마사의 아버지가 말했다.

이 순간을 글로 쓰는 것만으로도 감정이 벅차오른다. 당시 내게는 아무것도 없었다. 대학 신입생이었고 베트남 복무를 끝내고 막 인생을 시작했을 뿐이다. 마사의 아버지는 그럴 필요가 없었는데도 나를 믿었고, 내게 그 신뢰는 엄청난 의미로 다가왔다. 그래서 나는 열심히 공부하고 온 힘을 다해 일했다. 마사와 함께하려고 더욱더 노력했다. 그리고 모든 일에 진지해졌다.

앞서 말했듯이 집에 돌아왔을 때 나는 예전과 전혀 다른 사람이었다. 그동안 성공의 밑바탕을 깔아뒀다. 이제 해야 할 일을 할 수 있었다. 고민 끝에 마사와 곧 태어날 아들을 생각해서 재입대는 포기했다. 가족들에게 그럴 수는 없었다. 사실 내가 자란 환경을 생각하면 성공하지 못하는 게 정상인지도 모른다. 하지만 단언컨대 바로 그 덕분에 성공했고, 성공하기 위해 부단히 노력했다. 미래의 장인에게 당신의 임신한 딸과 결혼하겠다고 말하는 건 세상에서 가장 어려웠지만 어쨌든 입을 뗐고, 롭은 너그럽게 나를 받아들였다. 그 아량을 절대 잊지 못할 것이다.

롭은 좋은 남자가 되는 법을 가르쳐줬다. 어떻게 보면 좋은 남편이나 아버지가 어떤 존재인지도 보여줬다. 내 아버지에게는 경험하지 못했던 부분이었다. 내 인생에 이렇게 큰 영향을 미친 롭이 무척 존경스럽고 감사하다.

나는 마사와 결혼해서 볼티모어에 있는 마사의 부모님 집에서 살았다. 돈이 별로 없었기 때문에 처가에서 살 수밖에 없었다. 지하실까지 3층으로 된 집이었고, 우리는 2층 침실에서 생활했다. 마사와 결혼했을 때 나는 차도 면허증도 없었다. 마사도 마찬가지였다. 우리는 가끔 마사의 부모님 차를 사용하거나 걸어 다녔다.

어느 날 오후 한참 대화하면서 오래 산책한 적이 있다. 처가에서 몇 킬로미터 떨어진 곳까지 갔을 때 문득 주변이 준공업지구라는 사실을 알아차렸다. 갑자기 야생 개 무리가 우리를 둘러쌌다. 정확히 기억나진 않지만 5마리에서 7마리쯤이었다. 중형 견이었고 순식간에 튀어나온 느낌이었다. 어느새 개들이 우리에게 달려들었다. 내 해병대 본능이 곧바로 발휘됐다. 나는 그 개들을 한 번에 한 마리씩 처리했다. 하지만 겁에 질린 마사는 달리기 시작했다. 나는 마사에게 바로 옆에 있던 길모퉁이 상점 계단으로 올라가라고 했다. 내 뒤에 있던 발판에 마사를 올린 다음 개를 막았다. 개들은 모두 이를 드러내며 으르렁거리고 물어뜯으려 했다. 틀림없이 야생 개였다. 나는 개들을 향해 으르렁거리며 가까이 오지 못하게 하려고 주먹을 휘둘렀다. 어쨌든 둘 다 물리지 않고 겨우 막아냈다.

그러다 개들이 갑자기 튀어나온 것처럼, 부랑자로 보이는 남자가 갑자기 나타났다. 바로 부랑자 짐보였다! 어떻게 이런 우연이 있을까? 어쩐지 짐보는 개와 친했다. 짐보가 개들을 부르자 전부 도망갔다. 그렇게 상황이 종료됐다. 나는 마사를 아내로 맞이하면서 아무 일도 생기지 않게 해주겠다고 약속했다. 내가 지켜보는 한 어림없다. 그날 개에게 물려도 당연히 나만 물렸을 것이다.

마사는 1971년 8월 15일에 우리 아들 로버트 숀$^{Robert\ Sean}$을 낳았다. 나는 분만실 바로 밖에 있었다. 마사의 비명을 포함해서 많은 소리가 들렸다. "그 개새끼!" 아마 내 얘기인 듯했다. 간호사들은 흔한 일이라고 했다. 기분 나쁘지는 않았다. 그저 한없이 기다렸고 결국 우리 아들이 태어났다.

정말 귀여운 아이였다. 숀은 진정 특별한 존재였다.

우리가 숀이라고 이름 붙인 아들을 처음 품에 안았던 순간은 경이로웠다. 작고 작은 내 아들이었다. 지금도 그렇다. 아들을 안으며 온몸을 바쳐 일해서 가족을 구하겠다고 맹세했다. 감사하게도 나는 어렸을 때 주변에 흔했던 술, 약물, 도박 따위에 오염되지 않았다. 정신이 또렷했고 앞으로도 계속 그렇게 살 계획이었다.

다만 행복하긴 했지만 애정을 주는 법은 몰랐다. 어렸을 때 사랑받지 못해서 그런지 도저히 깨우치기 힘들었다. 나는 냉정하고 거리감 있는 어머니 밑에서 자랐는데, 알고 보니 나도 마찬가지였다. 숀과 시간을 보내야 했는데 그러지 못했다. 메리앤과 제시카가 태어났을 때도 그랬고, 지금까지 살면서 그것이 가장 큰 후회로 남았다.

손이 아기였을 때 우리는 여전히 처가에 살았다. 가끔 아래층에 내려가면 롭이 올라오다가 내 갈비뼈 아래 복부를 쿡 찌르곤 했다.

"왜 이러세요?" 나는 괴로워하며 물었다.

"그냥 할 수 있다는 걸 보여주는 거야." 롭은 미소를 띠며 말했다.

롭이 이렇게 몸으로 부딪쳐오면 늘 허를 찌르는 느낌이었다. 내가 아는 한 롭과 문제가 있진 않았기 때문에 난 그저 이렇게 생각하려 했다. 남자들은 다 이러는 모양이군. 어쩌면 애정 표현이었는지도 모르지. 아니면 자신의 딸을 다치게 하면 나도 다칠 수 있다는 미묘한 메시지였을 수도 있다.

마사의 어머니는 계속 내게 다른 직업을 찾으라고 채근했다. 나는 매일 신문을 구석구석 들여다보고 길거리를 다니며 일자리를 찾았다. 회계와 관련된 일을 해서 나와 새 가족의 미래를 만들어가고 싶었다. 그리고 끊임없이 면접을 봤다. 다들 같은 말을 했다. "자네는 괜찮아 보여. 똑똑하고 열심히 일할 것 같아. 하지만 우리는 경험자를 찾고 있어."

어느 날 웨이벌리프레스Waverly Press 산하의 의학 서적 출판사인 윌리엄스앤드윌킨스컴퍼니Williams and Wilkins Company에 면접을 봤다. 미수금 관리 업무직 면접이었다. 내 마음에 쏙 드는 일은 아니었지만 첫걸음을 내딛고 싶었다. 면접이 끝났을 때 여성 면접관이 자신들은 경력자를 찾는다고 했다. 고용되지 않는데 경력을 어떻게 쌓으라고?

"다들 경력자를 원하는 건 이해합니다. 저는 정말 회계 분야에서 일하고 싶은데 아직 경험이 없다는 게 큰 딜레마예요. 하지만 빨리 배우고 정말 열심히 일할 겁니다. 언젠가 제게 기회를 주실 분이 있겠죠. 그분은 나중에 평생 가장 잘했던 결정으로 기억할 겁니다. 아주 열심히 일해서 회사를 빛낼 테니까요." 그렇게 말했다.

"미안한데 잠깐만 기다려줄래요?" 면접관은 그렇게 말하고 자리를 떠났다.

나는 생각했다. 제대로 망쳤군.

그다음 그 면접관이 돌아와서 말했다. "언제부터 일할 수 있어요?"

어쨌든 내가 맞는 말을 한 듯했다. 한 가지는 확실했다. 내 말은 진심이었다. 더없이 솔직하고 투명했다.

그 회사에 입사한 첫해에는 시간당 2.35달러, 주급으로 94달러 정도 벌었다. 나는 뼈 빠지게 일했다. 미수금 부서에서 송장을 처리하는 게 내 업무였다. 여러 업무에 들어가는 시간을 측정하고 실수가 있으면 꾸준히 기록했다. 항상 일을 더 잘하려고 노력했다. 지금도 나는 늘 그렇게 사업을 진행한다.

몇 달이 지나서 윌리엄스앤드윌킨스사의 재고관리 감시부문 회계 직무에 빈자리가 생겼다. 나는 면접을 봐서 합격했고 급여가 조금 올랐다. 초과 근무가 필요하다고 하면 늘 내가 지원했다. 무엇이든 닥치는 대로 했다.

결국 돈을 모아서 1,200달러에 첫 차를 샀다. 도요타 코롤라 Toyota Corolla였다. 수동 변속기에 라디오와 에어컨은 없었다. 연비가 무척 좋은 편이었지만 당시에는 연료 가격 자체가 매우 저렴했다. 일본 차를 샀다고 아버지가 좋아하지 않던 기억이 난다. 아버지는 2차 세계

대전에 참전한 이후로 일본이라고 하면 무조건 거부감을 느꼈다. 어쨌든 내가 살 수 있는 차는 그것뿐이었다. 그리고 작지만 좋은 차였다. 그 차로 달리고 또 달렸다. 여름에는 차가 불타는 듯이 뜨거워졌지만 거슬리지 않았다.

차를 샀을 때 수동 변속기 다루는 법은 고사하고 운전할 줄도 몰랐다. 나는 차량 관리국에 가서 임시 면허증을 신청했다. 그때 스무 살이었기 때문에 다른 사람이 서명해 줘야 했는데, 아무도 해주지 않았다. 부모님과 장인어른, 장모님도 거절했다. 그러다 내 매형이었던 하워드가 말했다. "내가 해줄게." 그리고 약속을 지켰다.

나는 임시 면허증을 받고 차를 가지러 가서 클러치 작동법을 배웠다. 아마도. 능숙하진 않았지만 어쨌든 집까지 왔다. 나아지려면 연습이 필요했다. 하지만 아내를 제외하면 다들 나와 동승하길 꺼렸기 때문에 스스로 익혔다. 결국 실력이 상당히 좋아졌다. 평행주차도 하고 면허를 따는 데 필요한 모든 기술을 습득했다. 대망의 날에는 아버지에게 같이 가달라고 했다. 아버지와 같이 가서 면허시험에 합격했다.

마사와 나는 결국 우리 집으로 이사했다. 볼티모어에서 우리의 첫 집은 싱클레어레인Sinclair Lane 근처에 있는 굿나우힐아파트Goodnow Hill Apartments였다. 아래층에 사는 대학생들이 귀가 터질 듯한 음악을 틀고 밤새도록 야단스럽게 파티를 즐기곤 했다. 내가 말하는 소리마저 안 들릴 지경이었다. 그들은 늘 나를 파티에 초대했고 가끔 간 적도 있지만 솔직히 별로 달갑지는 않았다. 다행히 숀은 그 난리에도 보통 잘 잤다. 이상적인 상황은 아니었지만 우리 집이 생겼다는 건 올바른 방향으로 나아간 한 걸음이었다.

16

내 인생의 첫 집

나는 남에게 도와달라는 말을 꺼리는 편이다. 그런데 살면서 사람들이 몇 번 내게 손을 내밀어 줬을 때 인생에 큰 변화가 일어났다. 기대하지 못했고 절대 잊지 못할 일이다. 마사와 나는 볼티모어에 첫 집을 살 때 수없이 집을 둘러봤다. 우리가 구매할 수 있는 집은 내가 어릴 때 살았던 연립주택과 비슷한 것밖에 없었다. 그러다 내가 자란 동네와 멀지 않은 노스엘우드애비뉴North Ellwood Avenue에서 첫 집을 발견했다. 부지가 넓고 큰 주택이 많은 블록이었다. 그 집은 지하실이 있고 배치도 훌륭했으며 모든 게 마음에 들었다. 나는 마사에게 말했다. "바로 이 집이야."

부동산 중개인은 벌써 두 명이 사겠다고 나섰고 세 명째 얘기 중이라며, 사고 싶으면 빨리 움직여서 집주인이 솔깃해 할 제안을 하라고 했다. 매도인은 10,000달러를 불렀고 나는 신용으로 11,000달러에 계약하자고 했다. 그렇다. 상대는 내 제안을 받아들였다. 보증금으로 1,000달러를 내라고 해서 그렇게 했다. 저축대부조합에 상의했더니 대출을 받으려면 20%를 계약금으로 내야 한다고 했다. 내가 저축한 돈은 1,300달러뿐이었고 그중 1,000달러가 보증금으로 들어갔다. 부족하다는 말로는 부족했다.

"돈 있어요?" 부동산 중개인이 물었다.

"네, 채권에 묶여 있어요." 내가 말했다. 물론 허세였다.

"돈을 가져오셔야 합니다." 그가 강조했다.

"믿어주세요. 정말 있어요." 물론 사실이 아니라는 걸 잘 알았다. 나는 평소에 스트레스에 시달리는 편이 아니었지만 예외적으로 이때는 그랬다. 나머지 돈을 어디에서 마련할지 감이 잡히지 않았다. 담배를 끊은 상태였지만 그날 밤부터 다시 피우기 시작했다. 그다음 나머지 현금을 구하러 나섰다.

당시 나는 일주일에 135달러를 벌어서 아내와 아들을 부양했다. 늘 최대한 오랫동안 일했다. 그러면서 사뒀던 범유럽채권^{E bond}을 현금화했다. 하지만 잔금일이 다가왔을 때 여전히 350달러가 부족했다. 부모님에게 여윳돈이 있을 리 없으니 그쪽에 갈 수는 없었다. 아내의 부모님께 갔지만 장모님이 내가 그 집을 비싸게 샀다고 생각해서 돈을 빌려주지 않았다. 그다음 찾아간 곳은 매형이자 소방관이었던 롭 주니어였다. 그도 거절했다. 도와주는 사람은 아무도 없었다.

어느 날 회사에서 캐비닛을 채우는데 지금도 친하게 지내는 잭 윌트^{Jack Wilt}가 다가와서 괜찮냐고 물었다. 내 침통한 표정을 읽은 모양이었다.

"어떻게 해야 할지 모르겠어. 가족들과 살고 싶은 집의 계약을 마무리해야 하는데 350달러가 부족해." 잭에게 뭔가 기대한 건 아니었다. 우울한 이유를 설명했을 뿐이었다.

"내가 빌려줄게." 그가 말했다. 망설임도, 판단도 없이.

"잭, 진심이야?" 나는 그 말에 깜짝 놀랐다.

잭은 진심이었다. 잭이 돈을 빌려줘서 집 계약을 마무리할 수 있었다. 좋은 사람이었던 잭은 좋은 친구가 되었다. 내가 차 없이 대학에 다닐 때는 자주 집에 태워다 주곤 했다. 본인이 다니는 길과 한참 멀었는데도 먼저 권했고 나는 늘 그 제안을 받아들였다. 특히 잭은 아무도 나서지 않을 때 계속 손을 써준 사람이었다. 절대 잊지 못할 일이다. 세월을 건너뛰자면, 나는 오랫동안 매년 크리스마스에 잭에게 5만 달러를 보냈다. 아무도 도와주지 않았을 때 손을 내밀어 준 데 대한 감사의 표시였다. 잭은 항상 그 350달러가 인생에서 가장 훌륭한 투자였다고 말한다. 정말 좋은 친구다.

장모님은 내가 어떻게 돈을 마련했는지 궁금해했다. 나는 말하지 않았다. 그렇게 돈을 많이 쓰다니 제정신이 아니라고도 했다. 그 말은 틀렸다. 특별한 집을 사서 행복할 뿐이었다. 우리 가족에게 완벽한 집이었다. 우리는 그 집으로 이사했고, 여기저기서 가구를 그러모아 열심히 집을 꾸몄다.

볼티모어는 험악한 동네였다. 정말 살기 힘들고 거친 곳이었다. 당시 볼티모어는 미국의 헤로인 수도였다. 내가 더 이상 자식을 키우고 싶은 동네는 아니었다. 그래도 우리가 아는 곳은 볼티모어뿐이고 친척들도 다 그곳에 있었다. 그럼 이제는 어디로 가야 할까?

고민하는 와중에도 삶은 계속됐다. 나는 볼티모어대학을 잠시 휴학했다. 내 친구 잭이 가톨릭대학인 성아그네스산대학Mount Saint Agnes에 입학한다기에 나도 그곳으로 편입했다. 밤에는 강의를 잔뜩 듣고 낮에는 상근으로 근무하고, 남는 시간에는 지역 회사에서 기본적인 회계와 부기를 처리하는 작은 사업체를 운영했다. 그 사이에 공부도 했기에 24시간 내내 바빴다. 기진맥진했지만 연료가 아예 바닥나기 전까지는 계속 아드레날린을 분출했다.

뒤늦게 알았지만 나는 수학을 잘했다. 아주 잘했다. 어렸을 때 수학 시간에 잤던 이유는 너무 지루했기 때문이었다. 내게는 너무 쉬웠다. 하지만 대학에서 수업 시간에 졸았던 이유는 계속 일하면서 학교에 다녔기 때문이다. 우리 수학 교수는 수녀였다. 초등학교 시절 교사들과 달리 그분은 그야말로 천사였다. 다만 신이 나를 그 강의에 넣어서 수녀님께 시련을 주었다. 나는 깨어 있으려 노력했지만 도저히 불가능했다. 교수님은 나를 맨 앞줄로 보냈지만 그것도 효과가 없었다. 가끔 잠든 채로 말할 때도 있었다. 심지어 교수님이 커피를 사주겠다고도 했지만 내게 카페인은 듣지 않았다. 그래도 수녀님이 내는 시험은 늘 잘 봤다. 독보적인 1등이었다.

교수님은 내가 과목을 이해한다는 사실을 알았다. 필요한 만큼 노력하는 중이라는 사실도 알았다. 내 동생 앨런이 공군에서 제대했을 때 나는 교수님에게 동생의 귀향을 직접 축하해 주고 싶다고 했다. 안타깝게도 그날 기말고사 일정이 잡혀 있었다. 내가 복무하는 도중에 동생도 복무하는 바람에 서로 못 본 지 오래였다. 나는 난처한 상황을 설명했다. 동생이 돌아오면 내가 받지 못했던 영웅 대접을 하며 환영해 주고 싶었다. 나는 시험을 치지 않아도 되는지, 그래도 A를 받을 수 있는지 질문했다. 교수님은 내가 시험을 쳤으면 성적이 잘 나올 것을 알고 있었다. 그 학기의 모든 시험을 우수한 성적으로 통과했기 때문이다. A는 따놓은 당상이나 다름없었기에 과한 부탁은 아닐 거라고 생각했다. 다행히 교수님은 괜찮다고 말했다. 얼마나 기뻤는지 모른다. 살면서 어떤 수녀도, 혹은 어떤 교사도 그분처럼 나를 지지하거나 잘해준 적이 없었다. 정말 기분 좋았다. 평생 잊지 못할 분이다.

성아그네스산대학은 내가 등록한 지 1년 후 볼티모어대학에 인수 합병됐다. 그래서 성아그네스산대학 학생들은 그곳에서 딴 학점을 유지한 채 볼티모어대학에 갈 수 있었다. 나는 그렇게 바쁜 일정에도 매 학기와 여름 학기마다 학점을 꽉 채워 듣고 4년 만에 졸업할 수 있었다. 볼티모어대학에서 회계학 학사 우등생으로 졸업했다.

그다음 계획한 일은 CPA(공인회계사) 시험이었다. 나는 밤에 CPA 강의를 들으며 시험을 준비했다. 그리고 몇 달 정도 공부했다. 집에 있는 책상에 앉아 녹초가 될 때까지 몇 시간이고 책을 파고들었다. 수면 부족으로 미약한 환각을 보기도 했다. 우습게도 아내에게 책상으로 걸어가는 용을 봤다고 말한 적도 있다. 공부를 너무 열심히 하면 헛것이 보이는 기분을 아는가? 내 상태가 그랬다. 마침내 시험을 치고 나서는 떨어졌겠거니 생각했다. 하지만 한 번 만에 통과했다. 좋았어!

목표를 달성하려고 너무 많은 에너지를 써서 힘이 다 빠져버려 더는 손가락도 까딱 못 할 것 같았다. 나는 그저 꾸준히 계속하면 그 모든 노력이 빛을 본다는 사실을 배웠다.

17

컴퓨터와 사랑에 빠지다

CPA 시험에 통과하고 나서 부업으로 사무실을 열었다. 고객은 웬만큼 있었다. 동네 술집이나 방제 회사 같은 소규모 업체였다. 그러다 1975년 컨트롤데이터Control Data(컴퓨터 메인프레임과 슈퍼컴퓨터 제조 회사_옮긴이)가 소유한 상업신용회사Commercial Credit Corporation의 지사인 상업신용리스법인Commercial Credit Leasing Corporation에 회계 담당으로 취직했다. 전국에서 기업에 자동차를 대량으로 리스하는 업체였다. 이 회사는 내가 일을 시작하기 직전에 맥컬라리스법인McCullagh Leasing을 사들여서 자동차 리스 부문에 통합했다. 이들은 늘 다른 리스 법인을 주시하며 매수하려 했고, 내 업무는 매수 대상 업체를 방문하고 자산 명세를 파악하는 것이었다.

당시에는 개인용 컴퓨터, 즉 PC는 드물었고 내가 다니는 회사에는 아예 없었다. 컴퓨터 기술이 등장한 초기였기 때문이다. 내가 LCD

계산기를 처음 봤을 때가 그보다 몇 년 전이었다. 그 계산기는 300달러에 팔렸다. 기능이라고는 덧셈, 뺄셈, 나눗셈, 곱셈뿐이었다. 교수님이 계산기를 보여줬을 때 눈을 믿을 수 없었다. 버튼만 몇 개 눌렀는데 수학 문제가 풀리다니! 정말 놀라웠다. 그런 건 처음 봤다. 어쨌든 당시에는 그랬다.

한번은 캘리포니아주 레드우드시티Redwood City에 출장을 갔다. 페라리, 람보르기니, 메르세데스, BMW, 롤스로이스 같은 고급 차량을 리스하는 사업을 살펴보기 위해서였다. 업무를 마치고 샌프란시스코국제공항에서 비행기를 탈 때까지 12시간 정도 자유 시간이 생겼다. 주변을 걷다 보니 어느새 스탠퍼드대학 캠퍼스였다. 나는 늘 좋은 서점에 즐겨 다녔다. 서점은 행복해지고 영혼이 충만해지는 곳이다. 그때 스탠퍼드 서점이 눈에 띄기에 들어갔다. 통로를 거닐다가 컴퓨터 코너에서 기본 컴퓨터 언어 프로그래밍 책을 집어들었다. 대학에서 3학점짜리 기초 데이터 처리 강의를 들은 적이 있었다. 그 커리큘럼 중에 포트란FORTRAN(1950년대 IBM에서 개발한 수식 계산용 프로그래밍 언어_옮긴이) 수업이 있었다. 그때 무척 재미있게 프로그램을 쓰며 과제를 했던 기억이 났다. 나는 무엇을 하든 해결이 필요한 문제를 찾는 성향이 있었고, 늘 퍼즐 풀기를 좋아했다. 내가 의도한 바를 컴퓨터로 해결하는 건 무척 강렬하고 놀라울 정도로 만족스러운 경험이었다.

재미있네. 그렇게 생각하고 책을 사서 가방에 집어넣었다.

시간이 많이 남아서 피셔맨스워프Fisherman's Wharf(샌프란시스코에 있는 해안 관광 명소 항구_옮긴이)에 가서 잠깐 거닐었다. 그러다 눈길을 사로

잡는 미술관에 들어갔다. 정장을 입고 넥타이를 매서 내쫓기지 않은 듯했다. 미술관에 입장하기에 그럴싸한 차림이었다. 적어도 나는 그렇게 생각했다. 직원이 내게 샴페인을 권했다. 나와는 다른 세상이라는 사실을 그때 알아차려야 했다.

"괜찮습니다." 내가 말했다. "사려는 게 아니라 그냥 좀 보려고 왔어요."

나는 중국 아이들을 그린 목탄화 앞에 감탄하며 섰다. 어린 소녀가 폭죽 도화선에 불을 붙이려고 손을 뻗고, 다른 아이들은 귀를 막고 있는 그림이었다. 그중 두 명은 더 어린아이들의 귀도 막아줬다. 내 눈에는 완벽해 보이는 그림이었다. 마음에 쏙 들었다. 무척이나 생생하고 인상적이었다. 보고 있으면 기분이 좋아지는 작품이었다. 10대 시절 병 로켓에 불을 붙이던 기억이 떠올랐다.

"이건 얼마인가요?" 내가 질문했다.

"전도유망한 화가 웨이 밍 Wai Ming의 작품이에요. 난민 보트에서 헤엄쳐서 살아남은 사람이죠. 이건 웨이밍의 초기 작품입니다." 직원이 대답했다.

내 귀에는 '비싸다'는 말로 들렸다.

다시 가격을 물었다.

"1만 달러입니다." 그가 당당하게 말했다.

1천만 달러라고 했을지도 모른다. 어차피 그 가격은 내가 감당할 수 있는 범위를 한참 벗어난 수준이었다. 나는 설명해 줘서 고맙다고 하고 비행기를 타러 공항으로 향했다. 그날 내내 그 작품이 머릿속에서 떠나지 않았다.

공항에서 새로 산 책을 펼쳤다. 이륙 시간까지 여전히 8시간이나 남아서 책 읽을 시간은 물론이고, 첫 프로그램을 작성할 시간도 있었다. 주어진 현금 흐름을 투자금과 비교해서 이자율이 얼마인지 알아내는 프로그램을 만들고 싶었다. 정해진 공식은 없었다. 그 정보를 얻으려면 계속 계산을 반복해서 답에 접근해야 한다. 항상 이자율을 다뤘기 때문에 나 혼자 쓰더라도 이런 도구가 있으면 좋을 듯했다. 물론 컴퓨터가 없었기 때문에 내 프로그램을 시험할 방법은 없었다.

나는 사무실로 돌아와서 사내 프로그래머에게 말을 걸었다. 놀랍게도 회사 단말기에서 베이직BASIC을 지원한다고 했다. 내가 사용하는 언어였다. 얼마나 멋진 우연인가.

원하는 대로 프로그램을 작동하기까지 한참 걸렸지만 결국에는 성공했다. 한 사내 프로그래머가 늘 나를 도와줬고, 어깨 너머로 가르침을 줬다. 그리고 결국 작동했다. 세상에. 하늘을 나는 기분이었다. 나는 이 경험이 아주 멋지다고 생각했다. 사용 과정에서 프로그램을 약간 수정하고 할부 상환 일정을 추가해서 거의 완성했다.

어느 시점에 상업신용회사는 본사를 디트로이트로 옮겼다. 나는 볼티모어에서 비행기를 타고 미시간에 가서 회사에 계속 근무한다면 어디에서 살아야 할지 살펴보러 갔다. 모텔에 체크인할 때 직원이 방탄유리 뒤에 앉아 있었다. 직원과 대화하려면 유리 칸막이 아랫부분에 설치된 작은 회전판을 사용해야 했다. 판에 돈을 올리자 직원은 돈을 가져가고 열쇠를 판에 올려서 건넸다. 방에 들어가자 문에 이중 자물쇠가 세 개 있었다. 가족을 데리고 올 만한 곳이 아니라는 걸 충분히 알 수 있는 경험이었다.

이후 1978년 하포드메탈프로덕트 Harford Metal Products에 회계 담당자로 취직했다. 동물 우리를 제작하는 회사였다. 모회사는 헤이즐턴랩 Hazelton Labs으로 동물 실험을 진행하는 곳이었다. 그 사실을 알고 나자 치가 떨렸다. 업무 자체는 별로 거슬리지 않았다. 일은 일정했지만 근무 시간이 길고 급여는 괜찮은 수준이었다. 그때 내 친구 하나가 오르셸른 가 Orscheln에서 소유한 그룹사에서 일했다. 미주리주 모벌리 Moberly에 있는 회사로 컬럼비아에서 그리 멀지 않은 작은 도시였다. 모벌리는 그야말로 미국의 정중앙에 있다. 사방에 옥수수밭과 콩밭이 가득한 농촌이다. 친구가 일하는 회사는 중서부 지역에 농장 체인과 생활용품점을 보유했다. 친구는 내게 전화해서 회사 리스 부문인 서드센추리리싱 Third Centry Leasing에 회계 담당 자리가 났다고 말했다. 당시 그 회사에서는 트럭과 트랙터 트레일러를 리스했다.

"혹시 이 자리에 관심 있어?" 친구가 물었다.

"어떤 자리인지 회사와 얘기해 보고 싶어." 내가 말했다.

얼마 지나지 않아 그 회사에서 면접을 보자고 나를 미주리로 불렀다. 모벌리를 처음 봤을 때 메이베리 Mayberry(1960~68년에 미국에서 방영된 시트콤에 등장하는 가상의 도시_옮긴이)가 실재한다면 이렇겠다 싶었다. 그림 같은 풍경이 펼쳐지는 무척 조용한 곳이었다. 아이들을 키우기 좋겠다는 생각이 들었다. 당시 아이는 숀과 메리앤 둘이었고 샘이라는 개가 있었다.

내 경력으로는 자격이 충분해서 합격하겠다는 예감이 들었다. 당연히 면접에서 내게 일자리를 제안했고 나는 받아들였다.

마사는 아주 좋아했다. 그리고 곧바로 우리 집을 내놓았다. 마사가 부동산 중개인을 쓰기 싫다고 해서 주인 직접 매매로 등록했다. 한 푼이 아쉬운 때여서 수수료를 아끼고 싶었다. 나는 15,000달러에 내놓는 게 어떨까 생각했다. 마사는 25,000달러를 쓰자고 했다. 우리는 실수도 많이 했지만 그런 식으로 상황을 헤쳐나갔다.

집을 팔려고 개방한 날에 눈이 내렸다. 아무도 집을 보러 오지 않았다. 아니, 사실 딱 한 명이 왔는데 한 명이면 충분했다. 그들은 우리가 제시한 금액을 다 지불했다. 이거다! 고마워, 마사. 훌륭한 투자 수익률이었다. 나는 이 반가운 소식을 마사의 어머니에게 빨리 전하고 싶었다. 어쩌면, 그냥 애초에 너무 비싸게 산 집이 아니었다고 말하고 싶었는지 모르겠다.

우리는 이삿짐 회사에 연락해 짐을 싸고, 차에 아이들과 개를 싣고 볼티모어에서 미주리로 떠났다. 길을 떠난 첫날 밤에는 인디애나주의 테러호트$^{Terre\ Haute}$에 들러서 홀리데이인$^{Holiday\ Inn}$(프랜차이즈 호텔 브랜드_옮긴이)에 체크인 했다. 나는 침대가 두 개 있는 큰 방을 잡았다. 지금도 메리앤이 침대에서 침대로 뛰어다니는 모습이 눈에 선하다. 메리앤은 행복해했다. 우리 모두 그랬다. 메리앤이 계속 물었다. "아빠, 이건 누구 집이에요?" 내가 자주 떠올리는 소중한 순간이자 잊지 못할 추억이다.

18

프로젝트 프리덤

1979년에 모벌리에 도착했을 때 미국 경제는 상당히 안정적이었다. 하지만 1980년에 변화가 시작됐다. 이자율이 20%로 치솟는 바람에 고객들이 대금을 치르지 못했다. 우리는 여기저기에서 트럭을 압류했다. 사실 불이행 대출이 너무 많아서 나는 트랙터 트레일러 압류 절차를 지원하기 시작했다. 많은 건을 작업하지는 않았지만 압류보다는 회계가 내 적성에 잘 맞다는 걸 깨달았다. 회사는 재앙으로 치닫는 형국이었다. 사업은 불황이었고 고객들은 미지급 대출을 상환하지 못했다. 이제 막 새집을 사서 가족을 데리고 국토 중앙으로 온 내게 좋은 징조는 아니었다.

나는 기업주의 아들이자 CEO인 베리와 무척 잘 지냈다. 둘 다 성공에 대한 열망이 엄청난 데다 생일이 며칠 차이로 거의 비슷했고 나이도 같았다. 사실 베리는 지금도 나와 아주 친한 친구다. 사업이 기우는 것처럼 보일 때 베리는 내게 트럭에서 복사기 리스 사업으로 전환해야 한다고 말했다. 베리의 아이디어 덕분에 파산 직전에 있던 회사는 아주 짧은 기간에 차원이 다른 성공을 이뤘다. 복사기 리스 사업은 베리가 가장 잘한 결정이었다. 트랙터 트레일러와 비교하면 복사기 리스는 훨씬 쉽고 수익성도 좋았다. 모두가 복사기를 사용하고 싶어 했다. 복사기는 당시 신선하고 새로운 물건이었고 가격도 수천 달러에 불과했다. 특히 복사기가 여러 대 필요한 기업은 리스 덕분에 비용을 감당하기 수월했고, 수금 측면에서 고객들이 대부분 밀리지 않고 대금을 냈다. 진짜 의미 있는 수익은 대량 리스에서 발생했다.

1984년에 서드센추리는 승승장구했다. 그러자 트랙터와 절삭기, 중장비 차량을 취급하는 중견 리스 회사였던 리스아메리카LeaseAmerica에서 우리 소유주에게 회사를 팔라고 접근했다. 하지만 소유주는 팔 생각이 없었다. 리스아메리카는 우리가 구축한 복사기 리스 부문에 눈독을 들였다. 소유주가 거절하자 내게 은밀히 연락해서 회사를 그만두고 같은 사업을 자신들과 해볼 의향이 없냐고 했다. 리스아메리카는 복사기 위주의 저렴한 공급 서비스로 확장할 계획이었다. 내가 잘 아는 분야였다. 나는 선뜻 제안을 받아들였다. 베리에게 그만두겠다고 했을 때, 베리가 그 결정을 나쁘게 보지 않아서 놀랐다.

나는 1984년에 리스아메리카의 제안을 받아들였고, 우리 가족은 미주리에서 아이오와주 시더래피즈Cedar Rapids로 이사했다. 복사기 사업을 처음부터 시작하는 것이 마음에 들었다. 여러모로 직접 결정할 수 있는 위치였고, 오랫동안 내가 바라던 일이기도 했다.

시더래피즈에 도착하고 보니 고담시(미국 만화 배트맨 시리즈에 등장하는 가상의 도시_옮긴이) 같다는 느낌을 받았다. 모벌리와 비교하면 큰 도시였고 11만 명이 넘는 주민이 거주했다. 마사와 나는 미주리 집을 팔아서 약간 이익을 남기고 좋은 집을 샀다. 그 집에서 1983년에 딸 제시카가 태어났다. 정말 귀여운 아기였다.

리스아메리카에서 몇 년쯤 일했고 지난번 직장보다 돈을 더 많이 벌었지만 아직 부자가 된 건 아니었다. 나는 법무를 총괄했다. 계약서를 써서 변호사에게 검토하라고 넘겼지만 변호사는 별로 수정하지 않았다. 법적인 서류부터 신용승인까지 모든 절차를 간소화했다. 거래에 필요한 서류를 보증, 배송 명세, 서명란까지 모두 포함해서 하나로 통합했다. 덕분에 일이 쉬워졌고 몇 주일씩 걸리던 의사 결정 과정이 몇 시간으로 단축됐다. 나는 그 사업을 미친 듯이 혁신하고 끊임없이 개선하여 수익성을 높였다.

―✕―

수익성은 어떻게 높였냐고? 간단하다. 나는 놀랍도록 똑똑하고 매력적인 여성들을 고용해서 전화로 제품을 판매하게 했다. 그들에게 2주 동안 리스 사업에 관해 가르쳤다. 그 교육을 뚱보 밥의 리스학교 Fat Bob's Leasing School라고 했다. 당시에는 뚱뚱하지 않았지만 그냥 '뚱보 밥'이라는 그 어감이 좋았다.

처음 리스컨벤션에 나갔을 때 새로 설립한 리스아메리카 공급 서비스 부문을 홍보하는 부스를 세웠다. 우리가 나타나기 전에 저가 리스 사업은 늘 남성 위주였다. 다른 리스 회사에서 일하는 남성들은 우리 부스에 가득한 여성들을 보고 비웃곤 했다. 그러나 그들이 추월 당했다는 걸 깨달았을 무렵엔 이미 거리가 저만치 벌어진 상태였다. 그렇다. 이 여성들은 경쟁에서 압승했다.

결국 공급 서비스 부문의 수익성이 대폭 개선됐고, 리스아메리카는 이 부문을 제너럴일렉트릭 GE에 판매했다. 나는 2년 만에 영업 사원이 10명 가까이 되도록 사업을 성장시켰다. 우리 부문은 리스아메리카에서 가장 수익성이 좋았지만, CEO인 이멧 셔먼 Emmett Sherman에게 연봉을 협상하러 갈 때마다 '알았다'는 대답만 돌아왔다. 이멧은 늘 약속만 하고 지키지는 않았다. 오랫동안 사업을 했고 존경받는 기업가였지만 나이가 많고, 게으르고, 완고한 사람이었다.

나는 몇 달에 한 번씩 임금 협상을 요청했지만 계속 무시당했다. 그는 자꾸 조르면 절대 안 해주겠다고 말한 적도 있었다. 협상 없이 2년, 3년이 흘렀다. 꼭 필요하고 합당한 연봉 인상을 거절당했다. 무척 짜증 나는 일이었다. 어떻게 할 도리가 없었다. 회사의 내부 사정 문제가 아니라 그가 내 가치를 무시했기 때문이었다. 그 무렵 나는 가계 금융을 관리할 수 있는 컴퓨터 소프트웨어 프로그램을 쓰기 시작했다. 이미 틀은 잡혀 있었지만 깊이 파고들어야 할 진정한 동기가 이로써 생긴 셈이었다. 나는 이것을 프로젝트 프리덤이라고 불렀다. 이멧에게서 자유를 얻고 싶었다.

나는 미주리에서 첫 컴퓨터로 애플 IIC(애플사가 매킨토시를 출시한 직후 1984에 선보인 개인용 컴퓨터_옮긴이)를 샀다. 그 무렵 프로그래밍 언어는 베이직에서 규칙이 엄격하고 더 빠른 파스칼 Pascal(1970년에 소개된 교육용, 범용 고급 프로그래밍 언어_옮긴이)로 갈아탔다. 직접 파스칼의 구동 원리를 공부했고 제법 잘했다. 정말로 상당한 수준이 되었다. 파스칼에 능숙해진 후 애플 컴퓨터를 팔고 IBM PC를 샀다. 그것이 중대한 변환점이었다. 사실 지금도 내 사무실에는 그 IBM 컴퓨터가 있다. 나는 이 컴퓨터에 '신데렐라'라고 쓴 은색 명판을 달았다. 왜냐고? 그날 이후 내 삶이 바뀔 것을 알았기 때문이다. 당시에는 자세히 몰랐지만 올바른 방향으로 가고 있다는 느낌이 들었고, 컴퓨터는 나를 그곳으로 인도할 고속도로가 되었다.

나는 그 무렵에 회계 서적을 보면서 가정용 회계 프로그램을 만들었다. 소프트웨어 이름은 머니카운트MoneyCounts였다. 처음에는 허술했지만 참을성 있게 수정을 거듭한 끝에 개선되어 결국 품질이 상당히 좋아졌다. 시대를 훌쩍 앞서간 프로그램이었다.

당시 내가 저축한 돈은 15,000달러였다. 나는 그 돈으로 파슨스테크놀로지Parsons Technology라는 작은 회사를 시작했다. 고객에게 직거래로 프로그램을 판매하는 사업이었다. 낮에는 리스아메리카에서 일하고 밤에는 지하실에서 파슨스테크놀로지를 운영했다. 밤낮 가리지 않고 일했고 매 순간을 사랑했다.

나는 머니카운트를 판매하려고 다양한 잡지에 작은 광고를 냈다. PC매거진PC Magazine, 컴퓨터쇼퍼Computer shopper 등 컴퓨터 관련 제품에 특화된 잡지를 공략했다. 처음에는 프로그램을 99달러에서 129달러에 판매했지만 별다른 반응이 없었다. 판매량은 적었다. 제품이 문제였을까, 가격이 문제였을까. 15,000달러는 금세 사라졌다.

이듬해 마침내 회사에서 보너스를 받았다. 나는 그 돈과 신용카드

세 장을 동원해서 25,000달러를 그러모아 회사를 유지했다. 소프트웨어 가격을 69달러로, 또 49달러로 내렸지만 여전히 반응이 없었다. 아무도 구매하지 않는 바람에 2년 연속으로 돈을 전부 잃었다. 나는 단념하지 않고 계속 소프트웨어를 다듬고 매번 개선했다. 그리고 틈만 나면 대기업들의 잡지 광고를 들여다봤다.

내 아버지는 무엇인가 진심으로 사랑하면 상대가 자기 비밀을 모두 말해준다고 했다. 소프트웨어에 손을 댈수록 아무도 모르는 것을 많이 배웠다. 여러모로 귀한 경험이었다. 당시 데이브 하비Dave Harvey라는 절친한 친구가 있었다. 우리는 내 계획과 회사의 미래에 관해 얘기하곤 했다. 나는 데이브가 좋았고 파슨스테크놀로지에 영입하고 싶었다. 그 친구와 일하면 재미있을 듯했다.

"데이브, 네 평생을 통틀어 가장 좋은 제안을 할게. 파슨스테크놀로지의 절반을 5,000달러에 넘기고 싶어." 나는 씩 웃으며 말했다.

"생각해 볼게." 데이브가 대답했다.

생각해 본다고? 충격이었다. 일주일 후에 데이브는 못하겠다고 말했다. 나는 오히려 안심했다. 그때 내가 동업자를 진심으로 원하지는 않는다는 사실을 깨달았고, 이제껏 둔 적도 없다. 내 사업을 온전히 내가 통제하는 편을 선호했다. 다시는 누구에게도 그런 제안을 하지 않았다.

사업을 시작한 지 3년 차에 아이오와주 포트다지Fortdodge 소재의 컴퓨터 할인 판매 잡지인 컴퓨터바겐라인Computer Bargain Line에서 뜻밖의 전화를 받았다. 이 잡지는 중고부터 신품까지 온갖 컴퓨터 매물을 판매하는 카탈로그가 있었다. 가끔 리뷰나 기고문을 싣기도 했지만 대규모 우편물 발송 명부를 가지고 운영하는 곳이었다. 즉, 잡지를 많은 이에게 무료로 발송하는 것만으로도 사업을 유지할 수 있었다. 나는 그때도 하겠다고 말한 일은 해내는 사람으로 유명했고, 내야 할 돈을 미루는 법은 없었다.

컴퓨터바겐라인은 잡지 표지 광고를 제안했다. 한 광고를 계약했는데 무산됐다고 했다. 그 광고 자리는 보통 15,000달러지만 5일 이내에 광고를 낸다면 내게는 5,000달러에 해주겠다고 했다.

그때 나는 빈털터리였다. 수중에 돈이 없었고 그렇게 짧은 기간에 나올 구석도 없었다. 그래도 이 광고는 잡지 표지에 실린단다. 그 잡지는 내게 〈타임〉지나 마찬가지였다. 나는 무척 흥분했고 기회를 놓치기 싫어서 대답했다. "좋아요, 합시다."

그 잡지 광고를 구매한 적이 없었기 때문에 기본 계약 기간으로 진행한다는 말을 들었을 때 나는 다른 잡지처럼 60일로 진행하는 줄 알았다. 하지만 아니었다. 그들은 30일을 원했다. 빠듯한 조건이긴 하지만 그래도 위험을 감수할 생각이었다. 나는 작은 광고 회사에 가서 머니카운트 광고를 제작 의뢰했고, 이번에는 프로그램 가격을 12달러로 떨어뜨렸다. 시장에 충격을 주고 싶었다. 당시 많은 소프트웨어에 복사 방지 프로그램이 있었기 때문에 소프트웨어를 공유하는 건 불가능하고, 일부 회사의 제품은 한 번에 한 명만 사용할 수 있었다. 우리 제품에는 복사 방지 설정이 없으며 고객은 원하는 만큼 다른 사람과 공유해도 된다고 분명히 광고에 표시했다. 사실 고객이 원하는 대로 뭐든 할 수 있었다. 내게 12달러만 보내면 된다.

나는 괜찮은 접근법이라고 생각했고 잘될 거라고 믿었지만 여전히 불안했다. 무엇인가 달라야 한다는 확신만 있었다.

카탈로그를 발송하고 일주일 정도 지나자 주문이 들어오기 시작했다. 처음에는 대여섯 건 정도로 소량이었다. 그때까지 단일 광고로 들어온 주문 중에는 제일 많았다. 그렇게 며칠이 지나자 우리 우편함에는 주문이 가득 들어찼고 전화가 미친 듯이 울렸다. 우리는 그 광고로 25,000달러를 벌었다. 분명 좋은 방향으로 가고 있었다. 그 후 나는 같은 광고를 전단에 인쇄했다. 봉투에 전단을 넣고, 도장을 찍고, 그동안 쌓인 잠재 고객들의 주소를 스티커로 출력했다. 이 노력은 30%라는 응답률로 돌아왔다! 직접 우편 발송으로 그 정도 성과를 낸 적은 처음이었고 그 이후로도 없었다. 나는 가족들과 함께 봉투를 채웠다. 네 살이었던 막내 제시카도 자기 몫을 했다. 한 책상에서 다른 책상으로 봉투를 옮기는 배달부 역할이었다.

뜻밖의 횡재 이후 작은 광고가 아니라 큰 광고를 노려야 하고 우리 제품을 소비자가 감당할 수 있어야 한다는 사실을 깨달았다. 그게 핵심이었다.

그 광고 이후 나는 컴퓨터쇼퍼, 바이트^{Byte}, PC매거진, PC월드에 연락해서 외상으로 전면 광고를 진행할 수 있는지 타진했다. 모두 승낙했다. 믿기지 않는 일이었다. 오랜 시간 노력해서 겨우 여기까지 왔고 조짐이 좋았다. 대형 광고가 효과적이었냐고? 당연한 말씀을. 대박이었다!

결국 머니카운트는 앤드루 터바이어스$^{Andrew\ Tobias}$(금융 투자 자문가이자 작가_옮긴이)의 매니징유어머니$^{Managing\ Your\ Money}$, 인튜이트사^{Intuit}의 퀴큰^{Quicken}과 경쟁했다. 그 정도로 성장했을 무렵에 나는 다른 광고 방식을 시험했다. 업계에서 센터폴드centerfold로 통하는 2쪽짜리 스프레드 광고(펼쳤을 때 2쪽 전체를 활용하는 잡지 광고_옮긴이) 페이지를 구매했다. 왼쪽에는 타사 제품을 우리 제품과 비교해서 싣고, 오른쪽에는 내 사진이 큼지막하게 들어갔다. 우리 제품이 다른 제품을 먹어치우고 가격, 기능 등 모든 측면에서 경쟁사를 압도한다는 메시지였다. 가능한 모든 방법을 동원해서 우리 제품이 우월해 보이게 했다. 그 결과 응답률은 말 그대로 세 배로 뛰었다. 이제 잡지 쪽에 우리의 영향력이 생겨서 광고 가격을 협상할 수 있었다. 모두가 나와 협력하려 했다.

나는 파슨스테크놀로지를 성장시키면서 계속 리스아메리카에 근무했다. 파슨스테크놀로지가 성공할지 확신하고 싶었다. 자립할 수 있는 사업으로 키우는 게 목적이었다. 그 목적을 달성하려고 더 빠르고 규모가 큰 소프트웨어를 제작해서 업데이트하는 한편, 메모리와 기능이 더 많이 들어간 신제품을 제작했다. 램 384KB가 필요한 머니카운트플러스Money Counts Plus는 우리 브랜드의 플래그십 제품이 되었다. 제품 가격을 49달러로 정하고 철저히 관리했다.

회사가 성장하면서 지하실에 작은 고객 서비스 콜센터를 차리고 동네에서 여성들을 고용해 전화 업무를 맡겼다. 다들 컴퓨터를 잘 아는 건 아니었지만 고객에게 구매하라고 설득할 수는 있었다. 통화 상대의 컴퓨터에 우리 프로그램을 구동할 램이 있다는 사실만 알면 됐다. 상담원들은 헤어롤을 꽂은 채로 앉아서 여성의 매력을 활용해 영업했다. 이 방법은 언제나 통했다.

"프랭크, 안녕하세요. 하나만 여쭤볼게요. 컴퓨터 램 용량이 얼마나 돼요?" 직원이 묻는다.

"512K예요." 전화기 너머 고객이 대답한다.

"램 용량이 상당하네요. 어떻게 활용할지 생각해 봤어요?"

대부분 안 해봤다고 대답한다.

"잘 활용할 방법이 있는데 프랭크에게 유익할 거예요." 그리고, 카붐! 직원은 판매에 성공한다. 직원은 10달러를 받고 나는 나머지 39달러를 챙겼다. 모두에게 완벽한 구조였다. 게다가 단순히 원하는 것을 넘어 필요했던 사람들에게 실제로 훌륭한 제품을 공급했다.

1986년 10월에는 소득세 대리 프로그램을 개발했다. 리스 부문은 자동으로 돌아가고 있어서 예전처럼 시간을 쓰거나 주의를 기울일 필요가 없었다. 결국 리스아메리카에서 일하면서 동시에 소프트웨어를 개발하고 파슨스테크놀로지를 키우기는 불가능해지는 시점이 왔다. 한마디로 시간이 부족했다. 그래서 사직서를 냈다.

내 상사는 깜짝 놀랐다. 회사에 머무르기만 하면 그해에 보너스로 5만 달러를 받을 수 있었다. 12월까지 급여 대상 명단에 남아 있기만 하면 됐다. 하지만 그대로 회사에 다니면 세금 소프트웨어를 제때 완성할 수 없었다. 이멧은 크게 놀랐고, 나를 붙잡으려고 더 많은 돈을 제시했다. 당시 벌던 돈보다 훨씬 큰돈이었다. 그래도 안 하겠다고 했다. 이멧은 파트타임으로 일하면 어떻겠냐고 제안했다. 나는 시간당 300달러를 제시했다. 회사에서는 200달러로 깎았다. 결정은 쉬웠다. 안 한다는 게 내 대답이었다. 그렇게 하고 싶지 않았다. 이제 떠날 시간이었다. 회사는 얼떨떨했겠지만 나는 알고 있었다. 파트타임으로 일해서는 파슨스테크놀로지를 성장시킬 방법이 없다는 사실을 말이다.

리스아메리카에서 마지막으로 근무하던 날 이멧이 말했다. "밥, 자네한테 많이 배웠어." 그리고 행운을 빌어줬다. 내가 그만두는 것에 토를 달지 않았다. 우리는 각자 갈 길을 갔을 뿐이다.

아이들에게 내 결정을 말해준 다음 날 메리앤이 학교에 다녀오더니 울음을 터뜨렸다.

"왜 그래, 딸?" 내가 물었다.

"가난해지기 싫어요." 아이가 선언했다.

"무슨 소리야?" 나는 아이의 눈물을 닦으며 물었다.

내가 그만둔다는 사실을 아이 친구의 부모가 어디서 전해 듣고, 소프트웨어 사업으로는 절대 성공하지 못할 거라고 한 모양이었다. "이제 돈 없는 생활에 익숙해질 거야." 그 부모가 메리앤에게 말했단다.

나는 크게 한숨을 쉬면서 절대 걱정할 것 없다고, 우리는 괜찮다고 했다. "당당하게 고개 들고 다녀. 아빠는 절대로 널 고생시키지 않을 거야." 그 말은 진심이었다. 어렸을 때 부모님 집 지하실에서 했던 맹세를 기억하는가? 내 가족이 결핍에 시달릴 일은 없을 것이다. 나는 그 약속을 깨트린 적이 없고, 절대로 깨트리지 않을 작정이었다.

"약속해요, 아빠?"

"당연하지." 나는 딸을 안으며 말했다.

지금은 아이들과 잘 지내고 있지만 그때는 아이들의 삶에 적극적으로 관여하지 않았다. 나는 늘 가족을 부양하고 경제적으로 지원하는 데 집중했다. 안타깝게도 아이들에게 가장 필요한 건 내가 줄 수 없었다. 물론 가끔 아이들 모두와 시간을 보내기도 했지만 그리 자주는 아니었다. 가끔 손의 친구들과 축구를 하거나 함께 볼링장에 갔지만 다른 활동은 많이 하지 않았다. 그저 시간이 없었기 때문이다. 나는 내 부모님보다 좋은 부모가 되고 싶었다. 그래서 노력했다.

예를 들어 아직 볼티모어에 살던 1970년대에 손을 데리고 동네 쇼핑몰에 갔다. 강아지를 보러 펫숍에 가서 셰틀랜드시프도그인 샘을 데려왔다. 우리 가족은 샘과 14년 동안 함께했다. 정말 사랑스러운 강아지였다. 샘을 집에 데려와서 손을 앉혀두고 말했다. "이제 엄마에게 말해야 해."

"말하지 말아요, 아빠."

"곧 알게 될 테니까 미리 해야지." 내가 설명했다.

입을 떼자마자 마사가 말했다. "개를 데려왔다는 말이지? 펫숍에서 전화했더라!"

그날 손과 함께 외출하고 개를 데려올 수 있어 행복했다. 마사도 샘을 가족으로 환영해 줘서 다행이었다. 샘은 내가 없을 때 아들과 딸에게 친구가 되어주었다.

물론 내 강한 직업의식과 아이들을 늘 경제적으로 뒷받침하겠다는 맹세가 가정에 어떤 영향을 미치는지 알았다. 하지만 리스아메리카를 나와서 예전보다 내 사업에 더 주의를 기울여야 했다.

———✕———

우리는 마침내 지하실을 벗어나서 제대로 된 업무 공간으로 이사했고 주요 자리에 직원을 배치했다. 나는 리스아메리카의 CFO에게 회계 담당을 구한다고 했다. 그녀는 즉시 바버라 레터먼Barbara Rechterman을 추천했다. 바버라는 1986년에 리스아메리카에 입사했다. 회계 그룹 소속으로 내가 담당하는 부문에 재무제표를 작성해 줬다. 나는 처음부터 바버라가 마음에 들었다. 똑똑하고 직설적이고 열심히 일하는 직원이었다. 무엇보다 나를 감당할 수 있는 사람이었다. 완벽한 선택이었다.

리스아메리카에서 함께 일했던 직원의 남편이 시더래피즈의 금융 서비스 회사인 라이프인베스터Life Investor에서 회계사로 일했다. 리스아메리카는 그 회사의 지사였다. 당시 우리 세금 프로그램의 오류를 점검할 사람이 필요했다. 그 업무는 회계사가 적격이다. 나는 직원의 남편 마크 하팅Mark Hartung에게 연락해서 혹시 용돈을 벌 생각이 있냐고 물었다. 마침 곧 연휴였기 때문에 귀가 솔깃할 거라고 생각했다.

"좋죠, 선물 사는 데 쓰면 되겠네요." 마크가 말했다.

마크가 작업을 했고, 끝난 후에는 각자 자리로 돌아갔다.

나중에 다음 납세 기간을 준비하면서 다시 마크에게 연락해서 세금 프로그램 오류를 점검해 줄 수 있냐고 물었다. 이번에는 우리 회사에 들어오라고 제안했다. 함께해 주길 바라는 마음에 괜찮은 조건을 제시했다. 안정적인 직장과 연봉을 포기하는 건 위험한 일이지만 놀랍게도 그는 제안을 수락했다.

처음에 마크는 마케팅과 프로그래밍을 제외하고 거의 모든 일을 했다. 콜센터 구축을 지원하고 디스크 복사, 선적, 보안 등 온갖 업무를 처리했다. 심지어 한밤중에 알람이 울리면 직원들은 마크를 찾았다. 당시 우리는 13센티미터짜리 디스크를 PC에 넣어서 프로그램을 한 번에 하나씩 복사했다. 고속 복사기를 마련하기 전이었다. 결국 한 시간에 수백 장을 복사하는 기계를 구입했지만, 그전에는 그때그때 가능한 방법을 썼다.

이 무렵 직원 수는 10명 남짓했다. 나는 월요일 아침 일찍 출근해서 당시 새로 개발 중이던 세금 소프트웨어 코드를 작성했다. 매일 돌아가는 회사도 운영해야 했기에 말 그대로 주 60시간 동안 쉬지 않고 일했다. 코드 작성이 순조로울 때면 일어나지 않고 계속 일했다. 그래야 새 프로그램을 쓰고, 소프트웨어 버그를 수정하고 회사를 운영할 수 있었다. 아무도 없는데 목소리가 들리거나 헛것이 보이거나, 문 쪽에서 뭔가 움직이는 것 같으면 집에 가서 자야 할 때였다.

잠에서 깨면 동네 고등학교 운동장에서 몇 킬로미터 정도 뛰면서 아드레날린을 분출하고 모든 걸 다시 시작했다. 혼자서 60시간 교대 근무를 하는 셈이었다. 시계는 보지 않았다. 드물게 시계를 볼 때는 시간이 얼마나 지났는지 계산하기보다 일이 얼마나 남았는지 예상하기 위해서였다. 시계가 움직이지 않았으면 했다. '시간이 얼마나 남았지?'라고 궁금했던 적은 없다. 그보다는 '좋았어! 아직 이틀이나 남았네!'라고 생각했다. 시간은 늘일 방법을 찾지 않는 이상 내 편이 아니었다. 나는 몇 년이나 이렇게 일주일을 시작하고 끝냈다. 1987년 2월, 세금 프로그램을 마무리해서 퍼스널택스엣지Personal Tax Edge라는 이름을 붙이고 29달러에 판매했다. 아주 훌륭한 프로그램이었고 성능이 좋았다.

19

크고 대담하고 도전적인 목표

파슨스테크놀로지는 1987년에 흑자로 전환해서 28만 7천 달러를 벌었다. 리스아메리카에서 번 돈보다 훨씬 많았다. 그 정도로 돈을 버는 건 좋았지만, 그걸 충분하게 생각하지는 않았다. 나는 인색한 편은 아니었지만 늘 간접비(제품 생산에 소요되는 총 비용)를 몇 번이나 낼 수 있는지를 기준으로 은행에 남은 돈을 계산했다. 무슨 일이 생길 때를 대비해서 매월 간접비의 세 배에서 네 배 정도는 있어야 한다고 생각했다. 그리고 항상 그렇게 유지했다.

이듬해에는 250만 달러를, 그다음 해에는 500만 달러를 벌었다. 우리는 소매점에서만 제품을 판매하던 퀴큰과 터보택스^{TurboTax}의 직접적인 경쟁자로 부상했다. 하지만 그들과 영업 방식은 달랐다. 고객에게 직접 판매했다. 우리는 본질적으로 소프트웨어를 판매하는 통신 업체였다. 내가 본 어떤 소프트웨어 회사와도 다르게 접근했고,

혁신적이고 흥미진진한 방식이었다.

5년째에 접어들자 돈보다는 열정과 탄탄한 사업성이 중요해졌다. 그러려면 나 자신을 온전히 바쳐야 했다. 그리고 계속 팀을 구축해야 했다.

팀 루이즈Tim Ruiz도 핵심 인력이었다. 당시 우리의 주력 제품은 머니카운트와 퍼스널택스엣지였고 법률 관련 제품도 개발하는 중이었다. 하지만 나머지 제품 개발은 대부분 외부에서 진행했다. 회사 외부 인력이 소프트웨어를 작성하면 우리가 마케팅하는 식이었다. 팀과 마크는 사업 전반을 구축하고 새로 브랜딩해야 할 추가 제품까지 포함해서 거대한 포트폴리오를 구상했다. 우리는 외부 제품을 구매하면 적절한 이름을 붙인 다음, 우리 브랜드와 유통 채널을 통해 시장에 소개했다. 이렇게 다양한 제품을 확보하고 적절한 고객을 찾아서 기반을 확대했다.

가끔 내가 직접 계약에 참여하기도 했다. 예를 들어 크레이그 레어딘Craig Raidin이 개발한 퀵버스QuickVerse는 다양한 버전의 성경에서 단어나 구절을 찾을 수 있는 프로그램이다. 크레이그와 우리 회사에 큰 이익을 안겨준 제품이기도 하다. 우리는 그런 프로그램을 많이 판매했다.

회사가 성장하면서 직접 우편 사업 방식을 개발하고 확대해 나갔다. 많을 때는 100만 건을 발송할 때도 있었다. 여러 측면에서 우리는 소프트웨어라는 제품을 판매하는 유능한 마케팅 회사였다. 팔고 싶어도 팔 수 없는 제품은 드물었다. 우리는 마케팅 공식을 창조했고 기나긴 수취인 명부가 있었기에 제품이 무엇이든 거의 상관없었다.

끊임없이 제안서를 보냈고 직접 우편용 제품을 시험했으며, 보유한 명부 및 대여 명부를 매년 활용했다.

우편 발송 마케팅을 완벽히 실시한 후에는 인바운드[inbound](걸려온 전화에 서비스를 제공하는 마케팅 활동_옮긴이) 고객 서비스 담당자 6명을 차출한 다음, 우리 고객층에 전화를 걸어서 접촉하는 아웃바운드[outbound] 마케팅을 시험했다. 완전히 새로운 접근법이었기 때문에 담당자를 교육하지 않았다. 그저 고객들에게 우편물을 두 통 보냈는데 확인하지 않은 것 같다며 갱신한 세금 프로그램을 판매해 보라고 했다. 단지 우편물을 받지 못했을까 봐 전화한 것으로 시작했다. 그 생각이 맞았다. 효과는 훌륭했다. 6명으로 큰 성공을 거뒀고 곧 확대하기로 했다. 대박이 터질 조짐이 보였다.

나는 팀원들에게 3주 이내에 콜센터 직원 50명을 구해오라는 지령을 내렸다. 텔레마케터는 구하기 힘들었고 실력 있는 사람은 더 드물었다. 이렇게 내가 자주 내리는 지시는 직원들 사이에서 BHAG, 즉 크고[Big] 대담하고[Hairy] 도전적인[Audacious] 목표[Goal]로 통했다. 짐 콜린스[Jim Collins]와 제리 포라스[Jerry Porras](《성공하는 기업들의 8가지 습관》의 공동저자_옮긴이)가 처음 사용한 표현이다. 나는 BHAG를 설정해서 직원들과 공유했다.

인센티브를 지급할 때는 임의의 숫자가 아니라 그룹 평균 대비 해당 직원의 성과에 기반한 측정 도구를 도입했다. 그룹은 평균을 높이거나 낮춘다. 이런 정책을 통해 판매 목표에 기준이 없다거나 특정 제품은 팔기 힘들다는 인식을 없애버렸다. 직원들은 대부분 이 시스템을 좋아했다. 좋아하지 않는 사람들은 성과가 좋지 않았고 이들은 판매 팀에서 걸러졌다.

고객 서비스 분야는 품질관리와 함께 제품 판매도 담당했다. 즉 고객 지원 팀은 고객과 통화하면서 문제를 해결할 뿐만 아니라 제품을 판매해야 했다. 그 결과 단순히 질문하고 답하는 기술적인 고객 지원을 넘어 좀 더 역동적인 영업으로 전환됐다. 이는 큰 성장으로 이어졌다. 또한 재무 시스템도 변화했다. 이제 고객이 우리에게 신용카드 번호를 알려주거나 수표를 보낼 필요가 없어졌기 때문이다. 예전 지급 정보 기록이 남아 있어서 영업 전화도 한 단계 진화했다. 프로그램을 업그레이드하든, 소규모 사업체에 특화된 제품을 판매하든, 우리에게는 늘 구매를 설득할 방법이 있었다.

결국 파슨스테크놀로지는 직원 1,000명에 사옥이 있는 기업으로 발전했다. 이 무렵 나는 코드 작성에서 거의 손을 뗐다. 바버라는 제품개발 팀으로 옮겨서 최고기술책임자 Chief Technology Officer, CTO 가 되었고 소프트웨어 개발을 총괄했다. 마크는 콜센터와 제조 부문을 감독했다. 그밖에도 많은 사람이 매일 재능을 발휘했다. 아이오와에는 유능하고 성실한 사람이 많았다. 콜센터를 두고 사업을 운영하기 좋은 곳이었다.

나는 간섭하지 않는 리더다. 광고나 마케팅, 가격, 특정 제품 개발 등 정말 흥미로운 일에만 관여했다. 그 외에는 팀원들이 알아서 잘할 거라고 믿었다. 늘 최고의 인재를 고용하고 꼭 필요할 때가 아니면 끼어들지 않으려 했다. 사실 완벽한 사람은 없다. 직원이 완벽하길 바라면 고용 자체를 할 수 없다. 대신에 나는 직원들의 어떤 부분이

약한지 이해하고 개선할 방법을 마련하는 데 집중했다. 그래도 못하면 내보냈다. 나이를 먹으면서 모든 이를 만족시키는 건 불가능하다는 사실을 깨달았고 시도조차 하지 않았다.

우리가 성장하면서 기술도 성장했다. 우리 회사는 원래 재고관리 코드 소프트웨어를 비닐 포장해서 수천 장 정도 판매하는 사업으로 시작했다. 특히 성공했던 교회 소프트웨어 부문은 모든 성경 번역본 라이선스를 보유했고, 네 가지 번역본을 나란히 두고 같은 내용을 볼 수 있게 해서 시장을 장악했다. 머니카운트, 머니플랜MoneyPlans 같은 세금과 재무 프로그램도 성공적이었다. 브링백Bring Back은 삭제한 파일을 복구할 수 있는 프로그램이다. 어나운스먼트Announcement는 다양한 초대장을 생성할 수 있는 초대장 제작 소프트웨어다. 그밖에도 셀 수 없이 많은 프로그램이 있었다. 우리는 승승장구했다.

회사가 탄탄해지고 안정화됐을 때 휴가를 냈다. 그때 골프를 시작했다. 아버지는 나와 동생 앨런이 어렸을 때 우리를 데리고 볼티모어 시내에 있는 골프장인 클리프턴공원Clifton Park에 데려가곤 했다. 우리에게 공을 몇 개 치게 한 뒤 소금 그릇을 하나씩 줬다. 골프장 곳곳에 토끼가 있었는데 토끼를 잡고 싶으면 꼬리에 소금을 바르라고 했다. 아직 어렸던 우리는 토끼를 쫓아갔다. 비디오게임보다 재미있는 놀이였다. 토끼 꼬리에 소금을 묻히려고 몇 시간이고 뛰어다녔다. 성공한 적은 없었다. 몇 년 후 아버지는 당신이 연습하는 동안 우리 주의를 딴 곳에 돌리려고 소금 그릇을 이용했다고 고백했다.

우리 아버지는 스크래치 골퍼scratch golfer(공정성을 위해 정한 기준인 핸디캡이 0인, 실력이 우수한 골퍼_옮긴이)였다. 상패도 많이 받았는데 어머니는 아버지에게 화를 낼 때마다 상패를 부수곤 했다. 아버지는 몸이 말을 듣지 않을 때까지 평생 골프를 쳤다. 앨런은 아버지와 무척 가까웠고, 공군에서 제대했을 때 골프를 핑계로 아버지와 시간을 보냈다. 앨런도 그때 골프 실력이 무척 좋아졌다. 반면 나는 늦게 꽃을 피웠다.

골프를 좋아하긴 했지만 파슨스테크놀로지에 있을 때는 일만 하느라 오랫동안 골프를 치지 못했다. 골프장에 자주 나가기 시작하면서 회사 사람들을 초대했다. 처음에는 다들 형편없었지만 연습할수록 나아졌고, 점점 골프와 사랑에 빠졌다. 매주 수요일 오후와 목요일 오전에는 임원들과 함께 골프를 치러 갔다. 수요일은 정시에 퇴근해서 18홀을 돌았다. 목요일에는 일찍 출발했다가 서둘러 사무실로 돌아왔다. 가끔 토요일과 일요일에도 골프를 쳤다. 박람회에 가면 컨벤션센터 내부는 별로 둘러보지도 않고, 어딘가에서 골프장을 찾아내서 골프채를 휘둘렀다. 무척 재미있었고 결국 실력도 좋아졌다. 그래도 그때는 승부에 크게 신경 쓰지 않았다. 친구들과 즐길 거리가 있는 게 좋았다.

물론 사업도 챙겨야 했다. 파슨스테크놀로지는 안정적인 수익을 냈고 오랫동안 시장에 존재했다. 내 생각보다 훨씬 크게 성장했다. 그와 동시에 인터넷 사업도 진화했다. 업계는 빠르게 변화했고 나는 다른 일을 하고 싶었기에 회사를 매각하기로 했다. 우리는 매각을 진행할 컨설팅 회사를 고용했다. 회사 가치가 얼마나 되는지, 적절한 구매자를 어떻게 찾을지 잘 몰랐지만, 도와줄 사람은 충분히 찾을 수 있었다. 마사와 나는 4,800만 달러 이상이면 팔기로 했다. 아무에게도 말하지 않았지만 그 숫자만 넘기면 만족할 수 있었다.

—✕—

회사를 매각할 계획이라는 소문이 나자 많은 기업이 의사를 타진했다. H&R블록H&R Block(1955년에 설립된 미국 세무회사_옮긴이)이 검토하더니 포기했다. 〈시카고트리뷴〉 등의 신문사를 보유한 트리뷴컴퍼니Tribune Company에서도 검토하러 왔다. 트리뷴 담당자들은 나이가 많고 고루했고, 사무실을 둘러보다가 한 직원의 컴퓨터 스크린에 떠 있는 파티 초대장을 발견했다. "주최자랑 한판 뜨러 와요."

"주최자랑 한판 뜨다뇨?" 트리뷴에서 온 담당자가 물었다.

"…… 교회 소프트웨어 부문 담당자 책상인 것 같은데요."

"맞습니다." 내가 대답했다. 그 일이 있고 한참 후에 나는 그 직원에게 화면 보호기를 꼭 설치하라고 말했다.

하지만 트리뷴컴퍼니도 우리 회사를 사지 않았다.

그러다 1994년 9월에 인튜이트Intuit와 파슨스테크놀로지 매매 계약을 완료했다. 그들이 처음 제안한 가격은 6,000만 달러였다. 마사와 내가 생각했던 최저 금액 4,800만 달러를 훌쩍 넘는 금액이었지만, 협상에 도가 튼 나는 너무 낮은 금액이라 자존심이 상한다고 말했다. 결국 6,400만 달러로 협의했다. 지금까지 개인적으로 이 사업에 투자한 금액은 4만 달러쯤 될 테니 투자 수익률이 제법 괜찮은 편이었다. 모든 면에서 좋은 계약이라는 생각이 들었다. 회사를 매각한 후에도 바버라는 회사에 머무르면서 CFO인 스콧 포터Scott Porter와 함께 공동 사장으로 취임했다. 모두가 이익을 본 최고의 거래였다.

인튜이트 입장에서 파슨스테크놀로지는 실질적인 위협으로 부상했고, 직접 경쟁하기보다 아예 사버리는 편이 수월했다. 거래가 마무리된 후 직원들과 친구, 가족을 위해 파티를 열었다. 데이브 하비도 참석했다. 나는 일어나서 데이브에게 팔을 두르고 말했다. "데이브, 회사 절반을 5,000달러에 사라고 했던 말 기억해?"

"그럼." 데이브가 대답했다.

"그 결정을 곱씹어 본 적 있어?" 내가 물었다.

"항상 하지."

우리가 파슨스테크놀로지를 팔았을 때 마사와 나는 결혼한 지 23년 차였다. 거래를 마무리하고 마사는 완전히 진이 빠진 것 같았다. 23년간 결혼 생활을 하면서 마사는 아이들에게 훌륭한 엄마였고 내게는 좋은 아내였다. 마사에게 더 바랄 것이 없었다. 그녀는 최선을 다했다. 하지만 심각한 PTSD를 앓고 있는 나와 함께하는 건 버거운 일이었다. 우리가 이혼한 이유는 분명히 나 때문이었다.

이혼하고 몇 년이 지나서 리사라는 여성과 두 번째로 결혼했다. 나는 리사에게 첫눈에 반했다. 그 무렵 애리조나주 스코츠데일Scottsdale로 이사했고 그곳에서 리사를 만났다. 리사와 함께 사는 동안 내가 설명하기 힘들 정도로 감정적이고 변덕스러워졌다는 사실을 깨달았다. 결혼 생활이 오래가지 않을 듯했다. 그리고 그 생각이 맞았다.

결혼한 지 2년 만에 리사가 나를 떠났다. 나는 충격에 빠졌다. 밤에는 침대에 누워 잠들 때까지 울기 일쑤였다. 전투 해병에게 어울리지 않는 짓이라는 건 알았지만 나는 그렇게 이별에 대처했다. 이런 상태가 1, 2주 지속되던 어느 날 반스앤드노블 서점에 들어갔다. 서점 관리자가 밤이라 곧 문을 닫는다고 했다. 내가 마지막 손님이었다. 나는 이혼하고 나서 버티는 법에 관한 책이 있는지 둘러봤다. 마침내 책을 찾아서 계산대 뒤에 있는 직원에게 내밀었다. 고개를 들어 보니 남자 직원이 내 또래로 보였다.

"할인 카드 있으세요?" 직원이 물었다.

대답이 안 나왔다. 그저 눈물만 흘렸다.

"괜찮습니다. 그냥 할인해 드릴게요." 직원은 내가 측은했던 모양이지만 눈물을 흘린 이유를 오해했다.

나는 할인받아서 책값을 계산한 후 쇼핑백을 들고 곧장 차로 갔다. 그리고 좀 더 울었다. 그러다…… 웃음이 났다. 내 상황을 돌이켜 보니 모든 게 말도 안 되게 웃겼다. 직원은 1년에 수백만 달러를 버는 내가 할인 때문에 운다고 생각했겠지. 왠지 그때 내 주변의 모든 것이 변했다. 그날 이후로는 절대 미련으로 돌아보지 않았다. 언젠가 나와 인연인 여성을 만날 테고, 내 안에 존재하는 사랑을 주는 법을 배울 테니까.

20

나쁜 소식 같은 건 없다

지금 생각으로는 파슨스테크놀로지를 좀 더 오래 붙들고 있었다면 10억 달러 이상 벌었을 거라고 확신하지만, 그때는 거래 결과가 만족스러웠다. 한 가지 어리석게 승인했다고 생각한 건 2년간의 경업(경쟁 업체 창업 및 취업) 금지 조항이었다. 누구 밑에서도 일하면 안 된다고 했다. 상당히 엄격한 조항이었다. 인튜이트는 그 조항을 지키는지 확인하기 위해 거래 가격에서 400만 달러의 지급을 보류했다. 인튜이트의 고위 임원이었던 빌 캠벨 Bill Campbell이 일일이 감시하지는 않겠지만 지켜보겠다는 사실을 분명히 했다. 이는 그 회사에 해가 되는 일을 하지 않는 한, 못 본 척하겠다는 말이기도 했다. 어쨌든 나는 경업 금지에 동의했다. 그렇게 하겠다고 했으니 약속을 지킬 생각이었다.

그리 힘든 결정은 아니었다. 이제 회사에는 관심이 없었다. 전쟁 때 내 중대로 돌아가서 중대원들과 복무하고 싶었던 것처럼, 팀원들과 함께하고 싶었을 뿐 예전에 했던 일을 다른 사람들과 하고 싶지는 않았다. 이것이 계약을 마무리하면서 든 생각이었다. 게다가 그동안 쉰 적이 없었다. 앞으로 무엇을 하고 싶은지 고민할 기회라고 생각했다.

인튜이트는 작별 선물로 콩코드^{Concorde}(1976년에 취항한 초음속 여객기_옮긴이) 탑승권을 포함한 세계 일주 골프 여행권을 줬다. 내가 귀찮게 하지 못하게 원천 봉쇄하는 전략이었다. 그러지 않아도 귀찮게 할 생각이 없다는 건 몰랐던 모양인데, 어쨌든 기분 좋게 여행권을 받았다. 한 명을 위해 기획된 여행이라 혼자 갔다. 운명이었는지 비행기에서 최근에 이혼한 아름다운 여성을 만났다. 우리는 상당히 빠르게 가까워졌다고만 말해두자.

집에 왔을 때 애리조나에서 만나던 여자 친구가 내 여행 가방에 든 짐을 풀었다.

"밥, 가방에 왜 반만 남은 콘돔 상자가 있어?" 분노한 그녀가 콘돔 상자를 흔들며 말했다.

무슨 말을 해야 할지 몰랐던 나는 불쑥 내뱉었다. "여행에서 만난 프레디라는 남자 때문에 갖고 있었어. 프레디는 어머니와 여행했거든. 여자를 만났는데 콘돔을 맡아달라고 부탁하더라고."

말을 마치기도 전에 그녀가 말했다. "그런 뻔한 거짓말이 어디 있어. 다시 말해볼게. 프레디가 여자랑 섹스하는 걸 어머니에게 숨기려고 당신이 콘돔을 보관했다고? 거짓말. 프레디한테 전화해 봐."

"전화번호를 몰라." 내가 중얼거렸다. 발가락을 꼼지락거리며 눈을 피했다.

"그냥 진실을 알고 싶어. 뭐라고 안 할 테니까 사실대로 말해줘." 그녀가 말했다.

"정말? 뭐라고 안 한다고? 사실 어떤 여자를 만났는데……." 설명하려고 입을 떼자마자 전등이 날아왔다. 나는 머리를 휙 수그려 피했다. 그러자 그녀는 다른 것을 던졌다. 여러분도 짐작하겠지만 우리는 끝났다.

다음 날 아침, 친구 얼이 우리 집에서 미식축구를 보다가 초인종 소리를 들었다.

"내가 나갈게." 얼이 말했다.

잠시 후 얼이 부르는 소리가 들렸다. "밥, 이쪽으로 나와봐."

현관 입구 계단에 놓인 케이크에는 내가 그녀에게 선물했던 곰 인형의 다리가 박혀 있었다. 곰 인형을 케이크에서 끄집어내고, 얼이 포크를 가져오더니 비위도 좋게 먹기 시작했다.

"케이크 맛있네." 얼이 말했다.

웃음밖에 안 나왔다. 나도 별수 없이 포크를 가져와서 얼과 함께 먹었다.

그 후 2년 동안은 친구들과 골프를 치고, 데이트나 하며 즐겁게 보냈다. 그런데 골프에 관해서라면 다들 내가 좀 더 연습하면 실력이 일취월장할 거라고 했지만 좀처럼 나아지지는 않았다. 지금은 그때보다 낫지만 그 기간 동안 골프를 보는 시각 자체가 바뀌었다.

그러던 어느 날 20년도 더 전에 피셔맨스워프에서 한눈에 반했던 목탄화를 찾고 싶었다. 그 작품은 내게 큰 의미가 있다. 이제 구매할 여유가 있으니 새집에 꼭 장식하고 싶었다. 나는 그 그림을 잊은 적이 없다. 하지만 문제가 하나 생겼다. 내가 본 작품은 이제 박물관에 걸려 있다. 화가인 웨이 밍은 세계적으로 유명해졌다. 그래서 원본을 석판으로 인쇄한 서명본을 샀다. 나는 그 작품을 침실에 걸어두고 매일 감사하는 마음으로 바라본다. 그림을 볼 때마다 행복하고 마음이 편안해진다.

아버지는 내가 파슨스테크놀로지에서 이룬 것들을 생각할 때마다 당신 몸을 꼬집어본다고 했다. 아버지가 나를, 내가 해낸 모든 일을 자랑스러워했다는 사실을 안다. 하지만 아버지는 내가 회사를 팔았다고 하자 얼마나 받았냐고 물었다.

"6,400만 달러요." 내가 말했다.

"거의 공짜로 넘겼구먼." 아버지가 비난했다.

나는 화가 머리끝까지 났다. 그런 대답이 나올 줄은 꿈에도 몰랐다. 아버지가 좀 더 격려하고 힘이 되어주길 바랐지만 그 일로 값진 교훈을 얻었다. 그날 이후로는 상대가 알 필요가 없는 숫자를 말하지 않았다. 이렇게 말하는 편이 나았을 테다. "아버지, 액수는 저만 알고 있으면 돼요. 그래도 잘 마무리했으니 걱정하지 마세요."

알고 보니 인튜이트는 파슨스테크놀로지를 유지할 마음이 없었다. 회사를 인수해서 경쟁 제품을 없앨 작정이었고, 정확히 실천했다. 인튜이트는 회사를 다른 세력에 팔았고, 그 세력은 또 다른 곳에 팔았다. 결국 파슨스테크놀로지는 사라졌다. 그 과정에서 회사를 손에 넣은 이들은 이전 주인보다 조금씩 더 회사를 망쳤다. 기업가 정신이 없는 이류 관리자를 데려오면 그렇게 된다. 멀리서 파슨스테크놀로지가 무너지는 모습을 보면서 서글픈 마음이 들었다. 결국 판매하겠다고 결정한 사람은 나였지만, 누군가 내 회사에 뛰어들어 서투른 의사 결정으로 망치는 모습을 보는 일은 힘들었다. 회사가 성장하고 팔리고, 결국 끝나는 모습을 보면서 아주 많은 교훈을 얻었다. 이 값진 경험을 간직한 채 앞으로 나아가기로 했다.

이것만은 확실하다. 어떤 사업이든 성공이나 실패는 리더에게 달렸다. 성공하려면 자신이 정말 좋아하는 일을 해야 한다. 리더는 경쟁자보다 자기 사업을 잘 알아야 한다. 기억하자. 경기가 좋으면 누구나 돈을 벌 수 있다. 어떻게 고난에 대처하고, 문제를 해결하고, 버티고, 대응하느냐에 따라 당신의 진가가 드러난다. 이런 상황을 헤쳐 나가는 방식에 따라 얼마나 성공할지 결정된다.

나는 절대로 문제를 회피하지 않았다. 무엇인가 어긋났다는 사실을 알아차리면 바로 뛰어들었다. 사업을 할 때 나쁜 소식 같은 건 없다. 소식이란 당신이 듣고 싶든 듣기 싫든 중요하지 않다. 모든 소식은 알게 되어 좋은 것이다. 누가 할 수 없다고 말하면 나는 늘 이렇게 대답한다. "할 수 없다고 말하는 순간 그 말은 맞는 말이 됩니다. 하지만 말이 꼭 맞을 필요 없어요. 계속 시도하세요."

사업을 하면서 개인적으로 정보를 숨기는 행위를 정말 싫어한다. 누군가 중요한 정보를 말하지 않으면(이유는 상관없다) 나는 그냥 넘어가지 않는다. 당사자는 내가 한 말을 분명히 기억할 테다.

피해를 축소하지 마라. 숨기면 안 된다. 문제를 제기해라. 나는 보통 누가 실수했는지 신경 쓰지 않는다. 그보다는 상황을 빠르게 바로잡는 데 집중한다. 그게 중요하다. 좋은 소식은 들으면 즐겁지만, 나쁜 소식은 꼭 들어야 한다.

나쁜 소식일수록 빨리 접하는 게 중요하다. 왜냐고? 그래야 대응할 수 있기 때문이다. 고난은 기회가 된다. 특히 회사가 작으면 재빨리 움직여서 그 소식을 유리하게 활용하기 좋다. 고난이 찾아오면 어디를 바로잡고 개선해야 할지 파악할 수 있다. 그러면 어떤 식으로든 돌파할 기회가 생긴다.

그리고 꼭 기억해야 할 가장 중요한 요소는 제품의 품질이다. 기능이 얼마나 충실한지, 고객에게 거래 조건이 얼마나 유리한지 고려해야 한다. 제품이 실용적인가? 혁신적인가? 재미있는가? 이 질문에 대한 답이 파슨스테크놀로지가 성공했던 비결이다.

한 가지를 강조하고 싶다. 기업가가 좋은 제품 제공보다 돈에 관심을 쏟는 건 망하는 지름길이다. 당신의 회사와 사람, 제품을 보살펴야 한다. 어떤 조직이든 직원과 고객이라는 두 가지 집단에 집중해야 한다. 그중에서도 직원이 제일 중요하다. 팀원들은 매일 고객과 상호작용 하는 사람들이기 때문에 이들 사이에 열정이 존재해야 한다. 직원이 자기 업무와 연봉, 대우에 만족한다면 회사가 하는 일을 신뢰하고 제품에 열의를 보인다. 이들에게는 열정이 샘솟는다.

열정의 특징이 무엇일까? 열정은 전염된다. 누구나 열정이 있는 곳에 가고 싶어 한다. 직원이 올바른 위치에서 자기 몫을 다하면 그 열정이 고객에게 전달된다. 그러면 고객은 긍정적인 입소문을 퍼뜨

려서 가망 고객에게 열정을 전파한다. 이런 과정은 광고보다 훨씬 크게 영향력을 발휘한다.

나는 파슨스테크놀로지에서 사업을 성공시키고 사람을 관리하는 법을 많이 배웠다. 매일 조금씩이라도 더 낫게, 효율적으로 운영하는 것을 경영 목표로 삼아야 한다. 그냥 매일 개선해라. 일본에서는 이를 카이젠^{kaizen}이라고 하며 '조금 더 나아지는 변화'라는 의미다. 사소하고 일상적인 개선이 큰 성과로 돌아온다. 파슨스테크놀로지를 설립할 때는 이 용어를 몰랐지만, 경영을 하면서 카이젠의 목적과 원칙을 이해했다. 신생 기업 시절에 내게는 가족과 일이 전부였다. 엄청나게 무리하긴 했지만, 그때가 살면서 가장 행복한 시기였다. 모든 것이 하나의 목적을 향해 조화롭게 움직이는 모습이 무척이나 보기 좋았다.

마지막으로, 실수했으면(할 수밖에 없다) 정직해져라. 문제가 생기면 솔직하게 말해야 한다. 언론에서 문제를 파고든다면? 나를 믿길 바란다. 그래도 솔직해야 한다. 도리어 문제를 살짝 과장해라. 왜 과장하냐고? 모든 언론은 내용을 축소하고 속이는 데 익숙하다. 이들은 진실을 밝히려고 존재하는 사람들인 만큼 숨기려 들면 안 된다. 솔직하게 터놓고 말하되, 오히려 문제를 실제보다 약간 더 심하게 과장하면 좋다. 언론은 파고들었다가 당신의 말처럼 심각해 보이지 않으면 다른 사건이나 사람으로 관심을 옮기기 마련이다.

21

고대디 GoDaddy 의 시작

나는 안식 기간 2년 동안 여유롭게 다음 행보를 고민했다. 내 손에 들어온 경제적 자유와 스코츠데일의 화창한 날씨를 만끽했다. 아이오와 날씨보다는 확실히 나았다. 하지만 휴가는 별로 오래가지 못했다. 나는 일에 영혼을 쏟아붓고 바쁘게 지내야 하는 인간이다. 그래야 인생의 의미와 목적, 아침에 일어나야 할 이유가 생긴다.

안식년이 끝났을 때 확실한 건 두 가지였다. 첫째, 골프 실력은 그다지 늘지 않았다. 둘째, 나는 다시 일하고 싶었다. 마음대로 쓸 수 있는 돈이 3,800만 달러 정도였고 인터넷과 관련된 일을 하고 싶었다. 하지만 무엇이 좋은지 몰랐기에 흥미로운 틈새시장을 찾게 도와줄 감이 좋은 사람들을 고용했다.

우리는 출근길에 지나가는 도로 이름을 따서 새 회사의 이름을 조맥스테크놀로지 Jomax Technologies 라고 지었다. 사실상 하는 일이 없는 시기였으니 회사 이름은 중요하지 않았다. 직원들에게 명함이 있긴 했지만 누가 무슨 일을 하냐고 물어보면 "아직 모릅니다. 알아가는 중이에요."라고 대답해야 했다.

우리는 이것저것 시도했다. 하드웨어를 판매하고 인트라넷과 엑스트라넷을 구축하고, 교육용 소프트웨어를 개발했다. 하지만 모두 실패했다. 한 가지 잘됐던 일이 웹사이트 제작이었다. 다만 내가 보기에 이 방향의 유일한 문제는 당시 웹사이트 시장 규모가 크지 않다는 점이었다. 우리는 소프트웨어 작성부터 시작해서 결국 웹사이트 제작을 도와주는 프로그램을 개발했다. 그리고 이 프로그램에 웹사이트컴플리트Website Complete라는 이름을 붙였다. 기억하자. 누구에게나 웹사이트가 생긴 일은 한참 뒤다. 이때는 막 인기를 끌던 초창기였다. 당시 우리는 획기적인 방식으로 접근했다. 초기 사이트를 대신 제작하고 5천~1만 달러를 받는 게 아니라 고객이 원하는 대로 쉽게 만들도록 도와주는 소프트웨어를 저렴하게 판매했다. 이 서비스는 결국 웹사이트투나잇Website Tonight으로 바뀌었다. 고객이 웹사이트를 하룻밤 만에 만들 수 있다는 게 핵심이었다.

이 무렵 바버라 레히터먼이 엔지니어링 팀 리더로 합류했다. 바버라는 내가 파슨스테크놀로지를 매각한 뒤에도 3년 동안 그곳에서 일했고, 우리와 얘기가 오갈 때쯤 막 그만둔 상태였다. 파슨스테크놀로지는 대규모 구조 조정을 진행 중이었는데 운 좋고 선견지명이 있던 바버라는 구조 조정 대상에 지원했다. 그로부터 3주 후에 바버라와 연락이 닿았다. 바버라는 나를 보러 애리조나에 왔다.

나는 곧바로 바버라에게 일자리를 제안했다. 어떤 모험을 하게 될지 정확히 말해줄 순 없었지만, 바버라는 내게 비전이 있다는 걸 알았고 언젠가 원하는 곳에 도달하리라는 사실을 의심하지 않았다. 바버라는 나를, 나는 바버라를 믿었다. 우리는 남매처럼 서로 아꼈다. 이따금 남매처럼 싸우기도 했지만 보통 그 갈등은 훌륭한 결정으로 이어졌다. 사람들은 내 거친 방식을 오해하곤 했지만 바버라는 아니었다. 그녀는 더 높은 수준에 기꺼이 도전했다.

바버라는 자기가 아는 사람 중에 내가 제일 대담하다고 했다. 나처럼 과감하게 위험을 감수하는 사람은 본 적이 없다고도 했다. 하지만 나는 내 선택이 그 정도로 위험하다고는 생각하지 않는다. 항상 계산해서 결정하기 때문이다. 분명히 말하지만 나는 보통 내가 좋아하는 일을 한다. 하기 싫은 일은 절대로 하지 않는다. 앞서 말했듯이 다른 건 몰라도 이것 하나는 확실하다. 무엇인가 진심으로 사랑하면 상대는 당신에게 자기 비밀을 모두 알려주며, 여기서 일 진행의 가장 큰 차이가 발생한다.

우리는 1997년에 웹사이트 소프트웨어를 완성했다. 회사 이름을 바꾸기로 한 결정도 이 무렵이다. 조맥스테크놀로지보다는 나은 이름이 필요했다. 머릿속에 남지 않는 이름이었기 때문이다. 우리는 2~3일간 이리저리 새 이름을 고민했고, 사흘째 밤 두 시간쯤 지났을 때 내가 빅대디Big Daddy를 제안했다. 다들 괜찮다고 했다. 팻대디Fat Daddy는? 그것도 괜찮다는 반응이었다. 그러다 나는 아메리카온라인America Online(미국의 포털사이트 및 인터넷 서비스 기업_옮긴이)에서 고객 명령을 수행할 때 실행어로 '고go'라는 단어를 쓴다는 사실을 떠올렸다.

그래서 불쑥 바버라에게 말했다. "고대디는 어때?" 바버라가 그 이름을 쓸 수 있는지 확인했더니, 오! 가능했다. 우리는 즉시 도메인 이름을 사들였다. 그리고 다음 날 회사에 가서 직원들에게 회사명을 고대디닷컴 GoDaddy.com 으로 정했다고 말했다.

"형편없는 이름이네요." 누군가 말했다. 하지만 기억에는 남는다.

이제 이름이 생겼으니 로고가 필요했다. 로고를 만들어준 디자이너는 나와 친한 시더 래피즈 Cedar Rapids 였다. 시더는 처음에 샘플 로고를 여러 개 만들었지만 이거다 싶은 게 없었다. 그러다 딸이 나와 함께 놀다가 그림을 그렸는데, 선으로 된 남자 캐릭터였다. 아주 약간 나를 닮았고 덥수룩한 오렌지색 머리에 선글라스를 꼈다. 이유는 몰라도 머리 왼쪽에 별까지 달고 있었다. 드디어 찾았다. 마음에 쏙 들었다. 행복해 보였고 느낌이 좋았다.

당시 도메인 등록 시장을 장악한 기업은 네트워크솔루션 Network Solutions 이었다. 네트워크솔루션은 업계의 골리앗이었다. 다만 모두 엔지니어가 운영해서 대부분 사업 수완이 좋지 못했다. 그들의 웹사이트도 한눈에 들어오지 않았다. 우리는 더 잘할 수 있다는 걸 알았기에 도메인 등록업에 지원했다. 이 업에 필요한 소프트웨어를 코딩하려면 1년이 걸리고 비용은 100만 달러가 들었다.

우리는 2000년 11월에 첫 도메인 이름을 판매했다. 8달러쯤으로 기억한다. 시작이 좋다는 느낌이 들었다. 여전히 전 세계가 닷컴 기업에 주목하던 때였고 닷컴 붐이 한창이었다. 그래서 내세울 제품도 없는 기업이 말도 안 되는 돈을 광고에 퍼붓기 일쑤였다. 예를 들어 IT 벤처 회사가 지출하는 고객 한 명당 유치 비용이 200~300달러에 육박했지만, 그렇게 확보한 고객의 가치는 몇 달러에 불과했다. 나는 광고비가 200달러가 아니라 2달러가 적당하다고 확신했다. 하지만 그 가격은 불가능했고 광고 판매자들은 나와는 아예 대화도 안 하려 했다.

처음에 우리는 광고 페이지를 구매하지 않았다. 다른 기업은 투자자들의 돈을 허공에 불태우고 있었다. 은행과 벤처 투자자는 이런 닷컴 스타트업에 미친 듯이 투자했다. 대부분 전혀 수익을 내지 못하는데도 기업 가치를 엄청나게 부풀려서 평가했다. 정말 말도 안 되는 일이었다. 우리도 막대한 현금을 썼지만, 그 현금은 전부 내 돈이었다. 그리고 내 돈은 무제한이 아니었다.

당시에는 아직 SNS가 없었고 인터넷이 막 시작하는 시기였다. 우리는 제자리에서 허우적거렸고 가라앉을 듯한 위기가 현실로 다가왔다. 회사를 시작할 무렵 내가 가진 돈은 3,800만 달러 정도였다. 나는 수중에 있는 현금을 기준으로 우리가 얼마나 잘하고 있는지 판단한다. 회사를 시작할 때는 현금이 3,000만 달러 이하로 내려가기 전까지는 걱정하지 않겠다고 다짐했다. 그러다 2,500만, 2,000만, 1,800만, 1,500만, 1,200만, 그리고 1,000만, 800만 달러로 줄어들었다. 2001년 초반 은행 계좌에 남은 돈은 600만 달러였고, 그때 회사 문을 닫기로 했다. 우리는 시장에서 진전을 보였고 도스터^{Doster}, 에놈 ^{Enom}(도메인 판매 기업_옮긴이)과 어깨를 나란히 했지만 산업을 장악한 네트워크솔루션과는 여전히 비교할 수 없는 규모였다. 이대로 계속하다가는 얼마 안 가 수중에 한 푼도 남지 않을 속도로 현금이 줄줄 새어나갔다.

나는 초기에 우리 본사를 고급 사무실로 옮겼다. 결과적으로 엄청난 낭비였다. 그래서 스코츠데일에 단층집을 구매했다. 회사를 그 집으로 옮기고 싶었지만, 시에서는 그 집을 거주와 목장 운영 목적으로만 사용할 수 있다고 했다. 그래, 좋다. 나는 '고대디 목장'이라는 간판을 걸고 회사를 옮겼다. 아무 문제 없었다.

한번은 말을 키우는 이웃들이 회사에 찾아왔다. "혹시 여기서 포르노를 찍는 건 아니죠?" 나이가 지긋한 목장주가 물었다.

내가 대답했다. "아닙니다. 들어오세요." 나는 그들에게 컴퓨터가 가득한 집 내부를 보여줬다. 이곳에서 여성은 바버라와 당시 임신 중이었던 에인절이라는 프로그래머뿐이었다. 그 이후로 이웃과 문제가 생긴 적은 없었다.

나는 오래전부터 속내를 드러내면 안 된다는 사실을 깨달았다. 중요한 결정을 해야 할 때마다 누구와도 의논하지 않았다. 얘기할지 고민한 적은 있지만 항상 혼자 생각했다. 현금이 부족해져서 회사 문을 닫을 계획이었지만, 일주일 동안 휴가를 내고 직원들에게 어떻게 퇴직금을 지급할지, 채권자에게 돈을 주고도 파산을 피할 수 있을지 고민하기로 했다. 파산은 선택지에 없었다. 다행히 내가 가진 현금에서 자금을 100% 조달했기 때문에 부채는 없었다.

나는 항상 그런 식으로 운영했다. 동업자도, 부채도 없다. 이 두 원칙은 단순했다. 그저 아무도 원치 않았을 뿐이다. 나는 지금까지 충분히 마음이 통하고 내가 생각하는 것처럼 생각하고, 내 방식으로 사업하는 사람을 만나지 못했다. 게다가 동업자가 있다 한들 내게 무엇을 해주겠는가? 무슨 문제든 내가 해결할 수 있다. 시간이 걸릴 테고 두어 번 망치기도 하겠지만, 결국에는 바로잡을 것이다.

나는 새로 개장한 리조트에 방을 예약한 뒤 비행기를 타고 하와이에 갔다. 그곳에서 앞으로 어떻게 할지 고민했던 기억이 난다. 그저 잠시 놓아두고 쉴 시간이 필요했다. 일주일을 보내면서 이 업계에서 떠나고 싶지 않다는 생각이 들었다. 호텔 대리 주차 구역에서 차를 기다리면서 깨달음을 얻었다. 주차 요원이 내게 다가왔다. 내 나이 정도 돼 보였다(그때 나는 50살이었다). 그는 무척 행복한 얼굴로 걸어가면서 열쇠를 공중에 던졌다.

"안녕하세요, 파스스 씨. 날씨가 참 좋죠?" 남자는 참 행복해 보였다. 이런 생각이 들었다. 저 사람은 세상에서 가장 부자일 거야. 주차일을 하고 있으니 돈이 그리 많지는 않겠지만 종달새처럼 즐거워보였다. 나는 은행에 600만 달러가 있었지만 비참했다.

이 그림에서 무엇이 잘못됐을까?

나는 거기 서서 잠깐 생각했다. 살면서 행복했던 시절에는 늘 가난했다. 지금 또 파산한다고 무엇이 달라질까? 걱정을 왜 해? 이 사업을 계속하면 안 될 이유가 뭐야? 사업이 실패하면 더 나빠질 게 뭐가 있어? 주차하면 되잖아. 그래도 나는 행복할 수 있다.

그렇게 집에 돌아왔고 회사 문을 닫지 않기로 했다. 배가 침몰하면 함께 침몰하면 된다. 다른 선택을 했다고 말하고 싶지만 이게 내 결정이었다.

인생에서는 타이밍이 정말 중요하다. 타이밍이 좋을 때도, 나쁠 때도 있다. 다행히 우리의 운은 바뀌기 직전이었다. 사실 경이로울 정도로 운이 좋았다. 몇 달 뒤 닷컴 시장이 폭락했다. 고대디는 그때 새로 탄생했다. 흔히 말하듯이 문 하나가 닫히면 다른 문이 열리는 법이다. 나중에 코로나19가 파슨스익스트림골프$^{Parsons\ Xtreme\ Golf,\ PXG}$의 탄생에 도움이 됐듯이(뒤에서 좀 더 자세히 다룰 예정이다) 닷컴 시장의 몰락은 고대디를 창조했다.

시장이 폭락하자 닷컴 기업의 평판은 땅에 떨어졌다. 다행히 나는 돈을 전혀 빌리지 않았다. 은행에 현금이 있어서 운영을 계속할 정도는 됐다. 개인적인 소비와 다른 비용은 줄였고, 단층집을 현금으로 샀기 때문에 사무실 월세가 나가지 않았다. 다른 닷컴 회사에 비해 그리 나쁜 상황은 아니었다.

한동안 업계에서는 매주 한두 기업이 사라졌다. 수표를 보내면 반송되기 일쑤였다. 그들은 우편물을 받지 않았다. 우리 회사는 아직 대금을 치르고 있는 몇 안 되는 사업체였다. 나는 절대 돈을 떼먹지 않을 것이다. 그런 짓은 하지 않는다. 닷컴 기업이 추락하기 전에는 아무도 광고를 주지 않으려 했는데, 갑자기 사람들이 줄을 서서 광고를 내주거나 싼값에 판매하려 했다. 좋았어! 그때부터 광고를 냈다. 닷컴 혼란이 가시고 나자 우리 제품은 고객들에게 호응을 얻었고 주문이 들어오기 시작했다.

2001년 10월, 우리는 고비를 넘겼다. 현금 흐름이 플러스로 돌아섰다. 내가 사업을 접을까 고민했던 때가 1월과 2월, 3월이니 성공이 코앞이었던 것이다. 중국에 이런 속담이 있다. '그만두고 싶은 유혹

이 가장 강할 때는 성공하기 직전이다.' 사실이다. 실패하기 직전에 성공하는 경우가 많다. 나는 굴하지 않았고 최후의 순간에 해냈다. 그 후로 단 한 달도 내 열정을 허비하지 않았다. 절대로.

고대디는 그때부터 돈을 벌었다. 워낙 빠르게 성장하는 바람에 단층집이 터져나갈 지경이었기에 스코츠데일 북쪽에 있는 사무실을 임대해서 그쪽으로 옮겼다. 사업은 상당히 순조로웠다. 그러던 어느 날 사무실에 갔더니 다들 발을 동동 구르며 소리치고 울고 있었다. "데이터가 전부 날아갔어요." 누군가 말했다. 프로그래머 한 명이 실수로 프로그램을 지워버리고 그 위에 데이터를 새로 덮어썼는데 백업 자료가 없었다. 나는 이런 일이 생기면 사람들이 공황에 빠진다는 사실을 알아차렸다. 그럴 때 차분한 마음을 유지하는 건 내 재능이다. 마찬가지로 나는 어떤 일에도 크게 도취되지 않는다. 그저 중도에 머무르는 편이다. 이런 성격 덕분에 위기에도 꽤 냉정을 유지했다.

나는 직원들을 모아서 말했다. "이렇게 합시다……." 30분 만에 우리 모두 올바른 방향으로 움직였다. 존파일$^{zone\,file}$(특정 도메인 영역의 여러 정보를 담은 파일_옮긴이)에 접속해서 구석구석 뒤진 다음, 우리가 등록한 도메인을 살펴보고 백업을 생성했다. 2주간 오프라인으로 수작업한 끝에 마침내 데이터를 전부 복구했다. 프로그램을 다시 열면서 소프트웨어와 시스템을 변경하는 한편 두 번, 세 번 중복 검사를 해서 조금이라도 비슷한 일이 다시 일어나지 않게 했다. 그 상황이 다시 오지 않도록 가능한 모든 조치를 취했다.

솔직히 실제로 겪기 전에는 그런 상황이 올 수 있다는 사실을 몰랐다. 물론 좋은 일은 아니었지만 우리는 극복했다. 그 후 고대디는 계속해서 성장했다. 2004년에는 전 세계 시장 점유율에서 16%를 차지했다. 나쁘지는 않았지만 내가 원했던 만큼 시장이 움직여주지 않았다. 시장 점유율이 왜 더 올라가지 않는지 솔직히 알 수 없었다. 우리보다 훨씬 부진한 회사가 있었다. 그들의 제품은 비쌌고 서비스는 엉망이었으며 웹사이트는 형편없었다. 게다가 고객 정책은 악랄했다. 그런데도 여전히 다양한 사업을 진행했다. 왜 우리에게는 사업 기회가 오지 않을까? 혼자서는 답할 수 없는 질문 같았다.

나는 시장조사 기관을 고용해서 다음 단계를 알려달라고 했다. 그들은 죽 둘러보더니 뻔한 말을 했다. "사람들이 의뢰하지 않는 이유는 이 회사를 잘 모르기 때문이에요. 광고를 인터넷으로만 하시는데, 사람들은 그런 목적으로 인터넷을 하지 않으니 이 방법으로는 고객에게 접근할 수 없습니다." 컨설턴트들은 텔레비전, 라디오, 잡지 같은 전통적인 미디어를 활용해야 한다고 했다. 일리가 있는 듯해서 귀를 기울였다.

이때가 2004년 8월쯤이었다. 나는 곧 슈퍼볼(미국에서 가장 큰 스포츠 행사이자 미식축구 대회)을 시작한다는 사실을 떠올렸다. 이미 자금은 천만 달러를 마련해 뒀다. 대규모 광고로 발생하는 수요를 감당할 수 없는 다른 닷컴 회사와 달리, 우리 시스템은 탄탄했고 트래픽이 폭주해도 버틸 수 있었다. 바버라는 웹사이트를 비롯한 시스템에 트래픽이 증가해도 대응할 수 있게 엔지니어링 팀에 대비를 지시했다. 당시 우리 회사는 아직 작았고 광고 효과로 트래픽이 발생한 적이 없었기 때문에 실은 과한 우려였다.

나는 슈퍼볼 광고를 내기로 결정했고 지금이야말로 적기라는 직감이 들었다. 그전까지 슈퍼볼 기간에 광고하는 닷컴 기업은 좋게 말해도 성공과 거리가 멀었다. 게다가 고대디는 그들의 처지와도 달랐다. 우리가 판매하는 도메인 이름과 웹사이트 소프트웨어는 재미있기로 치면, 뜬금없지만 톱밥 한 컵과 같았다. 30초 이내에 우리가 어떤 회사인지 설명하고 주의를 끌기란 쉽지 않을 터였다. 모든 면에서 불가능해 보였다. 집에서 슈퍼볼을 보는 일은 기본적으로 친목 행사다. 다들 친구와 대화하느라 바쁘고, 많은 이가 술을 마신다. 우리 광고가 관심을 끌려면 무엇인가 달라야 했다. 사람들에게 얘깃거리가 될 수 있어야 했다.

정말 웃기다고 생각했던 한 광고가 떠올랐다. 한 남자가 술집에 앉아서 마이크의 하드라임에이드Mike's Hard Limeade 빈 병을 쥐고 있다. 그는 마지막 한 방울까지 핥으려고 혀를 집어넣고 상당히 도발적으로 휘두른다. 건너편에 앉아 있던 아름다운 여성 세 명이 그 모습을 보고 있고, 그중 한 명이 말한다. "나도 마시고 싶어."

재미있고 상당히 기억에 남는 이 광고를 직원들이 정수기 옆에서 언급하는 것도 들은 적이 있었다. 그 음료 마케팅을 맡았던 사람들을 찾아보기로 했다.

나는 그 광고를 제작했던 애드스토어Ad Store에 연락해서 고대디 광고가 조금 충격적이었으면 좋겠다고 말했다. "지루하고 선량한 광고는 파티에 온 뚱뚱한 남자와 비슷합니다. 그런 남자는 시비도 걸지 않고 잘 웃지만 전혀 관심을 못 받아요." 우리는 확실히 관심을 끌고 입에 오르내릴 만한 광고를 제작해야 했다.

내게 아이디어가 하나 있었다. 지난번 슈퍼볼은 하프타임 쇼에서 저스틴 팀버레이크와 자넷 잭슨의 의상 문제로 노출 해프닝이 있었다. "그걸 패러디하면 어떨까요?" 나는 뜨거운 감자를 내놓듯이 물었다.

광고 회사에서도 동의했다.

광고 팀은 최초의 공식 고대디 걸GoDaddy Girl을 물색했다. 다만 그때는 그렇게 부르지 않았다. 고대디 걸이라는 이름은 나중에 미디어에서 붙였다. 광고 팀은 그 역할을 위해 500명의 모델에게 섭외 전화를 한다고 했다.

"갈색 머리였으면 좋겠어요. 풍만한 가슴골에 고대디닷컴이 적혀 있었으면 합니다." 나는 히죽 웃으며 말했다. 이런 내가 싫다면 어쩔 수 없지만 남자들의 눈길은 그곳으로 갈 수밖에 없다.

광고 팀에서 마지막으로 면접한 여성이 역할에 합격했다. 이름은 캔디스 미셸Candice Michelle이었다. 애드스토어 팀이 내게 전화해서 말했다. "밥, 완벽한 여자를 찾았어요."

다행히 캔디스는 우리 콘셉트를 받아들이고 기꺼이 역할을 맡기로 했다.

광고 에이전시에서는 슈퍼볼 광고 심사 과정을 패러디한 광고를 제작했다. 이 광고는 법정을 배경으로 진행된다. 캔디스가 자기 입장을 진술하다가 갑자기 상의 끈이 풀리고, 캔디스는 끈을 잡는다. 우리는 재미를 더하기 위해 법정이 위치한 매사추세츠주 세일럼Salem(1690년대 마녀재판의 중심지로 많은 주민이 처형됐다_옮긴이)을 스크린에 띄웠다.

스토리보드를 승인받은 다음 광고를 찍고 폭스스포츠에 심사 승인 요청을 제출했다. 요청서는 거부됐다. 딱 부러지게 거절당했다. 그래서 많은 클로즈업 장면을 뒤쪽이나 멀리서 찍은 버전으로 교체했다. 캔디스의 가슴골은 흐리게 처리됐다. 우리는 슈퍼볼 개막 일주일 전에 겨우 폭스스포츠 광고의 표준 및 관행 부문에 승인을 받았다.

그때 방송사 관계자가 전화로 축하하면서 2순위 광고(노출 효과가 두 번째로 좋은 시간대에 들어가는 광고_옮긴이)를 사라고 제안했다. 관심은 있었지만 정보가 더 필요했다. 종료 2분 전 경고가 나오기 직전에 송출되는 광고라서 효과가 좋은 듯했다. 제때 광고를 제작할 수 있을지 걱정스러웠지만 방송사에서 좋은 조건을 제시했다. 내가 고민을 말했더니 폭스 측에서는 같은 광고를 두 번 송출하라고 했다. 아주 좋은 생각이었다. 이미 승인받은 광고니까 다른 문제는 없을 테다. 그때는 그렇게 생각했다.

제39회 슈퍼볼이 열리는 날은 우리에게 중요한 근무일이었다. 나는 그날 사무실에서 팝콘을 먹고 진저에일을 마시면서 경기와 서버를 지켜볼 계획이었다. 패트리어츠Patriots와 이글스Eagles가 맞붙는 흥미진진한 날이었다. 나는 이 일요 슈퍼볼이 우리에게 역사적인 날이 되길 기도했다.

첫 번째 광고가 나간 후 어땠을까? 우리 웹사이트에 몰려든 사람들 때문에 건물이 흔들렸다. 이런 경우는 처음이었고 매 순간 행복했다. 서버는 혹사 당했지만 버텨냈다.

두 번째 광고가 나갈 시간에는 이글스가 1야드 라인에서 득점하기 직전이었다. 득점에 성공하면 주도권을 잡을 수 있었다. 모든 눈이 텔레비전에 박혔다. 종료 2분 전 경고 직후 광고가 나올 텐데 이렇게 운이 좋다니 믿기지 않았다. 우리는 광고가 나오길 기다렸다. 또 기다렸다. 하지만 그들은 〈심슨 가족〉을 방영했다. 바트인지 호머인지가 아기를 찌르는 장면이었다! 우리 광고가 왜 안 나오는지 몰라서 일단 계속 기다렸다. 다음 광고로 나올 거라고 생각했지만 결국 나오지 않았다. 무슨 영문인지 어리둥절했다.

나는 폭스스포츠 사장에게 연락했다. "어떻게 된 겁니까?"

"그쪽 광고는 나머지 광고와 결이 맞지 않아요. 그래서 어쩔 수 없이 뺐습니다. 내일 전화해서 뭘 원하는지 알려주세요."

직원들은 격노했다. 분개해서 일어나 발을 구르며 말도 안 된다고 말했다. 나는 아니었다. 최고 운영 관리자였던 워런 아델만^{Warren Adelman}을 돌아보며 말했다. "이렇게까지 운이 좋을 수 있을까?"

당시 나는 블로그를 운영했는데, 자리에 앉아서 어떤 일이 있었는지 쓰기 시작했다. 슈퍼볼이 진행 중일 때 이미 승인됐고 한 번 송출된 광고를 취소한 사례는 이번이 처음이었다. 텔레비전 역사상 처음인지도 모른다. 광고가 취소되고 그 자리에 들어간 다른 광고에 관한 항의성 블로그 게시글이 일파만파로 퍼져나갔다.

나는 CNN의 빌 오라일리^{Bill O'Reilly}를 비롯해서 많은 이와 인터뷰했다. 인터뷰는 새벽부터 해가 질 때까지 일주일 내내 이어졌다. 하나가 끝나면 다른 인터뷰, 또 다른 인터뷰였다. 나뿐만이 아니었다. 캔디스도 바빴다. 캔디스는 〈투데이^{Today}〉를 비롯해서 〈투모로 코스트 투 코스트^{Tomorrow Coast to Coast}〉, 〈하워드 스턴 쇼^{The Howard Stern Show}〉에 나갔다. 캔디스가 〈하워드 스턴 쇼〉에 출연할 때 내가 말했다.

"캔디스, 그 논란 제조기에 잘못 걸리면 뼈도 못 추려요."

"안 그럴 거예요, 밥."

물론 하워드는 노력했지만 캔디스는 자기가 한 말을 지켰다.

우리 사연이 텔레비전 방송국과 라디오 방송국, 신문에 퍼졌다. 여기서 압권은? 이 모든 언론이 우리가 하는 일, 즉 도메인 이름을 등록하고 웹사이트를 제작한다는 내용을 소개했다는 점이다. 이렇게 노출된 광고 효과는 2천만 달러를 훌쩍 넘어섰다. 그 결과 우리의 시장 점유율은 16%에서 25%로 올라갔다! 그리고 그 자리를 유지했다.

동시에 방송사와 거래를 진행했다. 물론 송출되지 않은 광고에 돈을 낼 필요는 없었다. 나머지 합의 사항은 비밀이다. 우리 모두에게 유익한 거래였다고만 말해두자.

방송사와 협의한 후 미식축구리그(National Football League, NFL)로 눈길을 돌렸다. 고대디와 미식축구리그, 방송사가 전화 회의를 진행했다. NFL은 이번 일에 책임이 없지만 거래가 잘 마무리됐냐고 계속 확인했다. 나는 생각했다. 기회가 있을 때 뭔가 부탁해야겠어. 하지만 뭐가 좋을지 몰라서 이렇게 말했다. "슈퍼볼을 할 때마다 공을 두 개씩 보내주세요."

"좋아요." 그들은 선뜻 승낙했다.

나는 공을 받고서 크고 동그란 강아지 침대에 올렸다. 시간이 흐르자 제법 많이 생겼다. 결국에는 리그에서도 공을 더 보내지 않았다. 공을 어떻게 처리할지 난감했기 때문에 다행이었다. 결국 나는 거래에 만족했고 그들도 마찬가지일 거라고 생각한다.

고대디는 몇 년 동안 슈퍼볼 광고를 계속했다. 언론에서는 처음에 그런 일을 겪고도 왜 계속 광고를 진행하냐고 물었다. 나는 질문에 곧바로 질문으로 대답했다. "그 광고를 했더니 사업이 거의 두 배로 확장됐는데, 왜 안 하겠어요?"

당연히 하고말고.

우리는 톱밥처럼 따분한 것(도메인 이름과 웹 호스팅)에 재미를 더했다. 해가 갈수록 사람들은 우리 광고를 기대했다. 여러분은 그런 재미난 기업을 몇이나 알고 있는가?

22

고대디 걸

앞서 언급했듯이 고대디 걸이라는 용어는 언론에서 지었다. 내가 짓지는 않았다. 그들은 우리가 외설 광고^{network indecency}의 새로운 장을 열었다며 그 용어를 사용했다. 말도 안 되는 소리였다. 첫 번째 광고는 물론 그 이후에도 외설스러운 요소는 전혀 없었다. 물론, 몇 년 동안 다른 회사(덴틴^{Dentyne}, 밥스빅보이^{Bob's Big Boy}, 칼스주니어^{Carl's Jr.} 등)가 자극적인 광고를 하자 언론에서는 우리의 첫 슈퍼볼 광고를 함께 내보내면서 이들의 광고가 고대디풍이라고 묘사했다. 이렇게 아름다운 일이 또 있을까. 다른 광고에서 우리가 또 노출되다니! 꿈만 같은 일이었다.

2006년에도 슈퍼볼 광고를 하고 싶었지만 첫 광고를 제작했던 에이전시와는 작별했다. 그들이 만족스럽지 않아서는 아니었다. 마음에 들었다. 다만 직접 진행해서 광고비를 아끼고 싶었다. 그래서 사내에 윌 슬리거Will Sliger가 운영하는 고대디프로덕션GoDaddy Productions 부문을 새로 설치했다. 타당한 결정이었다. 1년에 한 번 큰 경기가 있을 때뿐만 아니라 1년 내내 쉽게 광고를 진행할 수 있어 효율적이었다.

나는 바버라에게 광고 제작부터 송출까지 텔레비전 대응 전략을 수립하라고 했다. 그저 몸으로 부딪치면서 방법을 찾았다. 텔레비전 광고가 비싸다는 사실 하나는 확실했다. 바버라는 방송사, 케이블 공급자와 협의해서 광고 시간을 모두 직접 구매했다. 그 과정에서 무엇이 성과를 내거나 내지 않는지 파악하는 한편, 효과를 측정하려면 어떤 기준과 방법을 적용해야 하는지 감을 잡을 수 있었다.

한 해가 지나는 동안 주목받는 광고를 제작하는 두 단계를 파악했다. 먼저 '표준 및 관행' 부문에서 승인받지 못할 광고를 제작한다. 두 번째, 진짜 광고를 완전히 드러내지 않고 맛보기 버전을 만든다. 이 광고는 어렵지 않게 승인된다. 이렇게 하면 진짜 광고와 회사에 대한 흥미와 기대감, 신비로움을 유발할 수 있다. 이 방법이 성공하면 사람들은 방송사 텔레비전 광고에서 보지 못한 진짜 광고를 보려고 웹 사이트를 방문한다.

첫 광고가 승인된 후 우리 회사의 얼굴이 될 새로운 모델을 찾을 때가 됐다고 생각했다. 젊고, 똑똑하고, 재주가 많고, 아름답고, 어느 정도 유명해야 했다.

한번은 친구들과 함께 알래스카에 갔을 때 그곳 주민이 동네를 안내해 줬다. 어느 날 밤 다니카 패트릭Danica Patrick이라는 이름이 들려왔다. 인디애나폴리스500Indianapolis 500 (나스카NASCAR와 함께 미국의 대표적 자동차 경주로 꼽히는 인디카Indicar 시리즈에 포함되는 대회_옮긴이)의 800킬로미터 레이스에서 다니카가 여성 최초로 선두를 기록한 직후였다. 알래스카주에서 전기도 안 들어오는 가장 외딴곳에 사는 주민들도 다니카가 누구인지는 알았다. 얼마 지나지 않아 다니카는 능력과 재능은 물론이고 아름다운 외모로 레이싱계에 돌풍을 일으켰다.

나는 애리조나에 돌아가서 그녀에게 연락했다. 알고 보니 다니카도 스코츠데일에 살았다. 당시에는 몰랐던 사실이다. 다른 곳에 살았더라도 차이는 없었겠지만 바로 뒷동네에 살면 일하기 편할 것이다. 나는 직접 만나기 전에 다니카가 우리 광고에 기꺼이 출연할 의사가 있는지 확실히 하고 싶었다. 그녀가 〈FHM〉이라는 잡지에서 촬영한 도발적인 사진을 보고 내가 말했다. "함께합시다."

사람들이 말하는 아름다운 비즈니스 관계의 시작이었다. 정말로 훌륭한 관계였고, 우리는 10년 동안 함께 일했다. 다니카와 계약할 때 다니카의 레이싱카를 후원하는 일도 계약 조항에 포함됐다. 만만한 비용은 아니었다. 1년에 수백만 달러가 들었지만 그럴 가치가 있었다. 다니카를 모르는 사람은 없었고 덤으로 우리가 누구인지도 모두 알았다.

시카고에서 처음으로 다니카를 실제로 만났다. 그때 다니카는 보비 라할Bobby Rahal의 레이싱 팀에서 마이클 안드레티Michael Andretti 팀으로 막 이적한 참이었다. 언론 보도가 쇄도했고 팀에 소속된 레이서들의 차량에는 온갖 스폰서 광고가 장식됐다. 다니카는 시카고 시내에서 열리는 인디카에 참여했다. 당시 우리는 준스폰서였다. 다니카의 주스폰서는 모토롤라였고 우리가 참여했을 때 3년 계약이 중반 정도 진행된 시점이었다. 계약이 만료된 후 우리가 다니카의 주스폰서가 되어 차량 전면 한가운데에 고대디 로고를 붙였다.

그 무렵 다니카와 나는 관계가 무척 좋았다. 우리는 서로 상대방이 더 중요하다고 생각했다. 나는 항상 이 구도에서 다니카가 가장 중요한 사람이라고 말했고, 그녀의 존재에 감사했다. 다니카도 나에 대해 똑같이 이야기했다. 이렇게 서로 존중한 덕분에 지금껏 했던 경험 중에 가장 독특하고 유익한 비즈니스 관계가 형성됐다. 나는 다니카에 감사했고 다니카는 고대디에 감사했다.

나는 한동안 장거리 오토바이 여행을 다녔다. 주유하러 오토바이를 세울 때마다 늘 흥미로운 사람들을 만났다. 주유소에서는 사회·경제적으로 다양한 계층에 속한 사람들의 단면을 엿볼 수 있다. 연료를 채우다 보면 사람들과 얘기할 기회가 생긴다. 나는 오토바이를 세울 때마다 항상 이렇게 말했다. "실례지만 몇 가지 질문해도 될까요? 고대디닷컴이라는 회사를 들어보셨어요?"

그러면 사람들은 꼭 다니카 패트릭을 입에 올렸다.

가끔 반대로 이렇게 묻기도 했다. "다니카 패트릭이라는 유명인을 들어보셨어요?" 물론 그들은 어김없이 고대디를 언급했다.

어디에서 누구에게 묻든 상관없이 모두가 두 브랜드를 동일시했다. 우리는 동의어였다. 양쪽 모두에 유익했으니 완벽한 관계였다. 두 브랜드는 소비자 인지도를 공유했다.

가끔 다니카의 경주를 보러 가기도 했다. 사람들은 내게 레이싱 경기를 좋아하냐고 물었다. 별로 그렇지는 않았다. 나는 다니카 패트릭의 팬이었다. 다니카가 스케이트 선수나 발레리나였다면 그쪽을 후원했을 것이다. 다행히 당시 다니카는 유일한 여성 인디카 선수였고 나는 발레보다는 레이싱 쪽이 재미있었다.

언젠가 남동생과 함께 레이싱 경주를 관람했다. 다니카가 한때 나스카에서 추돌을 자주 일으키던 시기가 있었다. 내 동생은 다니카의 차량이 부딪치면 내가 차를 배상해야 하는 줄 알았다. 앨런은 나를 돌아보며 무표정하게 말했다. "로버트, 다니카한테 운전할 때 차 좀 부수지 말라고 해."

그냥 웃을 수밖에 없었다. 역시 내 동생이었다. 이래서 동생을 사랑한다.

결국 다니카는 고대디의 슈퍼볼 광고를 13편 찍었다. 항상 그녀와 함께 아이디어 회의를 하면서 광고의 주제와 비전이 무엇인지, 어떻게 진행되는지 설명했다. 다니카가 도시에 있고 시간이 된다고 하면 남편과 함께 저녁에 초대해서 좋은 와인을 대접하면서 모든 내용을 설명하고 다니카의 승인을 구했다. 우리 모두에게 환상적인 시간이었다. 순조롭게 일이 풀렸다. 신나는 일이 끊이지 않았고, 성장했으며 인지도가 올라갔다.

다니카가 일부 광고에 성적인 매력을 이용한다고 공격받은 적도 제법 있었다. 다니카는 항상 본인이 불편한 일은 하지 않는다는 원칙을 명확히 했다. 사실 우리가 제안한 광고 중에 본인이 거절한 것도 몇 편 있었다. 나는 나쁘게 생각하지 않았다. 다니카의 일관성을 존중했고 항상 팀과 다시 상의해서 다른 길을 찾았다. 다니카는 훌륭한 광고 효과를 누렸고 상당한 돈을 벌었다. 광고 덕분에 더 유명해졌고 브랜드 인지도가 올라가서 다른 일과 스폰서 제안 등의 기회가 뒤따랐다. 나는 다니카와 그녀의 성공이 대견했고 오랫동안 우리 회사의 얼굴로 삼을 수 있어 자랑스러웠다.

이후 다니카가 사업가로 성장해 가는 모습을 보면서 더 뿌듯해졌다. 우리와 함께 일하면서 어느 정도 마케팅을 배우지 않았을까 생각한다. 오랫동안 사업에 관해 깊이 있는 대화를 하면서 내가 그녀에게 좋은 인상을 남겼으면 한다. 우리는 서로 상대방의 직설적인 성격을 좋아했던 것 같다. 레이싱 선수로서 대담무쌍한 다니카의 성격은 정말 멋지다. 특히 대담하게 자기 브랜드를 구축하려는 의지는 존경할 만하다. 우리는 여러모로 비슷한 영혼을 지녔다. 나는 언제나 그 시절을 재미있고 감사하게 기억할 것이다.

23

모두가 이기는 게임

회사가 엄청난 성공을 향해 도약하는 기간에는 무척이나 가슴이 뛴다. 나는 파슨스테크놀로지에서 그 기간을 겪었고, 이제 고대디에서 다시 시작됐다는 사실을 느꼈다. 슈퍼볼 광고가 처음 나간 이후 항상 고대디를 인수하겠다는 사람들이 있었다. 2005년에는 국제인터넷주소관리기구 Internet Corporation for Assigned Names and Numbers, ICANN에서 공인한 최대 규모의 도메인 등록 대행 기관으로 발돋움했다.

그러다 2006년 4월에 열기가 한층 더 뜨거워졌다. 우리가 상장하겠다고 발표한 무렵이었다. 나는 기업 공개 Initial Public Offering, IPO를 위해 리먼브라더스를 고용했다. 1억 달러를 조달하고 기업 가치를 대폭 끌어올릴 계획이었다. 그래서 온갖 고생을 하며 필요한 서류 절차를 밟았다. 그것이 올바른 방향이라고 생각하며 나아갔다. 하지만 날짜가 다가올수록 이는 나쁜 생각이고 좋지 않은 거래라는 생각이 들었다. 갑자기 복잡한 관료제와 보고 체계를 거쳐야 하는 데다, 솔직히 이 정도 골칫거리를 감수할 정도로 많은 돈을 조달할 수 있는 형편도 아니었다. 회사를 일구는 데 아무런 역할도 하지 않은 사람들이 줄을 서서 돈을 벌려 했다. 나는 동업자를 좋아하지 않고 사업을 운영할 때 대출을 거의 받지 않는다. 내 돈으로 내 원칙을 따르길 원한다.

이런 내 생각을 전혀 모르는 채 리먼 팀이 와서 나쁜 소식이 있다고 했다. 머리 깎듯이 주식 가격을 깎아야 한다고 했다. 그것도 농담이라고 한 모양이지만 재미는 없었다. 전혀. 그래서 내가 아는 유일한 방법으로 대응했다. 솔직하고 간결하게 선언했다.

"더 나쁜 소식이 있어요. 상장하지 않겠습니다."

"장난이죠?" 그들이 반은 우스개로, 반은 충격으로 말했다.

"아니요. 심장마비 못지않게 지금 심각합니다." 사실이었다.

리먼 팀은 믿기 힘들어했다.

기업 공개를 추진했던 수석 변호사는 자기 경력을 통틀어 기업 공개를 철회하는 회사는 처음 본다고 말했다. 그리고 한참 후에 훌륭한 결정이었다고도 말했다.

나는 8월 8일에 공식적으로 상장 작업을 중단했다. 그 결과 친구는 많이 생기지 않았지만 괜찮았다. 친구를 더 사귈 생각은 없었으니까.

그 이후 다른 회사들이 접근해서 인수를 제안했지만 그 내용이나 시기가 맞다고 생각한 적이 없었다. 이대로도 즐거웠다. 내가 세상을 떠날 때가 되면 모를까. 아직 할 일이 많았고 즐길 시간도 많았다.

—※—

파슨스테크놀로지든 고대디든, 나는 사람들이 와서 일하고 싶은 환경을 창조하는 자체를 무엇보다 중요하게 생각했고, 우리는 항상 창의적인 방식으로 그 목적을 달성했다. 회사가 변하고 성장하더라도 시작할 때 느꼈던 가족 같은 분위기를 잃지 않으려 최선을 다했다. 회사가 성장해서 많은 사람이 일하게 되면 12명이 일했던 시절과는 분위기가 달라질 수밖에 없다. 그건 당연하다. 그래도 가끔 밤에 오토바이를 타고 나가서 고객 서비스 콜센터에서 야간 조로 근무하는 팀원들을 방문하곤 했다. 건물에 들어가서 모두에게 인사하고, 악수하고, 직원들이 하는 일을 지켜봤다.

일하기 좋은 콜센터를 만드는 법을 배운 건 무척 큰 소득이었다. 그 영감을 받은 계기가 있었다. 당시 치과 위생사였던 여자 친구가 치석을 제거해 준 날이었다.

"밥, 아산화질소가 들어왔는데 한번 해봐. 조금 넣어줄게."

세상에! 하늘을 나는 기분이었다.

아산화질소가 끊기면 곧바로 효과가 끊기지만 남은 하루 동안 기분이 좋았다. 나는 치과를 나와서 회사에 갔다. 도착해서 여느 때처럼 콜센터에 갔다. 그런데 왠지 우중충하고 슬픈 느낌이었다. 아주 신나거나 행복한 곳 같지는 않았다.

나는 관리자에게 물었다. "왜 이렇게 분위기가 어두침침하고 우울하죠?"

"평소와 똑같은데요." 그가 어깨를 으쓱하며 대답했다.

"이렇게 하죠. 1,000달러를 걸고 게시판 관리자와 전화 응대 담당자가 대결하는 거예요. 재미있게 해봅시다."

그 결과 그날 판매액이 8,000달러 증가했다.

인터넷 게시판은 두 번 정리했다. 우리 웹사이트에 글을 올린 사람들의 질문이 모두 해결됐다는 뜻이다. 내가 알기로는 게시판이 완전히 정리된 적은 한 번도 없었다. 하지만 그날 약 6시간 만에 두 번 정리됐다. 나는 파슨스테크놀로지에서 일할 때 이런 인센티브가 통한다는 사실을 배웠다. 파슨스에서는 기술 지원 팀과 콜센터 팀이 곧잘 대결을 벌였다.

우리는 늘 재미를 추구했다. 나는 전화한 고객이 제품을 추가로 구매하면 상금을 주겠다고 했다. 그렇게 파슨스테크놀로지는 한 단계 성장했다. 두 단계인지도 모르겠다. 나는 일터에 활력을 주고 팀원들이 영감을 얻을 수 있는 다양한 방법을 시도했다. 시간별로 경쟁하고, 일 단위로 경쟁했다. 주간, 월간 대회도 열었다. 직원의 집세를 1년 동안 대신 내거나 대출을 갚아준 적도 있다. 생각지도 못했던 큰돈이나 여행, 자동차, 오토바이 등 온갖 상품을 걸었다. 현금 지급기를 가져와서 50달러짜리 지폐를 흩날린 적도 있다. 집기만 하면 자기 돈이 되었다. 늘 재미있었다.

그 결과 두 가지가 바뀌었다. 우리는 콜센터에서 판매에 성공하려면 뛰어난 서비스를 제공해야 한다는 사실을 깨달았다. 요즘 서비스 센터에 전화할 때 무엇을 기대하는가? 아무것도 기대하지 않는다. 잘해봐야 평범한 서비스 정도다. 하지만 응대하는 직원이 밝고 열정적이고 친절해서 기분이 좋아지고 회사에 좋은 인상을 받으면 보답하고 싶어진다. 이런 현상을 상호주의라고 한다. 우리는 이 원칙에 따라서 누군가에게 필요 없는 물건을 판매하지 않았고, 고객이 필요 없는 물건을 사서 다시 가져오면 즉시 돈을 돌려줬다. 결국 이런 말이 들릴 정도였다. "고대디의 서비스는 소프트웨어 기업 중에 가장 훌륭하다." 실제로 그랬다.

사무실 밖에서 인센티브를 제공할 때도 있었다. 나는 지난 몇 년 동안 멋진 파티를 여는 사람으로 유명해졌다. 개중에 몇 번은 상당히 특별했다. 애리조나 다이아몬드백스Diamondbacks가 경기했던 야구장을 빌려서 회사 직원 전체를 초대한 적이 있다. 행사 규모에 맞는 장소가 그곳뿐이었다. 회사 직원을 모두 초대해서 지금까지 겪어보지 못했을 유흥을 즐겼다. 유명한 뮤지컬 공연을 초청하고, 파티 내내 직원들에게 수백만 달러를 뿌렸다. 너무 즐거워서 멈추고 싶지 않았다. 그래서 또 150만 달러를 뿌리고 분위기를 띄웠다.

직원들은 무척이나 좋아했다. 언론은? 별로 좋아하지 않았다. 2008년쯤 경기가 좋지 않을 때 언론 관계자가 파티에 참석해서, 많은 이가 직장을 잃은 시국에 이렇게 사치스러운 행사가 적절하다고 생각하느냐고 질문했다. 내가 말했다. "그럼요. 이 불황을 헤쳐나가려면 돈을 써야 합니다. 번 돈을 그대로 가지고 있는 편이 제일 쉽겠지만, 저는 돈을 고대디의 직원과 공유하는 편이 낫다고 생각합니다. 그러면 돈이 지역 경제에 풀릴 테니 오히려 저를 격려해 주셔야죠."

나는 언론이 트집을 잡는다고 생각하지는 않았다. 그저 그런 질문을 하는 게 그들의 일이다. 우리는 확장하면서 언론과 일하는 법을 깨우쳤고 언론은 늘 우호적이었다. 우리 직원이 얼마나 행복한지, 특히 이런 행사에 참여하면서 얼마나 즐거워하는지 그들도 분명히 목격했다. 다만 내가 왜 이런 홍보 행사를 하는지는 몰랐을 테다. 먼저 이렇게 성공할 수 있도록 도와준 사람들을 인정하고 보답하고 싶어서다. 두 번째, 그 동력을 유지하고 싶어서다. 오래된 속담이 하나 있다. '아내가 행복하면 남편 인생이 행복해진다.' 기업식으로 표현해 보자. '행복한 직원은 생산적인 직원이다.' 직원을 보살피면 직원은 고객을 보살핀다.

우리는 고대디의 고객 서비스를 통해 중요한 교훈을 얻었다. 사람들이 보통 인터넷에서 원하는 건 교육, 오락, 소셜미디어, 쇼핑, 검색 등이다. 하지만 문제를 해결할 때는 다른 사람과 상의하는 편을 선호한다. 따라서 자주 들어오는 질문에 대한 답변만 게시판에 잔뜩 올리고, 고객과의 대화를 피하는 건 잘못된 접근이다. 우리는 최대한 고객과 대화하려 했고, 이런 노력이 사업 모델을 돋보이게 했으며 결국 차별화 요인으로 작용해서 성공으로 이어졌다.

우리의 서비스는 감동에 기반을 뒀다. 누군가 도메인 이름을 구매하면 우리는 업계에서 유일하게 전화로 감사 인사를 했다. 어쩌면 당신도 전화를 받은 적이 있을 것이다. 일단 고객의 시간과 관심을 확보하면 도메인이나 웹사이트를 설정하는 법을 설명했다. 그러면 상대는 평생 고객으로 바뀌었다. 우리는 1년에 한 번씩 고객에게 전화해서 안부를 묻고 도와줄 게 있는지 질문했다. 고객들은 무척 좋아했다.

이런 관행은 우리의 무기였다. 우리는 감동적인 고객 서비스와 다양한 제품군, 누구보다 경쟁력 있는 가격으로 무장했다. 이제 기업 비밀을 밝혀보겠다. 우리가 이렇게 노력한 이유는 사람들이 웹사이트를 구축할 때 항상 도메인 이름부터 구매하기 때문이다. 나는 사내에서 도메인 이름을 '야구장 입장권'이라고 불렀다. 이 야구장 안에는 보안소켓계층Secure Sockets Layer, SSL 인증서, 웹사이트, 소프트웨어, 그밖에 온갖 제품을 판매하고 있다. 이들 모두는 우리에게 큰 수익을 안겨다줬다. SSL 인증서는 사용자가 컴퓨터에서 보내는 데이터를 중간에서 누가 가로채지 못하게 암호화하고, 받는 쪽에서 해독하게 해준다. 그러면 사용자의 웹사이트가 복제된 가짜가 아니라 진짜라는 사실을 확인할 수 있다. 이런 제품은 끝없는 현금 흐름을 일으키는 강이 되었다.

내가 보안인증서 사업에 참여하게 된 계기는 지오트러스트GeoTrust라는 회사 덕분이었다. 나는 그 회사에 우리가 제품을 판매해 주겠다고 연락했다. 그쪽에서 동의해서 계약으로 이어졌다. 얼마 지나지 않아 한 경쟁사가 같은 제품을 더 저렴하게 사서 판매한다는 정보가 들어왔다. 나는 지오트러스트에 전화해서 물었다. "어떻게 된 겁니까?"

그들은 설명하지 않고 무례하게 반응했다. "그렇게 계약했잖아요. 계약은 계약이죠."

"그래요?" 나는 자기 제품을 팔지 말라는 뜻으로 알고 거래를 그만뒀다. 그 대신 루트인증서Root Certificate(최상위 인증서 발급 기관에서 관리하는 인증서_옮긴이)를 판매하는 업체를 찾았다. 루트인증서는 보안인증서를 발급할 권리를 보장하지만 추가로 소프트웨어가 필요하다. 문제없었다. 우리는 그 사업에 진출해서 직접 보안인증서를 제작하고 저렴한 가격에 판매했다. 그리고 세계에서 손꼽히는 보안인증서

발행사로 성장했다. 옛말에 이런 말이 있다. '돼지를 살찌우고, 살찐 돼지는 잡아먹는다.'

—✕—

우리는 개인정보를 중요하게 생각했다. 예전에는 도메인 이름을 구매하면 구매자의 이름과 주소가 누구나 볼 수 있도록 공개됐다. 그 시절에는 그랬다. 어느 날 오후 한 여성이 자기 도메인 이름을 지우고 싶다고 전화했다. 당시에는 내가 요청서에 서명하지 않으면 직원이 도메인 이름을 삭제할 수 없었다. 실수로 지웠을 때 일어날 결과를 감당하기 힘들었기 때문이다. 직접 그 여성과 통화했더니, 우리에게서 도메인 이름을 구매했는데 그 이름과 웹사이트를 즉시 지우고 싶다고 했다. 통화하는 동안 재빨리 훑어봤지만 웹사이트 자체는 훌륭했다. 왜 지우고 싶은지 이해가 안 돼서 이유를 물어봤다.

그녀는 스토커가 있다며 주소가 불특정 다수에게 공개되는 게 걱정된다고 했다. 그 순간 나는 얼어붙었다. 그런 일이 문제가 될 거라고 생각도 하지 못했기 때문이다. 나는 생각해 보고 다시 연락해도 되겠냐고 물었다. 그녀의 이름과 위치를 노출하지 않고 웹사이트를 운영할 방법을 찾아야 했다. 어느 면으로 봐도 당연한 일이었고 특히 사생활 보호 측면에서 중요한 문제였다. 그녀가 이미 힘든 상황에서 더 피해를 보는 건 원치 않았기에 전화해서 한 가지 아이디어를 제시했다.

개인정보를 보호할 수단을 만들겠다. 그 수단이 나오기 전까지 당신의 도메인에는 내 정보를 올려두겠다. 그러면 아무도 그녀의 개인 정보를 찾지 못한다. 그 웹사이트와 그녀를 연결할 고리는 존재하지 않는다. 나는 고객에게 믿어도 좋다고 했다. 동의를 받은 후 작업에 들어갔다. 나는 사내 변호사 크리스틴 존스Christine Jones와 함께 프록시Proxy(사용자와 서버 간 통신을 중계하며, 사용자의 정보를 서버에 감추는 역할을 한다_옮긴이)가 연결된 도메인을 제작했다. 그리고 저렴한 요금으로 개인정보를 보호했다. 특정 도메인 이름의 소유주와 연락하고 싶으면 우리가 보유한 ICANN에 존재하는 코드로 메시지를 보내고, 우리는 그 메시지를 수신자에게 전달한다. 이중 보안 과정으로 누가 메시지를 주고받는지 아무도 알 수 없다. 이런 보호 기능은 오랫동안 우리만 제공했다.

우리 고객 가운데 다수가 도메인 업자였다. 수익을 올리려고 도메인을 사고파는 사람이라는 뜻이다. 일부 기업은 이들과 거래하지 않으려 했다. 나는 했다. 그리고 이렇게 말했다. "우리에게 오세요." 고객들은 자유롭게 거래하고 우리는 창고 역할을 한다. 나는 테이블을 돌릴 뿐 게임에는 참여하지 않는다. 우리 회사에는 도메인 업자와 연락해서 다양한 제품을 제안하고 다양한 수익 경로를 창조하는 부서가 있었다. 온갖 아이디어를 짜내고 수익으로 전환하려면 많은 똑똑한 사람들이 협력해야 했다. 당연히 내가 혼자 한 게 아니었다. 주변 사람들의 수준이 당신의 수준을 보여준다. 나와 함께하는 이들은 업계에서 가장 뛰어난 팀이었다.

2011년 고대디는 직원 6,000명이 넘는 큰 기업으로 성장했다. 나는 뭔가 다른 걸 하면 재미있겠다는 생각이 들었다. 앞으로 나아갈 준비를 해야 할 시기였다.

그래서 프랭크 쿼트론Frank Quattrone과 그의 회사 쿼털리스트파트너스Qatalyst Partners를 대리인으로 고용했다. 프랭크는 1977년에 모건스탠리에서 금융인으로 첫발을 내디뎠고, 1981년부터 기술 회사에 자문을 했으며 모건스탠리, 도이치은행Deutsche Bank, 크레디트스위스Credit Suisse에서 국제기술그룹을 책임지다가 쿼털리스트Qatalyst(인수 합병 전문 글로벌 투자은행_옮긴이)를 설립했다. 프랭크와 팀원들은 600건이 넘는 기업 인수 합병에 자문을 했고, 거래 금액은 총 1조 달러가 넘는다. 또한 전 세계의 기술 기업에 350건 이상 650억 달러가 넘는 자금을 조달했다. 프랭크는 완벽한 적임자였다.

내가 상대하기 까다로운 사람이다 보니 시행착오를 몇 번 겪었지만, 프랭크와 쿼털리스트는 곧바로 작전을 개시해서 마무리 지었다. 우리는 회사의 71%를 KKR, 실버레이크Silver Lake, TCV라는 사모펀드 회사 세 곳에 판매했다. 프랭크와 팀원들은 기대 이상으로 잘 해냈다. 나도 마찬가지였다. 현금 23억 달러를 벌었고 고대디 주식 29%를 유지했다. 이 거래로 내 직원 가운데 36명이 백만장자가 되었다. 자그마치 36명이나!

내 어린 시절을 생각하면 23억 달러는 상당한 현금이다. 이런 돈을 벌 수 있을 거라고는 꿈도 꾸지 못했다. 지금까지 내가 낸 소득세만 해도 9억 달러가 훌쩍 넘는다. 정부에서 고맙다는 말을 들은 적은 없지만 스스로가 자랑스럽다. 분명히 말해두지만 나는 거의 매년 주정부와 연방정부의 세무 감사를 받지만 조정하는 경우는 거의 없다. 있다고 해도 보통 내게 유리하게 조정된다. 초과납세를 했다는 뜻이다.

    내가 떠날 무렵 고대디는 전 세계 도메인 이름 시장에서 점유율 70%를 차지했다. 그 위치에 오르기까지 정말 흥미진진했고, 우리는 산업의 진정한 포식자로 발돋움했다. 인터넷이 발전하는 과정에서 내가 했던 역할이 무척이나 자랑스럽다. 공로를 인정받는 건 아니지만 도메인 이름만큼은 누구나 접근할 수 있도록 문턱을 낮췄다. 예전에는 웹사이트 같은 건 꿈도 못 꿨던 사람들에게 기회를 열어줬다. 우리는 독보적으로 많은 도메인 이름을 취급했고 인터넷의 흐름과 함께 움직였다. 우리 팀과 함께해 낸 일이며 그 과정에서 사람들이 엄청난 부를 창조했다. 하지만 금전적 이익보다 우리 조직에 몸담았던 열정적인 직원과 관리자들이 더욱 자랑스럽다. 사람을 우선하면 성공은 따라오며 모두가 승리한다. 이는 단순한 진리다.

24

평생의 사랑을 만나다

    마음껏 즐기던 시절도 있었지만, 언제부턴가 데이트가 피곤해졌다. 싱글로 살다 보니 에너지가 많이 소모돼서 좀 쉬고 싶었다. 한동안 내 가족은 보더테리어 두 마리, 맥스와 치프가 전부였다. 나는 이 개들을 진심으로 사랑했다. 그들은 나와 가장 절친한 친구였고, 무엇에도 불평하지 않았다. 상황이 어떻든 나만 보면 좋아했다.

    가끔 친구들과 함께 클럽이나 술집에 가기도 했다. 하지만 잠깐 머물다가 늘 집에 일찍 들어갔다. 예전에는 그런 곳을 좋아했을지 몰라도 이제 나와 맞지 않았다. 솔직히 말하자면 원래 아무 생각 없이 술집을 드나들었다. 언젠가 여성 세 명과 연속으로 데이트한 적이 있는데, 셋 다 음주 문제가 있었다. 생각해 보니 모두 술집에서 만났다. 그곳에서 만날 수 있는 사람이 다 그 모양이라면 다시는 그런 상황을 만들지 않겠다고 결심했다. 물론 가끔 맥주를 마시러 들렀지만 더는 거기서 노닥거리고 싶지 않았다. 누가 뭐래도 이것만은 확신한다. 술집에 자주 가면 무조건 문제에 휘말린다.

이따금 친구들을 만나면 저녁을 먹고는 개들이 간절히 기다리는 집으로 돌아갔다. 개는 어김없이 꼬리를 흔들며 반겨주었다. 밖에 나가지 않을 때는 간 소고기를 팬에 익힌 다음 돼지고기와 콩 통조림을 붓고 메이플 시럽과 갈색 설탕을 추가했다. 훌륭한 별미였다. 맥스와 치프도 좋아했다. 아무도 간섭하는 사람 없이 재미있는 텔레비전 프로그램을 보거나 좋은 책을 읽었다. 침대에 누워서 4초 동안 방귀를 뀌기도 했다. 개가 방을 나가면 냄새가 지독하다는 뜻이다! 어쨌든 늘 신나게 웃고 곧바로 잠들곤 했다.

몇 달 정도 데이트를 쉬던 차에 친구인 존이 계속 전화를 걸어왔다. 존은 못 말리는 중매쟁이였다. 보통 전화기에 존의 이름이 뜨면 곧바로 음성 메시지로 넘겨버렸다. 존이 날 위해 누구를 점찍었든 관심 없었다. 하지만 어쩌다 전화를 받은 적이 있었다.

"바비, 소개해 줄 여자가 있어." 존은 신난 목소리로 말했다.

"존, 나 데이트 안 해." 나는 힘주어 대답했다.

"아냐, 이쪽에서 가능하다고 할 때 꼭 만나봐."

존이 이렇게 자신 있게 말하는 건 처음이어서 솔직히 관심이 좀 생겼다. "그래, 존. 어떻게 해야 하는지 알려줘."

"그냥 전화해. 이름은 러네이야." 존이 말했다.

그래서 전화했다. 직접 대화해 보니 꽤 즐거웠다. 우리는 만나서 데이트하기로 하고 끊었다. 러네이는 바가 있는 좋은 레스토랑을 골랐다. 나는 첫 데이트에서 술을 마실 때는 일정한 규칙을 지키는 편이다. 데이트가 잘 풀리면 저녁을 함께한다. 잘 안되어도 괜찮다. 약간 긴장됐지만 솔직히 러네이가 브룸 힐다^{Broom Hilda}(미국 만화 캐릭터로 초록색 피부를 지닌 마녀_옮긴이)처럼 생겼어도 상관없었다. 그렇다고 내가 무작정 달아날 사람은 아니다.

첫 데이트를 하기로 한 밤에 나는 15분 정도 늦는다고 연락했다. 첫 만남인데 매너가 아니었지만 다행히 러네이도 45분 늦는다고 했다. 벌써 마음에 들었다!

레스토랑에 도착하자마자 입구가 완벽하게 보이는 바 자리에 앉았다. 그리고 기다렸다. 또 기다렸다. 러네이가 문으로 들어왔을 때, 옷차림을 미리 전해 들어서 금방 알아봤다. 아름다운 갈색 드레스와 단화였다.

누구나 정착하고 싶은 반려자가 어떤 사람인지 그려두기 마련이다. 마음속의 눈으로 외모, 옷, 대화 방식 등 상대가 세상에 내보이는 모습을 말이다. 그러나 그 이미지가 실현되는 경우는 거의 없다. 나는 러네이가 문으로 들어왔을 때 두 눈을 믿을 수 없었다. 완벽한 내 이상형이었다. 의자에서 거의 떨어질 뻔했다.

한눈에 반해서 말도 나오지 않았다. 어떤 틀에도 맞출 수 없는 여성이었고, 나는 도저히 입이 떨어지지 않아 지나치게 조용해졌다. 말을 꺼내려 했지만 입에 구슬이 가득 찬 느낌이었다. 우리는 칵테일을 두 잔 주문했고 결국 나도 긴장이 조금 풀렸다. 두 번째 잔을 마시면서 러네이에게 저녁을 먹겠냐고 물었다. 러네이는 좋다고 했다.

"급한 전화가 있어요." 내가 말했다. "15분 내로 올게요." 일에 관련된 전화라서 미룰 수가 없었다. 나는 일어나면서 러네이를 돌아보며 말했다. "두 사람분 주문해 줘요. 음식이 나오기 전에 올게요."

걸어나가는데 러네이가 물었다. "잠깐만요, 뭘 좋아해요? 알레르기는 없어요?"

"다 좋아요. 알레르기도 없고요."

러네이는 자기 몫으로 연어를, 내 몫으로 갈비를 준비했다. 러네이가 샐러드만 주문했어도 행복했을 것이다. 음식은 상관없었으니까. 러네이만 있으면 아무래도 좋았다. 우리는 몇 시간이고 대화했고 내내 행복했다. 내가 바라던 모든 것이 그녀였다. 우리는 레스토랑에서 나와서 늦게까지 영업하는 카페에 들어가서 삶과 관심사를 얘기하며 서로 알아갔다.

우리는 정말 잘 맞았다. 처음에는 러네이가 내게 너무 어리다고 생각했다. 데이트 다음 날 당시 내 수석비서였던 니마에게 세상에서 가장 멋진 여자를 만났다고 말했다. 다만 너무 어린 듯해서 마음에 걸린다고 했다.

"몇 살이나 되는 것 같아요?" 니마가 물었다.

"20대 초반 정도요." 내가 대답했다.

"여자분 이름이 뭐죠?"

나는 니마에게 이름을 알려주고 그날 업무를 했다. 5시쯤에 니마가 사무실에 와서 말했다. "밥, 좋은 소식이에요. 러네이는 39살이에요!"

덕분에 일이 훨씬 쉬워졌다. 우리는 데이트를 시작해서 몇 달 정도 사귀었다. 러네이는 정말 훌륭한 여자였다. 나는 그녀의 모든 게 좋았다. 하지만 세상에 영원한 건 없다고 생각했다. 영원은 정말 긴 시간이기 때문이다. 나는 단순한 관계가 좋았고 심각한 건 바라지 않았다. 우리 관계를 망치기 싫었다. 나는 러네이에게 푹 빠져 있었지만 어느 날 각오하고 솔직하게 결혼을 원치 않는다고 밝혔다. 러네이에게는 실망스러웠을 것이다.

만남을 계속하면서 우리 관계는 순조로웠다. 적어도 나는 그렇게 생각했다. 반면 러네이는 결혼하고 싶어 했다. 전혀 부담을 주지는 않았지만, 본인의 마음을 분명히 밝혔다. 안타깝게도 나는 러네이와 생각이 달랐고 그녀의 앞길을 막고 싶지 않았기에 우리는 헤어졌다. 그 이후 거의 만나지 않았지만 계속 연락을 주고받았다.

몇 달 후 오토바이를 타다가 차에 부딪혔다. 오토바이에 관해서라면 나는 고양이 같은 사람이다. 목숨이 9개였기 때문이다. 치이거나 쓰러질 때마다 늘 걸어서 나갔다. 이번에는 오토바이에서 내동댕이쳐졌다. 오토바이가 하늘로 올라가서 내 위로 떨어졌고 도저히 빠져나올 수가 없었다. 다행히 청바지를 입고 있었지만 배기관이 너무 뜨거워서 바지를 뚫고 열기가 전해졌다. 다리에서 연기가 났다. 두 사람이 급히 와서 오토바이를 들어 떼어냈다.

"고맙습니다." 내가 둘 중 한 명에게 말했다.

나를 친 사람이 다가와서 명함과 보험 정보를 건넸다.

"꺼져요." 나는 그의 돈을 원치 않았다. 그쪽 보험이 무엇이든 필요 없어서 그 사람을 돌려보냈다. 경찰에 신고하지 않고 청구도 하지 않았다.

그는 뒤도 안 돌아보고 달아났다. 그가 그냥 보내준 것을 고맙게 생각하고 앞으로 조심하길 바랐다.

예전에 그랬듯이 내 발로 걸어 나왔지만 이번에는 제법 아팠다. 나는 사무실에 전화해서 오토바이와 나를 데리러 와달라고 부탁했다. 그리고 그날 출근했다. 하지만 시간이 지날수록 통증이 심해졌다. 다리가 붓고 통증은 참기 힘든 지경에 이르렀다. 당시 내 딸 메리앤이 진료 지원 간호사로 일하면서 우리 회사에서도 일했는데 내게 병원에 가자고 했다. 그렇게 검사를 받으러 메이요클리닉 Mayo Clinic에 갔다. 이유는 모르겠지만 가는 길에 러네이에게 전화해서 오늘 벌어진 일을 털어놓았다.

병원에서는 내가 가자마자 부기를 가라앉히려고 얼음을 댔다. 침대에 누워 올려다보니 러네이가 서 있었다. 완전히 갖춰 입은 차림이었다. 얼마나 반가웠는지 모른다. 퇴원했을 때 러네이는 나와 함께 집에 와서 간호해 줬다. 그때부터 우리는 두 번 다시 떨어지지 않았다. 나는 그 이후로 마음을 바꿨다. 남은 평생을 함께하고 싶은 사람이 러네이라는 걸 깨달았다. 멍청한 짓은 그만하기로 했다. 관계는 내가 어떻게 하느냐에 따라 망칠 수 있다. 이제 나는 망치지 않을 작정이었다.

그 일이 있고 나서 나는 프러포즈를 준비했다. 반지를 알아보러 보석점에 갔다. 큰 다이아몬드가 좋아 보이긴 했지만 보석상에게 물었

다. "너무 크지 않을까요?"

"밥, 걱정 마세요. 큰 건 전혀 문제가 안 됩니다." 그는 이를 드러내고 웃으며 말했다.

나는 러네이가 큰 돌을 좋아하지 않을까 봐 한참 망설였다. "모르겠어요. 별로 안 좋아할 것 같은데요." 내가 주장했다.

"오랫동안 이 일을 했지만 다이아가 너무 커서 싫다는 신부는 못 봤어요. 들어본 적도 없고요!" 그가 웃으며 대답했다. "날 믿어요. 괜찮다니까요."

나는 반지를 사서 준비해 놓고 몇 달 정도 숨길 생각이었다.

그날 보석점에서 유명한 셰프를 만났고, 그는 내가 반지 사는 모습을 봤다. 몇 주 후에 메리앤이 소문을 듣고 내게 확인차 전화했다. 내가 반지를 사서 프러포즈한다는 얘기를 셰프가 사람들에게 말했다는 것이다. 나는 딸에게 소문이 사실이라고 이야기하고, 보석상에게 전화해서 언제 프러포즈할지 아직 정하지 못했으니 그 셰프에게 입단속을 부탁해 달라고 했다. 프러포즈는 몇 달 뒤에 할 작정이었다. 보석상은 내 말을 이해하고 소문을 단속하겠다고 했다.

하지만 생각할수록 러네이에게 청혼하고 싶었다. 반지를 사고 준비는 일주일 만에 끝냈다. 러네이는 멋진 여성이었다. 그때도 지금도 그녀는 내게 과분하다. 나 같은 남자보다 더 나은 남자를 만날 이유가 셀 수 없이 많다. 내 인생에 러네이가 있어 나는 얼마나 운이 좋은지 모른다. 대체 무엇을 망설였던 걸까?

일주일 후 러네이에게 피닉스 외곽에 있는 식물원에 가자고 했다. 나는 러네이를 오토바이 뒤에 태웠다. 신나게 질주하는데 클러치가 타버렸다. 탄 클러치를 어떻게 할지 연구하는 동안 러네이는 느긋하게 기다렸다.

마침내 식물원에 도착했을 때 러네이가 헬멧을 벗었다. 가죽 오토바이 재킷을 입고 머리카락이 섹시하게 헝클어진 상태였다. 담당 직원은 나를 위해 긴 계단 위에 특별 장소를 준비해 뒀다. 우리만 있으려고 미리 식물원 전체를 대여했기 때문에 다른 사람과 마주치는 일은 없었다.

"나한테 기부를 부탁하려고 이러나 봐." 나는 러네이가 의심할까 봐 이렇게 말했다.

"아주 크게 부탁하려나 본데." 러네이가 대답했다.

함께 계단을 올라가서 테이블에 도착했다. 러네이가 먼저 앉고 그 다음 내가 앉았다. 샴페인을 몇 잔 마신 후 나는 약혼반지를 꺼내고 한쪽 무릎을 꿇고서 청혼했다. 그녀는 청혼을 받아들였다! 나는 세상에서 가장 행복한 남자가 되었다.

우리는 대망의 날을 준비하기 시작했다. 나는 남부식으로 결혼하고 싶었다. 그 무렵 어머니가 80대여서 비행기를 타지 못할 테니 차로 올 수 있는 곳이어야 했다. 러네이와 나는 볼티모어에서 그리 멀지 않은 버지니아주 샬러츠빌^{Charlottesville}을 골랐다. 러네이는 버지니아 전원 지대의 상징적 리조트인 케직홀^{Keswick Hall}을 선택했다. 웨딩플래너는 사우스캐롤라이나주 찰스턴 출신으로 실력이 뛰어난 크리스틴 뉴먼^{Kristin Newman}이었다. 크리스틴은 특별한 남부식 웨딩 연출로 특히 유명했다. 우리는 금새 그녀가 마음에 들었다. 함께 일하기 편했고, 세상에서 제일 아름다운 식과 연회를 계획해 줬다. 우리 두 사람은 200명 정도 되는 가족과 친지 앞에서 서약했다. 이 자리에 오기까지 참 오래 걸렸다. 심장과 머리가 가까워질 때까지 시간이 걸렸지만 나는 러네이를 처음 본 순간부터 진실을 알았다.

러네이는 내가 만난 사람 중에서 가장 한결같이 행복한 여자다. 그녀를 보고 있으면 절대 지루하지 않다. 옷을 어떻게 입었든, 지금 토하고 있든 상관없이 러네이의 모든 것을 사랑한다. 하지만 무엇보다 훌륭한 건 그녀의 내면이다. 아름다운 외모는 덤이다.

나는 관계가 성공하려면 행복해져야 한다고 믿는다. 좋은 관계를 원한다면 혼자서도 행복한 사람을 찾아야 한다. 어떤 부부 관계가 성공할지 95%의 정확도로 예측하는 정신과의사가 쓴 글을 읽은 적이 있다. 이때 성공이란 결혼한 후 쉽게 이혼하지 않는다는 뜻이다. 그 의사는 부부와 한 시간 정도 대화하고 나서 그 관계가 앞으로 어떻게 될지 파악했다. 그는 대화 중에 상대를 무시하는 징후를 예리하게 잡아냈다. 어느 쪽에서든 의심스러운 정황이 발견되면 그 관계는 실패하기 마련이었다.

한 반려자가 자기 행복을 상대에게서 찾을 때도 관계에 안 좋은 영향을 미친다. 이런 상태는 관계가 망가지는 징조라는 건 의사가 아니라도 알아차릴 수 있다. 이런 관계는 절대로 행복하지 않다. 사실 행복은 존재하다가도 사라진다. 특히 누군가가 행복을 가져다주길 기다리면 더 그렇다. 스스로 행복을 찾는 편이 훨씬 낫다. 다른 사람을 필요로 하거나 거기에 의지하지 말고, 스스로 충족감을 느껴야 한다. 나는 혼자서도 늘 상당히 행복한 편이다. 러네이를 만났을 때 러네이도 행복한 사람이었다. 이런 둘이 만나면 행복할 확률은 정말 높아진다. 자기 행복을 상대에게 맡기지 마라. 그렇게 행복해지는 건 불가능하다. 당신의 행복은 당신이 결정한다.

모든 게 당신에게 달렸다. 만약 지금 행복하지 않다면 내면에서 행복을 찾기 힘든 이유가 무엇이든, 극복할 수 있게 도와줄 사람과 상의해라. 행복은 선택이고 누구나 내릴 수 있는 결정이다. 다들 이런 말을 여러 번 들어봤을 테니, 나 혼자 이렇게 생각하는 게 아니다. 나는 진심으로 누구나 행복해질 능력이 있다고 믿는다. 다만 결심이 필요할 뿐이다.

행복은 선택이고 누구나 내릴 수 있는 결정이다. 내가 살면서 큰 성공을 이뤘기 때문에 행복하다고 생각하는 사람도 있을 것이다. 어느 정도 사실일지도 모른다. 그러나 나는 그 어느 때보다 지금이 더 행복하다. PTSD로 고통받을 때도 어떤 면에서 행복했고, 적어도 만족스러웠다. 나는 PTSD에 매몰되고 싶지 않았다. 그랬다면 인생이 비참했을 것이다. 힘들 때 나는 내 내면보다 외부에 정신을 집중했다. 아는 사람이든 모르는 사람이든, 사람들을 돕고 그들을 위해 일하는 게 좋았다.

남들보다 내가 낫지 않다는 사실을 알았기에 나름대로 겸손해지려고 노력했다. 나는 사람들을 격려하는 일도 좋아했다. 그러면 행복해지니까. 이런 행복은 다음 날에도 사라지지 않는 진정한 행복이고, 계속 보람찬 일을 하도록 힘을 북돋워 준다. 남에게 베푸는 건 이기적인 행동이다. 왜냐고? 그 과정에서 내 기분이 좋아지기 때문이다.

많은 이가 행복과 장수를 삶의 목표로 꼽는다. 오래전 커크 더글러스Kirk Douglas가 행복해지는 비결에 관해 쓴 글을 읽은 적이 있다. 그는 존재하는 목적이 있었기에 오랫동안 살 수 있었다고 했다. 더글러스는 헬리콥터 사고와 뇌졸중으로 고난을 겪었지만, 세상을 떠나기 전에 해야 할 일이 더 있다고 믿었다. 나는 그의 말에서 영감을 얻었다. 그 이야기를 곱씹을수록 맞는 말이라는 생각이 들었다.

그 글을 읽은 후 잠비아로 2주간 여행을 떠났다. 그곳에서 머무른 오두막은 바닥이 더러웠고 에어컨은 물론이고 현대적인 편의 시설이 전혀 없었다. 낮에는 체체파리Tsetse(수면병 등을 옮기는 흡혈 파리)가 귀와 눈, 입에 들러붙었다. 어떤 면에서 베트남 풀숲에 다시 돌아간 것 같은 기분이 들었다. 나는 잠깐 비참해졌다.

그러다 커크 더글러스가 쓴 글이 생각났고 내면이 아닌 외부, 즉 불편함 너머에 집중했다. 부정적인 에너지를 돌려서 가이드가 캠핑 장비를 챙기고 트럭에 싣는 걸 도왔다. 이렇게 마음가짐이 바뀌자 갑자기 즐거워졌다. 나는 살면서, 특히 사업하면서 성공은 생각하는 방식에 달렸다는 사실을 여러 번 깨달았다. 생각은 힘의 원천이 될 수도 있고 약점의 원천이 될 수도 있다. 당신은 생각하는 대로 된다.

그러니 다음번에 비행기를 놓쳐서 공항에 갇혔을 때 기회라고 생각하고 기뻐하면 어떨까? 이런 사고방식을 활용하면 어떤 상황이든 뒤집을 수 있다. 그때 내 내면이 아니라 다른 승객부터 생각해 보면 어떨까? 누구를 도울 수 있을지 살펴보자. 오랫동안 연락이 닿지 않았던 친척이나 옛 친구에게 전화해서 격려하는 것도 좋은 생각이다. 그러면 모든 게 변한다. 상황이, 온 세상이 변한다!

마음대로 통제할 수 있는 아주 사소한 행동이 인생을 통째로 바꿀 수 있다. 그러나 이 사실을 아는 사람은 적고 활용하는 사람은 더 적다. 이는 실천할수록 계속하고 싶은 마음이 커진다. 이 생각은 배려심 있는 행동을 가져오며 수월하게 습관이 될 수 있다. 그 과정에서 자존감이 더 강해질 테고, 어느새 당신은 행복한 사람이 된다! 생각하고 행동하는 방식이 바뀌었기 때문이다. 지나치게 단순화했을 수도 있지만 내게는 확실히 효과가 있었다. 내가 그랬으니 당연히 여러분에게도 효과 있을 거라고 약속한다.

25

로버트, 한번 안아주겠니?

부모님과의 관계가 내게 큰 영향을 미쳤다는 건 지금쯤 여러분도 눈치챘을 것이다. 아버지는 나쁜 사람은 아니었지만 좋은 아버지도 아니었다. 나를 신체적으로 학대하지는 않았지만 적어도 방치한 건 사실이다. 부모님이 서로 공격하고 적대시하는 환경은 견디기 힘들었다. 아버지에 대한 좋은 기억도 있지만, 그건 나중에 내가 나이가 들어서 아버지도 힘들었다는 사실을 이해하고 나서 생긴 기억이다. 여러모로 나는 아버지처럼 될 수 있는 환경에서 자랐다. 다행히 그렇게 되지는 않았다. 이런저런 일이 있었지만, 나는 항상 아버지를 존중했다. 잘못했다고 해도 내 아버지고, 나는 아버지를 사랑했다.

아버지는 내가 53살 때 돌아가셨다. 돌아가신 이유는 아무것도 안 했기 때문이다. 무슨 뜻이냐고? 아버지는 오랫동안 몇 번이나 심장마비를 겪었지만, 의사의 지시를 전혀 따르지 않았다. 두 번째로 심장마비가 왔을 때, 심장전문의는 한 달 이내에 우회로 조성술(동맥이 막혔을 때 우회로를 만들어 혈액순환이 잘 되게 하는 수술)을 해야 한다고 했다. 하지만 아버지는 누구에게도 말하지 않았다. 물론 수술도 안 했다. 1년 반 뒤에 또 심장마비가 왔다. 같은 심장전문의는 이런 일이 있을 거라고 1년 전에 경고했다고 말했다. 하지만 아버지는 나처럼 자기 일을 남에게 털어놓지 않았다.

나는 아버지와 별로 가까운 사이가 아니었으니, 돌아가셔도 아무렇지 않을 거라고 늘 생각했다. 하지만 막상 그날이 되자 망연자실했다. 아버지를 잃었을 때 내 반응에 스스로 충격받았다.

아버지는 내 여동생 베벌리의 집에서 호스피스 치료를 받다가 돌아가셨다. 한동안 치매를 앓기도 했다. 호스피스 치료를 시작하기 전에 의사들은 어려운 선택지를 제시했다. 관으로 영양을 공급할 수 있지만 그러려면 아버지를 묶어야 한다고 했다. 묶지 않으면 아무것도 못 한다고 했다.

아버지가 침대에 묶여 무력한 채로 두려워하며 마지막 순간을 보내게 할 수는 없었다. 안 될 말이었다. 약간의 대화가 오갔고, 의사들은 아버지가 퇴원한 첫날 아침에 돌아가실 거라고 예상했다. 하지만 아버지는 여동생의 집에서 5일간 버텼다. 나는 그때 매일 베벌리의 아파트에 가서 아버지를 만났다. 말을 걸기도 했지만 대답을 듣지는 못했다. 호스피스 직원들은 아버지가 수명을 다할 때까지 최대한 편안하게 모셨다.

아버지가 마지막 숨을 내쉰 후 검시관이 시신을 가져갔고, 모두가 베벌리의 아파트를 떠났지만 나는 남았다. 침실로 들어가서 문을 닫고 아버지의 침대에 누웠다. 아버지가 옆에 있는 듯했다. 나는 울고 또 울었다. 이제 없다는 걸 알았지만 여전히 느낄 수 있었다. 맙소사, 아버지가 느껴졌다. 그렇게 나는 아버지에게 작별 인사를 했다.

아버지는 성미가 까다로웠다. 무엇에도 만족하지 않았다. 적어도 나는 그렇게 느꼈다.

그래도 아버지가 그립다.

어머니는 94세까지 살았다. 어쩌다 넥시움 Nexium(소화기 질환 치료에 쓰이는 위산 분비 억제제_옮긴이)에 중독되어 매일 두 시간에 한 번씩 서너 알을 삼켰다. 이 때문에 소화관이 망가졌다. 호스피스 치료를 시작할 때쯤 체중이 32킬로그램 정도였다. 그러다 그냥 돌아가셨다.

둘 다 부족한 분이었지만 나는 그래도 부모님을 사랑했다. 앨런이 내게 전화해서 말했다. "자기 어머니를 사랑하지 않는 인간은 참 불쌍해."

"나는 그렇지 않아, 동생아." 내가 말했다. 진심이었다.

어머니가 돌아가시고 1년이 지났을 때 나는 하와이 집에 있었다. 새벽 세 시쯤 생생한 꿈을 꾸다가 잠에서 깼다. 여기 앉아서 글을 쓰는 지금도 방금 일어난 일처럼 느껴진다. 꿈에서 나는 어떤 방에 들어갔다. 어디인지 몰랐지만 집 같다는 느낌이 들었다. 어머니가 소파에 누워 있었다. 나를 보더니 일어나서 내게 걸어왔다. 그리고 말했다. "로버트, 한번 안아주겠니?"

내가 말했다. "그럼요, 엄마."

어머니는 몸을 구부려서 나를 안고 볼에 키스한 다음 말했다. "사랑해." 그리고 다시 나를 안아주고 키스했다. "한 번 더 안아도 될까?"

"물론이죠, 엄마." 내가 말했다.

어머니는 잠시 나를 바라보더니 다시 포옹하고 입을 맞추며 말했다. "사랑한다."

꿈속에서 어머니를 내려다보다가 몸을 일으켰지만 어머니는 어느새 사라지고 없었다.

깨어났을 때 느낌이 무척 생생했다. 어머니가 그곳에 있을 것만 같았다. 그날 오전에 남동생이 전화해서 물었다. "오늘이 무슨 날인지 알아?"

몰랐다.

"어머니 생일이야."

나는 눈물을 참으며 말했다. "사실 어젯밤에 어머니를 봤어."

그게 어머니와 함께했던 가장 다정한 순간이었다. 나는 어머니가 돌아와서 아주 사소하게라도 관계를 바로잡으려고 했던 것이라고 믿는다. 그날 밤 정말 그런 일이 있었다고 믿고 싶다.

저도 사랑해요, 엄마.

26

전쟁이 내게 저지른 일

앞서 말했듯이 나는 베트남에서 전혀 다른 사람이 되어 돌아왔다. 어떤 면에서는 좋았지만 좋지 않은 면도 있었다. 어떻게 보면 내가 이뤄낸 모든 것이 해병대 덕분이라고 해도 과언이 아니다. 나는 해병대에서 중요한 사실을 배웠다. 첫째, 많은 것이 흑백으로 나뉠 뿐, 회색은 없다. 신병 훈련소에서 배운, 내가 가장 좋아하는 말은 '상당히 깨끗하다는 건 더럽다는 뜻이다'였다. 지금까지도 그 말을 거의 매일 되새긴다.

마더 그린(해병대를 상징하는 별명_옮긴이)은 감히 꿈도 꾸지 못했던 것들을 달성하려 할 때 책임과 규율이 얼마나 중요한지 가르쳐줬다. 규율이라고 해서 처벌에 초점을 맞추지는 않는다. 물론 처벌도 많이 받았지만, 규율이란 한마디로 해야 할 일이라면 하고 싶을 필요가 없다는 뜻이다. 그냥 해야 한다. 해병이 부대 단위로 제대로 기능하려면 무조건 서로 의지해야 한다. 그건 서로에게 하는 신성한 약속이다. 그리고 무슨 일이 있어도 그 약속을 지켜야 한다.

마지막으로 해병대는 나 자신을 믿으라고 가르쳤다. 내게 자부심을 가질 권리가 있다는 사실도 알려줬다. 해병대가 가르쳐준 모든 중요한 사실은 내 성공을 도왔다. 그러나 전쟁은 내 인생을 망가뜨렸다.

나이가 들수록 참전의 기억 때문에 내면에 고장 난 면면이 분명하게 드러났고, 내 삶의 거의 모든 부분이 타격을 입었다. 언제부턴가 많든 적든 사람들과 함께 있는 것이 싫어졌다. 다들 나와는 너무나 달라보였다. 특히 전쟁터에서 보지 못한 사람, 말하자면 세상 사람 전부가 낯설었다. 어느 집단에서도 누구와도 동질감을 느끼지 못했다. 우울증에 시달렸고 성미가 급해졌으며 보통(거의 항상) 초조한 상태였다. 지인들 사이에서는 가장 성질이 불같은 사람으로 꼽혔다(정확하다).

나는 다른 참전 용사들처럼 이런 증상을 최대한 관리했다. 마음속 깊이 불쾌한 기억과 암울한 기분이 떠오를 때마다 억눌렀다. 대신에 일에 나를 파묻는 법을 배웠다. 일은 가장 강한 동기가 되어 나를 계속 이끌어줬다.

내가 전쟁에서 돌아왔을 무렵에는 아무도 외상 후 스트레스 장애에 신경 쓰지 않았다. 당시에는 그 개념을 아는 사람도 드물었다. 하지만 이 증상은 옛날부터 존재했고 포탄 쇼크 shell shock, 전쟁 신경증 war neurosis, 전투 피로증 battle fatigue 등으로 불렸으며 베트남 참전 용사 장애 Vietnam veterans' disorder라고 부르는 사람도 있다. 이런 용어는 대상을 참전 군인으로 제한했지만, 자연재해나 신체적·성적 폭력이나 학대,

방치, 심한 질병, 상실 등 대단히 충격적이거나 무서운 사건을 겪었나먼 누구나 PTSD에 노출될 수 있다. PTSD는 1980년에 미국정신의학회American Psychiatric Association의 〈정신장애진단 및 통계편람Diagnostic and Statistical Manual of Mental Disorders〉에 등록됐고, 세계보건기구는 1992년에야 PTSD를 〈국제질병분류International Statistical Classification of Diseases and Related Health Problems〉에 포함시켰다. 상황이 이렇다 보니 당연히 초기에는 아무도 내게 PTSD를 앓는 것 같다고 알려주지 않았다. 우리는 대부분 아무런 설명도 듣지 못했고, 의지할 곳이나 도움을 청할 곳도 없이 조용히 고통받았다.

세월이 흐르고 결국 PTSD라는 용어를 알게 됐다. 나는 PTSD일 리 없다고, 그러면 안 된다고 되뇌었다. 어쨌든 내가 전투를 직접 목격한 기간은 겨우 한 달뿐이었고 별로 많이 보지도 못했다. 하지만 이제 그 한 달도 내게는 지나쳤다는 사실을 안다. 내 삶은 생각보다 훨씬 힘들어졌고, 안타깝고 슬프게도 나뿐만 아니라 주변 사람들도 고통을 겪었다.

지금은 PTSD가 마사와의 결혼 생활과 세 아이에게 영향을 주었을 거라고 확신한다. 당시에는 그 병이 관계에 얼마나 영향을 미치는지 몰랐다. 두 번째 부인 리사와 결혼했을 때는 내 변덕스럽고 설명하기 어려운 감정적 행동을 스스로 좀 더 인식했다. 전쟁을 치르고 1970년에 귀향했지만, 나는 20년이 지난 1990년에야 내게 심각한 PTSD 증상이 있다는 사실을 깨달았다.

깨달음의 계기는 이라크의 쿠웨이트 침공과 1차 걸프전이었다. 우리 병력이 전장에 나가는 모습을 보면서 설명하기 힘든 분노를 느졌다. 그때 나는 40살이었고 심지어 해병대에 재입대하려 했지만, 당연히 군에서는 받아주지 않았다. 내 나이가 너무 많다고 했다. 틀린 말은 아니었다. 그렇다고 가고 싶은 마음이 사라지지는 않았다.

그런데 걸프전을 치르고 조국으로 돌아오는 군인들에게 조지 H. W. 부시는 이런 말을 했다. "이 전쟁이 제2의 베트남전이 되지는 않을 겁니다." 우리 대통령의 입에서 그런 말이 나오는 꼴을 보니 피가 끓었다. 그때도 끔찍한 PTSD 발작이 일어났다.

갑자기 베트남에서 겪었던 끔찍하고 충격적인 기억이 쏟아졌다. 깊이 묻어뒀던 온갖 공포가 불쑥 수면 위로 떠올랐다. 아무런 예고 없이 나를 강하게 후려쳤다. 칵테일파티를 하다가 내 안에서 발작이 일어났다. 흥분한 북베트남군이 기관총을 쏘고, 우리 첨병이 밟은 지뢰가 폭발해서 다리가 날아가고, 어멀 헌트 Ermal Hunt가 있지도 않은 손으로 없어진 눈을 만지려 하는 모습이 스쳐 지나갔다. 누구에게도 말할 수 없는 기억이었기에 그저 묻으려 했다……. 또다시.

이번에는 소용없었다.

영화관에 있다가 갑자기 눈물을 흘리기도 했다. 나답지 않았다. 나는 원래 울지 않는다. 하지만 언제부턴가 별다른 이유 없이 자주 울었다. 당시 내 상황으로는 그런 증상이 생길 만한 원인이 없었다.

설상가상으로 가장 가까운 사람, 특히 아이들에게 느닷없이 화내곤 했다. 증상이 심해져서 밖으로 나가기 싫은 지경에 이르렀다. 아무것도 하고 싶지 않았다. 그저 술에 취하고 싶었고, 술에 취할수록 기분은 더 나빠지는 듯했다. 나는 세상에 분노했다. 파슨스테크놀로지를 경영하고 세 아이를 키울 만한 상태는 아니었다. 내 자식들은 내가 줄 수 없는 크나큰 애정을 받아야 마땅했다.

—✕—

PTSD는 종류가 다양하다. 기운을 모조리 앗아가며 지나치게 실감 나는 병이다. 보통 충격적인 사건을 겪고 나서 석 달 이내에 증상이 발현되지만, 발병할 때까지 몇 년씩 걸리기도 한다. 나는 천천히 발현된 경우였다.

PTSD를 앓고 있으면 인간관계와 업무, 일상생활이 지장을 받는다. 누구와 함께 있어도 소속감이 느껴지지 않는 데다 정신적으로 극심한 괴로움을 느끼고 감정을 통제하기 어려워지기도 한다.

참전 용사들은 대부분 스스로 그렇게 심각한 외상을 입었다고 생각하지 않는다. 나처럼 이렇게 생각하기도 한다. '전투를 많이 겪은 것도 아니잖아. 그러니 괴로워할 필요 없어. 난 PTSD가 아니야.' 하지만 실상은 그렇지 않다. 전투를 많이 겪어야만 큰 영향을 받는 건 아니다. 증상이 늦게 발현된 것도 내가 PTSD를 부정하는 이유로 작용했다.

PTSD는 주로 우울과 불안장애를 동반한다. 이런 설명하기 힘든 감정에서 벗어나려고 많은 베트남 참전 용사가 헤로인 같은 강한 마약에 의존했지만, 증상은 심해지기만 했다. 참전 용사라면 누구나 이런 사연을 하나쯤 알고 있다. 나는 고통을 완화하려고 약에 의지했던 사람들을 안다. 약 때문에 많은 이가 죽었다. 결국 이들을 죽인 건 약이 아니라 끝나지 않는 전쟁의 그림자였다.

충격적인 사건을 경험하고 나서 이런 증상이 몇 주 나타나는 건 100% 정상이다. 하지만 이 증상이 한 달 이상 지속되고 생활에 심각한 영향을 미친다면(약물이나 내과 질환 등 사건과 관련 없는 원인이 따로 존재하지 않는다면) PTSD일 확률이 높다.

PTSD로 진단받으려면 최소한 한 달 이상 이런 증상이 지속되어야 한다.

1. 한 가지 이상의 재경험(과거에 겪었던 갈등이나 고통을 생생하게 다시 떠올리는 증상_옮긴이) 증상
   a. 땀이 나거나 심장박동이 증가하는 등 신체적 증상을 동반하는 플래시백(외상을 일으켰던 과거의 사건이 계속 머릿속에서 반복된다)
   b. 악몽을 꾼다
   c. 무서운 생각이 든다
2. 한 가지 이상의 회피 증상
   a. 충격적인 경험을 떠올리게 하는 장소, 사건, 물체를 회피한다
   b. 충격적인 사건과 관련된 생각이나 감정을 회피한다
3. 두 가지 이상의 각성과 반응 증상
   a. 쉽게 놀란다
   b. 긴장하거나 예민하다
   c. 쉽게 잠들지 못한다
   d. 분노가 폭발한다
4. 두 가지 이상의 인지 및 기분 관련 증상
   a. 충격적 사건에 관한 주요 사실을 기억하지 못한다

b. 자신이나 세상을 부정적으로 생각한다
  c. 죄의식에 빠지거나 원망하는 등 감정이 비뚤어진다
  d. 예전에 좋아했던 활동에 흥미를 잃는다

나는 거의 모든 문항에 체크했다. 이런 사람은 나뿐만이 아니었다. PTSD에 관해 조사한 결과, 흥미롭지만 놀랍지는 않은 사실을 발견했다. 국립PTSD센터 National Center for PTSD 에 따르면 미국 국민의 6%가 살면서 언젠가 PTSD를 경험한다. 미국재향군인부 US Department of Veterans Affairs 에서는 미국에서 매년 1,200만 명에 달하는 성인이 PTSD를 겪는다고 추정한다. 흥미롭게도 여성이 남성보다 PTSD에 잘 노출되는 경향이 있으며 일부 전문가는 유전적 요인에 따라 PTSD에 취약할 수 있다고 본다.

다른 전쟁에 참전했던 군인을 대상으로 PTSD 유병률을 평가한 연구도 많다. 예를 들어, 이라크자유작전 Operations Iraqi Freedom (2003년 미국의 이라크 침공 작전_옮긴이)과 항구적자유작전 Operation Enduring Freedom (2001년 9·11 이후 아프가니스탄 등을 침공한 작전_옮긴이) 참전 용사의 11~20%, 걸프전 참전 용사의 약 12%가 특정 해에 PTSD를 겪었다고 한다. 미국재향군인부에서는 원래 베트남 참전 용사의 15% 정도가 1980년대 후반에 PTSD를 진단받았다고 봤다. 그 이후에 진행된 국립베트남참전용사 재평가연구 National Vietnam Veterans Readjustment Study 에서는 이 수치가 실제로 30%에 가깝다고 추정했다. 윌리엄 테쿰세 셔먼 William Tecumseh Sherman 장군(미국 제19대 육군 총사령관으로 미국 남북전쟁 당시 북군에서 참전했다_옮긴이)이 1879년 미시간 육군사관학교 졸업식 연설에서 유명한 말을 남겼다.

"전쟁은 지옥이다."

전쟁은 오래전에 끝났지만 내 정신은 여전히 그곳에 있었다. 많은 참전 용사가 이런 감정을 느꼈지만 베트남에서 복무했던 내 형제자매들은 특히 심했다. 나는 지금까지 '코끼리 보기 seeing the elephant(군대에서 전쟁의 참혹함과 혼란을 처음 실감하는 순간을 뜻하는 속어_옮긴이)'와 관련된 역사서를 몇 권 읽었다.

세상에서 가장 유명한 전투 코끼리는 한니발이 알프스산맥을 넘을 때 데려갔던 37마리일 테지만, 원래 코끼리는 인도에서 수백 년간 전쟁에 이용되다가 뒤늦게 유럽 전쟁터에서 모습을 드러냈다. 아케메네스제국 Achaemenid Empire(최초의 페르시아제국으로 알려졌다)은 인도의 전투 코끼리를 수입해서 사용한 최초의 서양제국이었다. 알렉산더대왕은 기원전 331년 가우가멜라전투 Battle of Gaugamela에서 페르시아군과 싸우면서 전투 코끼리를 마주했다. 나는 최전방에 있던 병사들이 이 거대하고 사나운 짐승과 정면으로 맞닥뜨렸을 때 어떤 기분이었을지 상상하곤 한다.

그들은 강한 군인이었지만 당연히 두려웠을 것이다. 그래서 최전방에서 적군을 처음 마주하는 순간을 두고, 코끼리를 본다는 표현이 나왔다고 생각한다. 코끼리 보기는 누군가에게는 기특한 통과의례겠지만, 삶에서는 돌이킬 수 없는 퇴보이기도 하다. 한번 코끼리를 목격하면 절대 잊히지 않기 때문이다. 그 뒤 삶은 어떤 행동을 하고 무엇을 생각하든 코끼리가 항상 도사리고 있다. 나는 오랫동안 그런 기분을 느꼈다. 코끼리는 육아, 인간관계, 일에 이르기까지 모든 것에 스며든다. 이 사실을 처음 깨닫기까지 20년이 넘게 걸렸고, 치료를 시작하기까지는 더 오래 걸렸다. 당시에는 전혀 이해하지 못했기 때문이다.

제2차 세계대전을 치르는 동안 한 병사가 전투를 목격하는 날은 평균 10~20일이라는 보고가 있다. 베트남에서는 한 번 파견됐을 때 전투를 경험하는 날이 평균 250일이었다. 해병대와 다수의 육군 부대는 주둔 위치상 더 잦았을 테다. 나는 베트남에 겨우 한 달 있었지만 볼 만큼 봤다. 그럼에도 나는 영웅이 아니다. 수많은 형제자매의 경험과는 비교할 바가 못 되며, 그들 중 다수가 극도의 비탄과 고통에 시달렸다. 앞서 말했듯 참전 용사들은 대부분 PTSD의 근본 원인이나 대처 방법을 몰랐기 때문에 스스로를 고립하거나 약물, 술에 의존했다. 심지어 자살까지 시도하며, 실제로 많은 이가 자살로 사망했다.

코끼리를 본 사람들은 겉과 속이 다르다. 사실 그들은 겉으로 보이는 것처럼 예민하고 신경질적이고, 폐쇄적인 사람들이 아니다. 그 모든 껍질을 벗겨내면 내면의 천사가 있다. 내면의 천사는 간절히 풀려나고 싶어 한다. 하지만 그러려면 코끼리가 완전히 사라져야 한다.

외상 후 스트레스 장애를 겪으며 가장 힘들었던 건 잔인한 속임수였다. 나는 항상 스스로를 감당하고 대처할 수 있다고 생각했다. 내 안에 깊이 뿌리내린 자립정신이 이 생각을 더 굳혔다. 하지만 PTSD

가 악화되면서 극심한 악몽에 시달렸고 가끔 플래시백 증상을 겪었으며, 이 악마를 오랫동안 가뒀던 정신적 우리에 다시 집어넣지 못하는 자신을 탓했다. 진이 빠지는 일이었다. 그리고 자살도 생각한 적이 있다. 무척 절망적이고 공허했다. 하지만 10분 정도 고민한 다음 생각했다. '이건 나답지 않아.' 다시는 삶을 끝낼지 고민하지 않기로 했다. 그 뒤 최소한 자주는 그러지 않았다.

결국 PTSD는 걷잡을 수 없이 심해졌고 스스로 고칠 수 없다는 사실을 깨달았다. 그래서 내가 사는 동네인 시더래피즈 근처에서 한 심리학자를 찾았다. 해군에서 은퇴한 사람이었다. 일주일에 한 번 그 사람을 만났고, 대화를 시작하면 몇 분 되지 않아 아이처럼 울었다. 그때까지 입 밖에 꺼내지 않았던 수많은 이야기를 털어놨다. 나는 제대한 베트남 참전 용사들이 받는 대우에 분노했다. 전쟁에서 본 일을 한 번도 말한 적이 없었다. 그 추악한 전쟁을 치르는 동안 동료들이 죽었을 때 살아남은 것에 대한 죄책감, 내가 한 짓, 우리가 한 짓에 대한 죄책감을 품고만 있었다. 그 모든 악마가 늘 도사렸으니 직접 대면하지 않았다면 내 삶이 어떻게 됐을지 누가 알겠는가. 죽을 때까지 술을 마시거나 감정적으로 메말라 죽었을지도 모른다.

내가 심리학자를 찾아간 건 전쟁 때문만은 아니라는 사실도 깨달았다. 과거 어린 시절과 가정 환경도 PTSD와 관련이 있었다. 나는 그 기억을 뒤적이면서 아직 내 안에 살고 있는 상처받은 소년을 치유하려 했다. 이 책을 시작하면서 언급했던 내면아이 워크숍에서 나 자신에게 편지를 썼던 것도 이 무렵이었다. 그때 살면서 했던 다른 모든 일처럼 상처 치유도 쉽지 않다는 사실을 알았다. 아마 지금까지 한

일 중에서 가장 힘들었는지도 모른다. 하지만 그때는 나를 둘러싼 어둠을 헤치고 빛이 있는 곳으로 나가려는 의지로 충만했다. 늘 분노하며 살고 싶지 않았다. 사랑하는 사람에게 상처주고 싶지도 않았다. 이 짐승을 정복하려면, 지금 이 자리에 서기까지 인생을 헤쳐나가며 버티게 해준 인내와 맞먹는 노력을 해야 할 것이다.

나는 오랫동안 왜 내가 이런 기분을 느끼는지, 왜 늦게 병이 촉발됐는지 스스로 물어왔다. 언제나 전쟁 영화를 보거나 베트남전쟁 다큐멘터리를 볼 때는 아무런 문제가 없었다. 전투는 늘 아무렇지도 않았다. 나는 항상 조국으로 돌아오는 장면에서 무너졌다. 그 장면은 도저히 볼 수가 없었다.

빌어먹을. 도저히. 볼 수가. 없었다.

그 끔찍한 전쟁에 깊숙이 휘말린 것으로도 모자라서, 고향에 돌아와서 거부당하는 건 더 괴로웠다. 우리 중 누구도 그런 취급을 받을 이유가 없었다. 그건 불공평했다. 지금쯤 여러분은 내가 공평이라는 개념을 어떻게 생각하는지 알 테다.

이제 우리는 PTSD가 실재한다는 사실을 안다. 다행히 치료할 수도 있다. 새롭고 흥미진진한 PTSD 치료법에 접근할 수도 있다. 이에 대해서는 나중에 자세히 살펴보자.

—※—

나는 가끔 베트남에서 함께 복무했던 해병들을 만나면서 치유를 계속했다. 내 기분이 이렇다면 형제들도 다르지 않을 것이다. 나는 인터넷으로 일부와 연락했고 해병대의 도움을 받아 다른 사람들도 찾았다. 가끔 래리 블랙웰이 어떻게 됐을지 궁금했다. 결과적으로 나는 래리 덕분에 목숨을 건진 것이나 다름없었다. 몸도, 정신도. 마침 해병대 인맥을 통해 래리의 여동생과 연락이 닿았고, 래리가 베트남에서 귀환한 후 헤로인에 중독됐다는 사실을 전해 들었다. 그녀는 래리가 헤로인을 끊으려고 무척 애를 썼지만 실패했고, 1993년에 과잉 투여했다고 했다. 가슴이 무너져 내렸다. 이 사실을 일찍 알았더라면 어떻게든 래리를 도왔을 텐데. 소식을 듣고 나서 베트남에서 분대장이었던 배리 조지에게 전화해서 래리가 무슨 일을 겪었는지 말했다. 나는 통화하는 내내 아이처럼 울었다. 배리가 말했다. "밥, 제대로 이해해야 해. 래리를 죽인 건 헤로인이 아니야. 빌어먹을 전쟁이지."

그 말을 듣고 나서 형제들과 소통하고 싶은 마음이 더 강해졌다. 언젠가 미시시피주 걸프포트Gulfport에서 열렸던 참전 용사 모임에 참석한 적이 있었다. 나와 같은 일을 했고, 내가 아는 것을 경험으로 아는 해병들을 만났을 뿐인데 무엇인가 달랐다. 신선한 공기를 마시고 한숨 놓는 기분이었다. 이런 모임은 우리 모두에게 유익했다. 증상을 인정하는 것만으로도 오랫동안 PTSD를 둘러싼 오명을 일부 지울 수 있었다. 그 감정에 붙일 이름이 생겼다는 사실도 치료를 시작하는 데 도움이 됐다. 덕분에 변화가 생기기 시작했다. 크지는 않지만 올바른 방향으로 가는 움직임이었고 더 행복해질 수 있는 긍정적인 첫걸음이기도 했다.

처음에는 PTSD를 극복하는 데 상담이 도움 됐다. 몇 달이 지나면서 정신이 안정되자 내면의 어둠을 조금씩 찔러봤다. PTSD는 내게 지옥과 아이러니를 동시에 선사했다. PTSD가 아니었으면 이만큼 성공하지 못했을 테다. 이유는 몰라도 남다르게 성공한 요인으로 작용했을 것 같다. 가끔 기력을 빼앗아 가기도 했지만, 나는 그 에너지의 방향을 틀어서 사업의 연료로 삼았고, 끊임없이 일에 자신을 파묻을 수 있었다. 그 헌신에 여러모로 빛을 봤지만 엄청난 대가도 치러야 했다. 무엇보다 소중하게 생각하는 사람들과의 관계에 피해를 줬다. 그 순간에는 몰랐더라도 지금은 인정할 수밖에 없다. 상담은 유익했고 동료들과 함께하는 것도 도움이 됐지만, 예전의 나로 돌아간 느낌은 받을 수 없었다. 나는 예전의 내 모습을 되찾고 싶었다.

점점 자신감을 회복하고 무엇 때문에 고통스러웠는지 이해하면서 그 무렵 청년이 된 아이들과 간절히 다시 소통하고 싶었다. 나는 살면서 무엇을 가장 후회하느냐는 질문을 자주 받는다. 그럴 때마다 똑같이 대답한다. "하나 있습니다." 아이들이 어렸을 때, 늘 일만 하느라 인생에서 소중한 순간들을 너무 많이 놓쳤다. 나는 아이들의 어린 시절을, 적어도 상당 부분을 함께하지 못했다. 아이들 곁에서 자라는 모습을 지켜보고 싶었다. 비틀거릴 때 도와주고, 필요할 때 자리를 지키며 서로 신뢰를 쌓아서 힘들 때는 항상 내게 상의하면 된다는 걸 알려주고 싶었다. 하지만 그 말은 옛날에 마구간을 떠났다.

어떻게 보면 아이들에게도 장단점이 있었을 것이다. 내가 PTSD 환자라는 건 늘 가까이하기 좋은 사람은 아니었다는 뜻이다. 나는 무척 예민했다. 물론 당시에는 PTSD가 모든 걸 망가뜨리고 있다는 사실을 몰랐다. 그저 내가 원래 그런 줄 알았다. 게다가 아이들과 함께

하는 부모가 어떤 존재인지 겪어보지 못했다. 그때 알았어야 했다. 내게 문제가 있다는 사실도, 고칠 수 있다는 사실도.

이 책을 쓰면서 아이들에게 내 부재가 어떤 면에서 행운이었다는 사실을 깨달았다. 아이들에게는 내가 없는 편이 나았을지도 모르겠다. 그럼에도 자아를 발견하는 여정에서 배웠듯이 하루하루는 새로 시작할 수 있는 기회. 나는 잃어버린 시간을 만회하기로 결심했다.

가장 기억에 남고, 사랑스럽고, 영혼을 울리는 자녀와의 경험은 생각지도 못했던 때에 찾아왔다. 막내딸 제시카는 2001년에 고등학교를 졸업했다. 어떻게 축하하면 좋을지 감이 잡히지 않아서 딸에게 물었다. "아빠가 뭘 해주면 좋겠니?"

"아빠랑 시간을 보내고 싶어요. 함께 여행 가요. 미국만 벗어나면 어디든 좋아요. 낯선 곳에 가서 사람들을 만나고 다른 문화를 배우고 싶어요."

나는 곧바로 대답했다. "그러자."

그렇게 둘이 이탈리아로 떠나기로 했다. 처음에는 로마에 가서 콜로세움, 바티칸 같은 역사적인 장소를 둘러봤다. 그다음 피렌체에 가서 요세프라는 운전사를 고용해서 안내받았다. 제시카는 근처에 괜찮은 레스토랑이 있냐고 물었고, 요세프는 미슐랭 별점을 받은 곳이자 세상에서 세 번째로 훌륭한 식당이라는 곳을 추천했다.

세 번째로 훌륭하다고? 귀가 솔깃했다.

제시카가 저녁 식사 때 입을 드레스를 사고 싶어 하기에 아르마니에 데려가서 특별한 옷을 골라보라고 했다. 드레스를 입은 딸은 공주

같았다. 나는 양복과 타이를 했고 제시카도 한껏 차려입었다. 우리는 대망의 밤을 잔뜩 기대했다. 도착한 레스토랑은 정말 훌륭했다. 직원이 아주 친절했다고 할 수는 없지만 레스토랑은 아름다웠다. 우리는 자리에 앉아서 이 시간을 만끽하려 했다. 한참 지난 후에 웨이터가 와서 음료 주문을 받았다.

"벨리니로 주세요." 제시카가 말했다.

"벨리니는 없습니다." 웨이터가 퉁명스럽게 말했다.

"왜 없나요?" 제시카가 물었다.

"없으니까요. 샴페인은 어때요?" 웨이터는 짜증이 나보였다.

제시카는 좋다고 했다.

"두 잔 주세요." 내가 끼어들었다.

그는 샴페인을 가져와서 테이블에 놓더니 주문하겠냐고 물었다. 우리가 귀찮게 한다는 듯 불퉁하고 무뚝뚝한 태도였다. 전혀 내가 기대한 그림이 아니었다. 하지만 어쨌든 거기 앉아 있었고 제시카를 위한 밤이니 적응하기로 했다.

"뭐로 하시겠습니까?" 웨이터가 제시카에게 물었다.

"칼라마리^{calamari}(지중해식 오징어 요리_옮긴이) 주세요."

"안 됩니다. 이 구성으로는 내지 않아요."

"그럼 스파게티와 칼라마리를 같이 주시고, 파스타는 빼주시겠어요?"

"안 됩니다."

"왜요?"

"그럼 셰프가 무척 화낼 테니까요."

웨이터는 정확히 그렇게 말했다. 나는 그때 생각했다. 셰프만 화내는 건 아닐 텐데. 제시카는 등을 뒤로 기대고 팔짱을 낀 채 아무 말도 하지 않았다. 깜짝 놀라고 실망한 듯했다. 원래 우리는 세계에서 세 번째로 좋은 레스토랑에서 기분 좋게 즐기고 있어야 했다. 세계 1위가 아닌 이유는 안 봐도 알 듯했다. 우리 기대와는 완전히 다른 일이 벌어지고 있었다. 내가 가본 레스토랑 중에 가장 불친절한 곳이었고, 무례한 태도와 무시를 도저히 더 참기 힘들었다.

"잠깐만요, 한마디 합시다. 우리는 미국에서 왔어요. 밖에서 식사할 때는 당연히 서비스가 친절할 거라고 기대하죠. 보아하니 이 레스토랑은 아닌 듯한데 그냥 계산하고 나가는 편이 낫겠네요."

"알겠습니다." 그는 주저 없이 말했다. 그리고 쌩하니 나가버렸다.

얼마 지나지 않아 레스토랑 주인이 와서 문제가 있냐고 물었다. 70대 중반 정도로 다정해 보이는 여성이었다. 나는 주인이 이해할 거라고 생각하며 상황을 설명했다. 그냥 가는 게 좋을 것 같아서 계산서를 요청했다고 했다.

"잘 생각하셨네요." 툭 내뱉더니 그녀도 휙 나가버렸다. 그리고 몇 분 뒤 계산서를 가져왔다. 그녀가 건넨 계산서에 음료값은 없었다.

우리는 일어나서 레스토랑을 나왔다.

운전사는 보이지 않았다. 물론 레스토랑에 몇 시간 있을 줄 알았을 테니 탓할 수는 없었다. 제시카와 나는 좀 걷기로 했다. 제시카는 실망한 눈치였고 나도 마찬가지였다. 첫 블록을 걸을 때는 말이 없다가 딸이 다가와서 포옹하며 말했다. "사랑해요, 아빠."

예전에도 제시카가 사랑한다고 한 적이 있지만 자주는 아니었다.

나를 사랑하는 건 알았지만 직접 들으니 행복했다. 살면서 가장 행복한 순간이었다. 너무 소중해서 절대 잊지 못할 순간이기도 했다. 나는 제시카를 보며 말했다. "나도 사랑한다, 얘야."

마침내 만난 운전사는 자기가 제일 좋아하는 패밀리레스토랑에 우리를 데려갔다. 미슐랭 별점을 받거나 화려한 곳은 아니었지만 마음에 들었다. 우린 장소에 비해 차림새가 과했지만 그날 밤 평생 살면서 꼽을 만한 멋진 시간을 보냈다. 식당에서는 나와 제시카를 왕족처럼 대우했다. 시끄러운 음악이 흘러나왔고 손님들은 춤을 췄고, 그 주에 먹었던 음식 중에 가장 훌륭한 이탈리아 요리가 나왔다.

밤이 끝나 갈 무렵 제시카가 말했다. "아빠, 정말 즐거웠어요. 고마워요."

"너를 보살피려고 내가 있는 거야." 진심이었다. 제시카와 아이들 모두를 보호하는 게 내 역할이었다. 여러모로 나는 아이들의 해병이기도 했다.

이탈리아 여행 덕분에 우리는 확실히 가까워졌다. 사랑하는 사람과 함께 있으면 그 자체가 중요할 뿐 식사 장소는 중요하지 않다는 사실을 깨달았다. 이탈리아에서 함께했던 경험과 시간을 평생 잊지 못할 것이다.

―※―

파슨스테크놀로지를 매각하고 애리조나로 이사하면서 세 아이 중 누구에게도 함께 가자고 말하지 않았다. 이탈리아에서 보낸 밤에, 제시카는 할 말이 있지만 그날 밤에는 말하고 싶지 않다고 했다. 다음 날 아침까지 기다려달라고 했다. 나는 제시카에게 큰일이 생긴 줄 알았다. 제시카가 뭐라고 하든 내가 곁에 있으니 괜찮다고 안심시키려 했다. 그러고는 다음 날 아침에 식사하면서 크게 숨을 들이마시고 말했다.

"제시카, 뭐든 말해도 돼. 다 괜찮아."

"아빠, 애리조나에 가고 싶어요. 아빠와 함께 살고 싶어요."

나는 안도의 한숨을 쉬며 말했다. "그게 다야?" 그 말이 무척 반가웠고 당연히 그렇게 하라고 했다. 제시카의 엄마와 이혼한 후로 내가 보유한 집에는 늘 제시카를 위해 해바라기 테마로 꾸민 방이 있었다. 제시카가 해바라기를 좋아했기 때문이다. 나는 딸이 내 집을 늘 자기 집처럼 느끼길 바랐다. 그것만은 꼭 지키고 싶었다.

이제 아이들은 모두 자랐고 다행스럽게도 다들 나와 잘 지내고 있다. 세 아이 모두 시기는 달랐지만 결국 애리조나에 왔다. 마사는 애리조나에 집을 샀다. 메리앤과 숀은 지금도 스코츠데일에 살고 있다. 숀은 PXG 렌탈 부문을 관리하고 메리앤은 전업으로 아이를 키우면서 파트타임으로 간호사 일을 한다. 제시카는 오리건주 포틀랜드에서 가족과 함께 살고 있다. 성공한 셰프이자 자기 언니처럼 훌륭한 어머니가 됐다. 제시카는 아들이 둘이고 메리앤은 아들 둘과 딸 하나를 낳았다. 숀은 아들 하나, 딸 하나가 있고 나와는 다르게 좋은 아버지가 되려고 노력한다. 모두 잘 사는 모습을 보니 얼마나 행복한지 모른다. 나는 아이들이 자기 삶을 살고 스스로 선택하게 내버려 두는 법을 배웠다. 어떤 환경에서도 그저 곁에서 격려하고 보호할 뿐이다.

PTSD를 치료하려고 노력할수록 더 나아지고 싶었다. 2016년 가을에는 세리셋Cereset이라는 회사의 뉴로피드백neurofeedback(환자의 뇌파를 실시간으로 보여주면서 뇌파를 스스로 조절할 수 있도록 유도하는 치료법_옮긴이)이라는 방법을 시도했다. 새롭고 놀라울 정도로 쉬운 치료법이었다. 그 무렵 제시카가 교통사고를 당했다. 측면 충돌을 당한 이후로 외상 후 스트레스 장애 증세를 보였다. 나는 평소에 다니는 알레르기 병원 대기실에서 잡지를 뒤적이다 세리셋 광고를 발견했다. 관심이 생겨서 딸의 치료를 위해 전화했다가 그다음에는 내가 하려고 전화했다. 이 요법은 우리의 삶에 긍정적인 변화를 가져왔다. 내게 도움이 됐을 뿐만 아니라 제시카의 PTSD를 완벽히 치료했다.

세리셋에서는 검증이 완료된 비침습적이고 효과적인 기술을 사용한다. 우리 뇌가 균형을 잃거나 막히면 뭔가 잘못됐다는 기분이 들고 최상의 상태로 활동하기 힘들다. PTSD의 영향으로 정확히 내가 느끼는 기분이었다. 세리셋의 치료법은 뇌를 습관적 반응에서 해방시키고 스스로 치유하게 하며, 웰빙과 균형을 회복하도록 도와준다. 나는 이 치료로 큰 변화를 느꼈고, 이 새로운 접근법을 지인들에게 알려줬다.

내가 의지하고 신뢰하는 또 다른 요법은 SGB블록으로 통하는 성상신경절블록Stellate Ganglion Block(교감신경계를 차단하여 통증을 완화하고 두부 외상 후유증을 치료하는 신경 차단술_옮긴이)이다. 세리셋과 SGB블록을 함께하면? 훌륭한 시너지 효과를 낸다. SGB블록에서는 목 측면에 위치한 신경 다발에 마취제를 주입한다. 위험도가 낮은 시술로 1925년부터 시행됐고 오늘날에는 의사가 초음파로 직접 보면서 진행한다. 효과를 내는 원리를 살펴보자. 교감신경계에 속한 성상신경절은 투쟁 도피 반응과 감정을 관장하는 뇌 편도체와 협력한다. 연구원들에 따르면 마취제는 신경 성장 인자를 비활성화해서 뇌의 노르에피네프린norepinephrine(교감신경계를 자극하는 신경 전달 물질_옮긴이) 수준을 낮추고 PTSD로 흥분한 교감신경계의 활동을 진정시키는 효과가 있다. 이 시술로 증상이 진정되는 효과는 약 30분이고 사람에 따라 몇 년 정도 지속되기도 한다. 어느 쪽이든 효과가 상당하지만 보통 일시적이기 때문에 추가 시술을 받아야 한다. 컴퓨터가 멈추면 재부팅 하듯이 SGB는 교감신경계를 '재부팅' 하여 대부분(사람에 따라 완전히) 외상을 입기 전 상태로 되돌린다. 그 결과는 경이로울 정도다.

전통적인 PTSD 치료는 몇 달에서 몇 년까지 걸리고 성공률은 40%에 못 미친다. 일반적으로 SGB는 9년간 진행했을 때 성공률이 평균 70%에서 75% 정도이며 처음 시술할 때부터 효과가 나타난다. PTSD 치료의 희망이자 판도를 바꾸게 될 방식이다.

SGB블록이 PTSD를 완전히 치유하지는 못하지만, 증상을 지속적으로 통제하는 데 도움이 된다. 꼭 참전 용사만 이 치료를 받는 건 아니다. 정신적 외상이나 살면서 겪은 특정한 사건 때문에 PTSD를 앓고 있다면 실질적으로 증상을 가라앉히는 방법이 될 수 있다. 이 치료법은 획기적이고 효과적이며 실제로 회복을 도와준다. 나는 확실히 효과를 봤다.

지금까지 내가 사랑했던 사람에게 PTSD가 어떤 영향을 미쳤는지 많이 언급했다. 실제로 PTSD 때문에 이혼하는 사례가 많다. 나는 첫 번째, 두 번째 결혼이 이것 때문에 끝났다고 생각한다. 지난 세월 함께 일했던 사람 중에 내가 무엇으로 괴로워하는지 모르거나 이해하지 못한 사람들은 그저 나를 거칠고 변덕스럽고, 과격하다고 생각했을 것이다. 틀린 말은 아니다. 실제로 그랬으니까. 일부러 그런 건 아니었다. 그럴 의도는 없었다. 하지만 내가 치료를 시작하기 전까지 주변 사람들은 모두 내 고통 때문에 힘들어했다.

나는 이 책을 쓰면서 아내 러네이에게 나와의 결혼 생활이 어떤지, PTSD 환자를 사랑하는 사람에게 해줄 조언이 있는지 질문했다. 힘들지만 중요한 질문이었다. 러네이가 해준 대답이 내게 큰 의미가 있었기에 상황이 비슷한 사람들을 위해 공유하려 한다.

"어떤 관계든 자기 정신건강부터 보살피는 게 중요해. 사랑하는 사람의 행동이 나를 향한 게 아니라는 사실을 이해하고, 받아들이려고 노력하고 선을 그어야 해. 안 그러면 내가 뭔가, 혹은 전부 다 잘못하고 있다고 생각하기 쉬워. 스스로 끔찍하고 이기적이고 배려할 줄 모르는, 온갖 결함투성이 인간이라는 생각에 빠질 수 있지. 사랑하는 사람이 PTSD로 고통받는다는 사실을 다행히 알았다면 일단 나부터 보호하고 나름대로 대처할 방법을 찾아야 해. 고민 끝에 그 사람과 함께하기로 했으면 어떻게 도울 수 있을까 생각해야 하지. 사실 무엇보다 나부터 챙기는 게 중요해. 내 상태가 좋아야 반려자를 포함해서 타인을 도울 수 있어. 하지만 상대 역시 노력할 의지와 의사가 있어야 하고, 준비도 해야 해. 그건 내가 대신해 줄 수 없으니까."

내가 노력할 의지가 생긴 건 PTSD를 앓고 있다는 사실을 깨달았을 때였다. 그 이후로 답과 해결책을 구하기 시작했다. 나 자신과 더 나은 관계를 위해 계속 방법을 찾아 헤맸다. 당신에게 PTSD가 있다면 나처럼 해야 한다. 효과 있는 방법을 찾아라. 다양한 선택지가 존재한다. 만능 해결책은 없지만 더 이상 고통받지 않아도 된다.

워싱턴 D.C.에 있는 베트남 참전 용사 기념비에 방문한 것도 PTSD 완화에 도움이 됐다. 우리가 전쟁에서 돌아왔을 때, 당연히 베트남 참전 용사에게도 기념비가 있어야 한다고 생각했지만 지나친 기대였다. 우리 정부는 전쟁에서 싸우다 떠난 영혼을 기릴 생각이 없었다. 제대로 된 기념비를 원하면 직접 세워야 했다. 요청해 봤자 소용없었겠지만, 우리는 정부 지원 없이 직접 기념비를 세웠다. '벽The Wall'이라고도 불리는 베트남 참전 용사 기념비는 1982년 11월에 공개됐다. 길이 148미터의 검은색 화강암 벽에는 베트남전쟁에서 목숨을 잃은 5만 8천 명의 이름이 새겨져 있다. 그 모습이 땅에 팬 흉터처럼 보여서 그 전쟁을 기념하기에 완벽했다. 벽 앞에 서면 거대하고 끔찍하고 참혹한 전쟁에서 싸우다 목숨을 잃은 수많은 미국 청년에게 강렬한 감정을 느낄 수밖에 없다.

나는 워싱턴 D.C.에 갈 때마다 항상 '벽'에 들른다. 그리고 꼭 한밤중에 간다. 그 시간에 오는 사람은 보통 나뿐이라서 벽에 말을 걸 수 있기 때문이다. 나는 어두운 밤에 벽 바로 옆에 서서 눈물을 흘린다. 그리고 듣는다. 5만 8천 명에 달하는 형제자매의 이름이 새겨진 벽에서, 아주 오래전 미국이 해주지 못한 말을 듣는다. 누군가 이렇게 속삭인다. "당신의 희생에 감사드립니다. 조국에 잘 돌아오셨습니다."

혹시 PTSD 증상을 겪고 있다면 도움을 받을 수 있다. PTSD 때문에 도움을 받아야 한다는 사실을 인정하기란 쉽지 않다. 하지만 앞으로 나아가려면 꼭 해야 하는 일이다. 더 나은 삶을 위한 여정을 시작하고 싶다면 관련 도움을 주는 기관과 전문가에게 손을 내밀어라.

PTSD 치료를 받으면서 나는 마침내 집에 돌아온 기분을 느꼈고, 이 기분은 말할 수 없이 아름답다. 이제 당신도 느낄 차례다. 당신도 집에 돌아갈 자격이 있다. 덧붙여 만약에 당신이 참전 용사라면 특별한 메시지를 전하고 싶다.

"조국에 잘 돌아오셨습니다."

27

넌 구제 불능이야

나는 고대디를 경영하면서 다른 사업에도 투자했다. 2012년에는 이 투자 활동을 감독하기 위해 YAM월드와이드 YAM Worldwide라는 회사를 설립했다. YAM은 파워스포츠(자동차, 오토바이 등 엔진이 달린 탈 것으로 경기하는 스포츠 종목_옮긴이), 골프, 부동산, 마케팅, 자선사업 등 내가 투자하는 사업체의 본부 역할을 했다.

YAM이라는 이름은 볼티모어에서 많이 쓰는 표현인 '넌 구제 불능이야 You're a mess'에서 가져왔다. 욕설이라기보다는 애정 어린 표현으로 쓰인다. 비하하는 의도는 전혀 없다. 이 회사의 이름을 고민하자마자 이 이름을 떠올렸다. '그렇지, YAM이 좋겠다.' 후회 없는 선택이었다.

회사를 론칭할 때 한 친구가 자기 친구인 앤 오무어 Anne O'Moore라는 여성을 소개해 줬다. 앤은 변호사였지만 나와 만났을 무렵 변화하고 싶어 했다. 나는 앤을 만나자마자 마음에 들었고, 내 특별 변호사로 일해달라고 부탁했다. 앤은 엄격했지만 공정했고, 내가 앤의 유일한 고객이었다. 가족 문제, 벤처 사업 등 무엇이든 문제가 생기면 모두 앤이 처리했다. 살면서 특히 가족 문제에 앤 같은 변호사가 필요한 위치에 오르다니 재미있다는 생각이 든다. 어린 시절에는 해결해야 할 가족 문제라고는 빵이 다 사라지기 전에 빵 봉지에 손댈 방법을 찾는 것뿐이었는데.

스티브 가베이 Steve Gabbay 도 소개받았다. 스티브는 2011년 고대디를 매각하기 직전 앤과 비슷한 시기에 우리 비즈니스 오피스에 CFO로 합류했다. 나는 사업하는 사람이기 때문에 '패밀리 오피스 family office(고액 자산가 가문의 자산을 운용하는 금융 서비스 회사_옮긴이)'라는 용어를 좋아하지 않는다. 패밀리 오피스는 주로 투자 운용 위주이며 회사를 운영하는 곳은 아니다. 하지만 나는 변화를 일으키는 사업을 하고 싶었다. 우리는 무엇에 투자하든 100% 직접 운영했다. 기억하겠지만 나는 동업자를 두지 않는다.

스티브는 오토바이 대리점을 포함해서 당시 내가 소유한 다양한 사업체를 운영했다. 나는 2008년에 처음으로 오토바이 대리점을 인수했다. 스코츠데일의 BMW, 두카티 Ducati, 트라이엄프 Triumph, 베스파 Vespa 대리점이었다. 기억하다시피 2008년에는 경기가 좋지 않았다. 금융 위기의 여파로 명품 브랜드 매출이 부진했지만, 저렴한 가격에 대리점을 매입할 기회였다. 나는 혼다 대리점을 수십만 달러에 구매했고, 가와사키 Kawasaki 도 비슷한 가격에 사들였다. 열정은 성공을 견인하는 훌륭한 동력이다.

당시에 오토바이를 즐겨 탔고 수천 킬로미터가 넘는 장거리 여행을 다니곤 했다. 사실 나는 오토바이와 오토바이 운전자들에게 관심이 아주 많다. 한때 호치민트레일 Ho Chi Minh Trail (베트남전쟁 당시 북베트남군이 병력과 군수품을 운송하던 경로_옮긴이)에서 오토바이를 탈 생각도 했지만, 어떤 일이 뒤따를지 하나씩 따져보다가 포기했다. 지금도 자주 그 여행을 상상하며 미소 짓곤 한다. 전쟁에서 온갖 고생을 했지만, 베트남은 내 마음속에 아주 특별한 곳으로 남아 있다. 정말 아름다운 나라이고 사람들은 무척 따뜻하고 친절하다. 전쟁이 끝난 후 베트남에서 열린 골프 콘퍼런스에서 기조연설을 한 적이 있다. 베트남에 착륙한 순간부터 집에 온 것 같은 설명하기 힘든 감정을 느꼈다.

어쨌든 오토바이 여행은 주로 내 친구 이안 케니 Ian Kenny와 함께 갔다. 기상천외한 친구라서 나와 죽이 잘 맞는다. 안타깝게도 이안은 뉴햄프셔주에 있는 가족을 만나러 갔다가 썰매 사고를 당하는 바람에 이제 오토바이를 타지 않는다. 썰매가 미끄러지면서 몸이 커다란 바위에 떨어졌고, 결국 허리가 부러졌다. 그때부터 이안은 오토바이에서 손을 뗐다. 나는 이안 말고는 장거리 여행을 함께 가고 싶은 사람을 아직 찾지 못했다. 가끔 친구들과 피닉스에서 라스베이거스 거리 정도는 오토바이로 당일치기 여행을 갈 때가 있다. 라스베이거스에서 권투 경기를 관람하고 밤을 새웠다가 다음 날 일찍 집에 돌아간다. 즉 길고 아름다운 모험을 즐기던 나날은 슬프게도 이제 끝이다.

지금까지 나는 오토바이 사고를 일곱 번 당했지만 앞서 언급했듯이 모두 걸어서 집에 갔다. 운이 좋은 편이었다. 요즘에는 오토바이를 자주 타지 않지만 여전히 오토바이를 사랑한다. 주로 검은색으로 구성된 아름다운 오토바이 컬렉션도 있다.

2015년에는 하시엔다할리 Hacienda Harley를 사들여서 스코츠데일 할리데이비슨으로 이름을 바꿨고, 지금은 전 세계에서 가장 큰 할리데이비슨 대리점으로 발돋움했다. 그곳은 1만 4천 제곱미터에 달하는 부지에 속옷 부티크, 문신과 피어싱 시술소, 이발소, 게임 센터, 영화관, 예식장까지 입점하여 오토바이 대리점의 차원을 한 단계 끌어올렸다. 우리는 멀티브랜드 대리점도 몇 군데 보유했으며, 모두 GoAZ 모터사이클 GoAZ Motorcycle이라는 이름으로 운영했다.

시간이 흐르면서 오토바이만으로는 수익을 충분히 내기 어려워서 사업군을 다양화했다. 예를 들어, 스푸키패스트커스텀즈 Spooky Fast Customs는 오토바이 디자인과 구성을 고객이 원하는 대로 맞춰준다. 현재 YAM파워스포츠와 모터스포츠 부문은 CEO인 지나 마라 Gina Marra가 완벽하게 경영하고 있다. 나는 그쪽 사업을 전혀 걱정하지 않는다. 지나는 명석하고 예리하며 경영에 빈틈이 없다.

오토바이 사업을 YAM파워스포츠로 키우는 동시에 YAM에 다양한 사업을 추가했다. 스코츠데일에 있는 할리데이비슨 대리점 부지와 우리 사무실 부지도 전부 내 소유였지만, 아직 부동산 투자회사는 없을 때여서 고대디 매각을 마무리하는 대로 그쪽으로 사업을 확장하기로 했다.

이렇게 다양한 사업을 추진하는 내내 스티브 가베이가 함께했다. 스티브는 부동산 포트폴리오 및 헤지펀드 등의 투자를 초창기부터 맡아서 확대해 나갔다. 바버라와 그랬던 것처럼 스티브와 나는 서로에게 훌륭한 자극제였다.

2012년에는 번화가 쇼핑몰과 동네 쇼핑몰, 대형 할인점 등 상업용 부동산 투자를 처음으로 시작했다. 2015년에는 1,400제곱미터에 달하는 세계적인 프로덕션 시설인 스니키빅스튜디오Sneaky Big Studios를 설립했다. 이곳에서는 첨단 기술을 활용하여 영상 및 음향 제작, 생방송, 편집을 진행할 수 있다.

그 시절에 나는 그야말로 이것저것 집적거리는 구제 불능으로 보였을 테다. 하지만 그렇지 않았다. 내 목적은 시험 삼아 이것저것 사업을 구축해 보고, 시대 흐름과 내게 맞지 않으면 흘려보내는 것이었다. 이러다 보면 언젠가 내가 집중하고 전념해야 할 완벽한 사업을 찾을 수 있을 거라고 확신했다. 그것을 발견해 가는 과정이 재미있었다.

28

게임의 법칙

　기술 회사를 두 군데나 설립해 키워봤으니, 이제 소프트웨어 개발이나 고대디에서 했던 다양한 인터넷 관련 사업과는 다른 일을 하고 싶었다. 지금 내가 진심으로 열정을 쏟을 수 있는 일이길 바랐다. 이미 오토바이 대리점 몇 군데가 성공했지만 내게는 충분하지 않았다. 꽤 오랜 기간 미식축구 팀이나 골프장을 구매할지 고민하기도 했다. 내가 정말 사랑하는 분야에 투자하고 싶었고 미식축구와 골프가 단연코 상위권이었다. 둘 다 레거시 투자 legacy investment(비교적 첨단 기술의 영향을 덜 받는 전통적 품목을 대상으로 한 투자_옮긴이)였다. 적어도 NFL 프랜차이즈를 구매하는 건 그렇다고 들었다. NFL 팀 하나를 구매하려고 진지하게 검토했고, 최근 몇 년간 성적이 안 좋은 팀일수록 저렴하다는 사실을 알아냈다. 파슨스테크놀로지를 경영할 때부터 시작된 골프 사랑은 그 와중에도 계속되고 있었다.

경이로운 우주는 정확히 필요한 시기에 적절한 사람과 기회를 안배한다. 2013년 4월의 한 이른 아침, 나는 스티브에게 전화해서 말했다. "나예요, 밥. 지금 스코츠데일골프클럽인데요(스코츠데일에 있는 골프 클럽이 아니라 이름이 그렇다). 정말 좋네요. 사야겠어요."

스티브에게 골프장을 사고 싶다고 한두 번 언급한 적이 있지만 실천에 옮긴 적은 없었다. 그 골프장 이야기를 했더니 스티브는 매물로 올라왔다는 말은 금시초문이라고 했다. 나는 골프장을 소유한 가문이 시장에 내놓는다는 소문을 들었기에, 함께 정확한 사정을 알아보자고 했다.

우리는 월요일까지 필요한 정보를 수집했다. 알고 보니 그 골프장은 최근에 재정 위기를 겪었다. 손해를 보지 않으려고 부재 소유주(경영에 참여하지 않는 소유주_옮긴이)들이 스코츠데일, 피닉스, 패러다이스 밸리Paradise Valley 등 수많은 주변 공동체와 상호 협정을 맺었다. 골프장 회원권을 구매했거나 매월 꾸준히 요금을 내는 사람들이 하루 요금만 내는 사람과 함께 골프장을 이용하는 경우가 잦았다는 뜻이다. 게다가 외부에서 온 사람들이 워낙 많아서 정작 회원이 골프장을 이용하지 못할 때도 있었다. 클럽하우스나 카트 등의 서비스를 이용하지 않는 회원이 많아서 추가 수익도 별로 없었다.

몇 년 전에 골프장을 소유한 시카고 회사인 크라운골프프로퍼티스Crown Golf Properties가 외부에 골프장을 매도하려 했지만, 회원들의 반발로 무산됐다. 그다음 2013년 3월 말에 크라운에서 회원들에게 편지를 보냈다. 골프장을 매각할 계획이며 회원들에게 10만 달러에 골프장을 구매할 수 있는 우선권과 2년간 운영을 지원할 신용 한도

300만 달러를 제공한다고 했다. 다만 크라운은 실제로 회원들이 구매하리라고는 생각하지 않았다.

스티브와 함께 상황을 파악할수록 일생일대의 기회라는 생각이 들었다. 크라운에서 제시한 우선권 합의에 따르면 골프장 회원은 3개월 이내에 구매 의사를 결정해야 하며, 구체적으로 계획이 무엇이든 최소한 50%의 회원으로부터 동의를 확보해야 한다. 흥미롭게도 크라운은 겨울 시즌이 끝날 무렵 편지를 보냈고, 회원들은 대부분 애리조나에 없었다. 회원들은 주로 겨울에 애리조나에 와서 4월이나 5월이 되면 살인적인 더위를 피해 집으로 돌아갔다. 회원들이 골프장에 관심이 줄어들고 구매하는 절차가 번거로워 끝내 포기할 확률이 크기에 일부러 이 시기를 기다렸다가 제안서를 보낸 것이 크라운의 전략이었다. 그러면 소유주는 회원들에게 제안한 거래 기간이 만료된 후 골프장을 경매에 부쳐서 훨씬 높은 가격을 부를 심산이었다.

회원권은 격차가 컸다. 골프장은 2004년에 개장해서 그동안 많은 변화를 거쳤고 남성 전용으로 바꾸려 한 적도 있었다. 스코츠데일골프클럽이 처음 문을 열었을 때 주주 회원권 가격은 11만 달러였다. 2008년에 경기 불황이 닥쳤을 때 입회비를 2만 5천 달러로 낮춰서 비주주 회원권을 개설했다. 주주 회원권 입회비도 5만 5천 달러로 낮췄다. 그 결과 회원 체계가 둘로 나뉘었고, 서로 전혀 달가워하지 않았다. 어떤 회원은 X라는 혜택을 보고 가입했고 나머지 회원은 Y라는 가성비를 보고 가입했다. 그러면 이유가 무엇이든 두 회원 집단은 같은 표를 행사하기 힘들어진다. 회원이 골프장을 구매하려면 회비, 회원 평가, 각 회원이 안고 있는 부채, 보증금, 자산 등과 관련해서 무척 복잡한 결정을 내려야 한다.

깊이 파고들수록 기회가 더 많이 엿보였다. 나는 스티브에게 그곳에서 직접 골프를 쳐보자고 했다. 처음 전화하고 일주일이 채 되지 않은 시점에 우리는 5번 홀에서 골프장 너머로 끝없이 펼쳐지는 사막을 바라봤다.

"꼭 사야겠어요." 나는 스티브에게 말했다.

그날 스티브와 나는 전 세계에서 수없이 많은 골프장과 레지던스 개발에 참여한 유명한 개발 업자 라일 앤더슨Lyle Anderson과 점심을 먹었다. 라일은 스코츠데일에 있는 데저트마운틴골프클럽Desert Mountain Golf Club과 애리조나주 골드캐니언Gold Canyon의 슈퍼스티션마운틴골프앤드컨트리클럽Superstition Mountain Golf and Country Club 등을 건설했다. 그는 골프 공동체가 얼마나 매력적인지에 대해서 남다른 안목을 갖고 있었다. 라일과 그의 동업자는 스코츠데일골프클럽 주변에 95만 제곱미터 규모의 부지를 소유했다. 골프장 시설을 활용해서 공동체를 형성할 수 있으니 그들도 골프장을 인수할 합리적인 이유가 있는 셈이다.

라일은 점심을 먹으면서 회원들의 답을 기다렸다가 구매를 마무리해야 한다고 설명했다. 그 작업이 완료되면 소유주가 매물을 시장에 내놓을 수 있고, 어떤 경매에 부치든 우리가 참여하면 된다고 했다. 알고 보니 라일은 크라운골프프로퍼티스와 오래 알고 지낸 관계였고, 앞으로 건설하는 주택과 연계해서 회원권을 대량으로 확보할 예정이었다.

나는 라일의 생각에 동의하지 않았다. 적어도 우리가 원하는 그림은 아니었다. 그래서 스티브는 당시 크라운골프의 사장이던 데이브 페어맨Dave Fairman에게 전화해서 골프장 구매 문제를 상의하러 와달라고 부탁했다. 데이브는 스코츠데일에 와서 현재 회원들의 상황과 우선 구매권, 관련 절차 등을 설명했다. 나는 그 자리에서 700만 달러를 제시했다. 데이브는 라일과 같은 맥락으로 말했다. 회원이 아닌 외부 세력은 골프장을 구매할 수 없으며 하반기에 크라운이 시장에 매물을 내놓을 테니 기다렸다가 그때도 관심이 있으면 참여하라고 했다.

데이브가 시카고로 돌아간 후 스티브와 나는 며칠 동안 대안을 상의했다. 골프장이 공개 시장에 나오기 전에 들어갈 방법을 찾고 싶었다. 그리고 얽힌 사정을 다 듣지 못했다는 생각이 들었다. 4월 말에는 골프장을 구매할 방법이 떠올랐지만, 먼저 주주 회원으로 가입해야 했다. 흥미롭게도 라일과 데이브는 회원 가입을 말렸다. 나는 스티브에게 말했다. "방법이 있어요. 꼭 가입해야 해요. 그래야 일이 풀립니다. 내일 일찍 골프장에서 만나요."

그러자 스티브가 말했다. "다들 가입하지 말라는데도요?"

내가 대답했다. "날 믿어요. 하지 말라니까 해야 하는 겁니다. 가입해야 이 거래를 성사할 수 있어요."

다음 날 아침 스티브와 나는 골프장 회원권 판매 담당자 샤론 캐리Sharon Carry를 만나서 가입하고 싶다고 했다. 기억하다시피 회원권에는 두 종류가 있다. 하나는 지분이 없고, 하나는 온전한 지분이 생긴다. 우리는 의견을 타진하고 골프장의 운영에 영향을 미치고 싶었다. 나는 재빨리 힘주어 말했다. "5만 5천 달러짜리 회원권을 각자 구매할게요."

샤론은 지난 5년간 5만 5천 달러짜리 회원권을 한 장도 팔지 못했다. 우리는 그 가격에 회원권을 구매하는 멍청이들이었다. 샤론은 회원 가입 절차가 무척 까다롭다며, 신청자의 배경을 살피고 복잡한 절차로 철저히 검토한다고 했다. 나는 전혀 걱정하지 않았다.

우리는 그 자리에서 신청서를 작성했다. 나는 예전에 있었거나 지금 보유한 다양한 회원권을 표시했다. 스티브는 골프장 회원권을 구매하는 게 처음이라 그 항목은 적지 않았다. 샤론이 물어보자 스티브가 말했다. "문제없었으면 좋겠네요."

"전혀 문제 되지 않아요." 샤론이 대답했다.

수표까지 쓰고 나자 온전한 지분과 회원 정보 열람권을 가진 신규 회원이 되었다. '복잡한' 회원 가입 절차는 한 시간 이내에 마무리되었다.

얼마 지나지 않아 최근에 인수 위원회가 조직됐다는 사실을 알아냈다. 우리가 가입할 무렵 위원회는 매각을 논의하러 활발하게 사람들을 만나고 다녔다. 우리는 위원회에 연락해서 우리를 소개한 뒤 개발 계획을 돕고 싶다고 제안했다. 그들은 우리를 차단했다. 매각 절차와 관련된 문제에서 완전히 배제하려 했다. 자기들끼리 오랫동안 끈끈한 관계였고 전부 내부에서 통제하고 싶어 했다. 특히 신규 회원이 참여하는 데 달가워하지 않았다.

나는 한참 공을 들여서 회원들 주변을 맴돌며 나를 소개했다. 가끔 자신은 골프장 회원이 아니라고 하는 사람들도 만났다. 상호 협정 회원이나 지역 호텔 투숙객이었다. 그들을 보며 '이 사람들은 누구고 왜 여기 있지?' 회비를 내는 회원으로서 이건 아니라는 생각이 들었다.

이제 계획을 수립하고 투표해야 할 시점이었다. 그때까지 나는 편하지도 않고 절대로 있고 싶지 않은 곳을 들여다보는 내부인이었다. 우리는 구매자나 위원회 회원이 아니었기 때문에 골프장 인수 위원회나 크라운골프에서 어떤 정보도 받을 수 없었다.

결국 크라운골프에서 상세한 제안서를 보냈다. 전략이 극단적으로 복잡했다. 네다섯 장 정도 되는 제안서는 도저히 알아보거나 이해하기 힘들었다. 전략의 골자는 모든 회원의 보증금을 주식으로 전환하고 회비를 올리는 것이었다. 동의하는 회원은 별로 없을 듯했다.

스티브와 나는 매일 퇴근하면 스크린골프를 설치해 둔 사무실 지하에 내려갔다. 골프 연습을 하면서 골프장을 매입할 방법을 고민하고 탐색하고 전략을 세웠다. 나는 경매 전쟁에 뛰어들고 싶지 않았다. 더 나은 방법이 있을 거라고 생각했다.

그렇게 며칠이 흐르고 어느 날 밤 내가 말했다. "아이디어가 생겼어요. 다른 계획을 세웁시다." 위원회에서 우리를 계획에 끼워주지 않는다면 직접 계획을 수립하면 된다. 스티브와 나는 주주 회원이었기 때문에 다른 회원의 집 주소와 이메일 주소에 접근할 수 있었다. 며칠 후에 밥파슨스플랜닷컴thebobparsonsplan.com이라는 웹사이트를 개설하고 활성화한 다음 모든 회원에게 메일을 보냈다. '저한테 더 나은 생각이 있습니다.' 나는 내 제안을 한 페이지에 모두 담았다.

먼저, 보증금 절반을 보장했다. 회원이 그만두면 가입비 절반을 돌려준다는 뜻이다. 회비는 1년에 10% 이상 올리지 않겠다고 약속했다. 나는 조심스럽게 우리, 즉 회원들이 골프장을 구매한다고 설명했다. 구매 가격은 10만 달러였고 신용한도 300만 달러를 보장했다. 그러면 회원들은 크라운과 거래할 때 보증을 받을 수 있다. 클럽하우스를 물리적으로 개선하고 새 장비를 구매하는 등 골프장을 개선하는 계획도 포함했다. 이 모든 과정에서 회원 평가는 진행하지 않는다. 이 계획을 실현하려면 계약을 마무리하면서 한 가지 거래가 동시에 이뤄져야 한다. 크라운에 내는 금액과 똑같은 가격에 내게 자동으로 소유권을 넘기는 것이다. 나는 질문이 있으면 얼마든지 연락하라는 말로 메일을 끝맺었다. 단순하고 명료하고 효과적인 글이었다.

당연히 회원들은 술렁였다. 2만 5천 달러짜리 회원권을 구매한 사람들은 골프장에 누군가 투자한다니 좋아했고, 11만 달러짜리 회원권을 보유한 사람들은 탈퇴할 때 보증금 절반을 돌려준다는 말에 혹했다. 우리 계획은 인수 위원회의 제안과 전혀 달랐다. 무엇보다 이해하기 쉬웠다.

나는 언제나 단순함의 가치를 높이 산다. 복잡한 것보다 단순한 것이 낫다. 사람들이 원하는 것을 주고 당신의 제안을 이해시켜라. 이것이 언제나 먹히는 결정적인 한 방이다. 상대가 원하는 것을 분명하고 확실하게 제시하면 언제나 이길 수 있다. 나는 회원들이 내 계획에 동의할 것이라고 확신했다.

우리가 메일을 보낸 후 데이브 페어맨이 스티브에게 전화했다. 몹시 화가 난 상태였다. 회원만 골프장을 구매할 수 있으니 우리는 불가능하다고 못 박았다. 자기가 보낸 메일에 규정을 분명히 적어뒀다고 했다.

"알아요, 데이브. 데이브가 회원에게 보낸 메일과 밥이 보낸 메일을 다시 한번 찬찬히 읽어봐요." 스티브가 말했다. "기다릴게요."

스티브는 데이브가 편지를 뒤적이는 소리를 들었다. 회원이 골프장을 판매하려면 가입한 지 일정 기간 이상 지나야 한다는 조항은 없었다. 보통 기간 제한이 있지만 크라운에서는 그 내용을 메일에 언급하지 않았다. 회원이 끼어들 거라고는 생각지도 못하고 신경을 껐기 때문이다. "이런." 데이브가 상황을 깨닫고 탄식하는 소리가 들렸.

넘어야 할 산이 몇 개 더 있었다. 예를 들어 회원들이 어느 계획에 투표할지가 관건이었다. 회원들이 골프장을 구매하지 않으면 우리는 피하고 싶었던 경매에 참여해야 하고, 내 계획을 관철하려면 온갖 제약이 들러붙을 터였다. 결국 회원들은 거의 만장일치로 내 계획에 투표했다. 당시 투표한 회원이 146명 정도였다. 그중에 145명이 밥 파슨스의 계획을 승인했다. 한 명은 거절했다. 다행히 표를 얻었으니 거래를 마무리할 수 있었다.

크라운은 내 의도를 이해했지만 결과는 조금도 좋아하지 않았다. 우리는 표를 얻은 후에 9월 중순에서 말까지 계약을 마무리해야 했다. 그러려면 크라운골프에서 얻어야 할 정보가 많았다. 크라운이 이 계약을 꺼린 이유는 결국 내가 스코츠데일 북부에서 120만 제곱미터에 달하는 부지와 용수권, 영업 중인 골프 코스, 골프 연습장, 클럽하우스, 정비 시설을 비롯한 모든 장비를 10만 달러에 구매한 셈이었기 때문이다. 과장이 아니다. 부채를 보증해야 하지만 그건 문제 되지 않았다. 앞서 말했듯이 내게는 일생일대의 계약이었다.

8월 초, 스티브에게 어떻게 진행되고 있냐고 물었더니 크라운이 정보를 주지도 않고 협조를 안 한다는 불평이 돌아왔다. 나는 '하지 못한다'나 '하지 않겠다'는 말을 좋아하지 않는다. '안 한다'는 확정형이니 괜찮다. 그건 대답이 된다. 그러나 '하지 못한다'나 '하지 않겠다'에는 저항의 의미가 담겨 있고 보통 뒤집을 수 있다.

나는 어떤 문제든 해결책이 존재한다고 확신한다. 다른 사람이 결과를 싫어할 수 있지만 늘 해결할 방법은 있다. 해결책을 찾지 못했다면 충분히 고민하지 않았거나 문제를 잘못된 시각으로 바라보기 때문이다. 한 가지만 말하고 싶다. 나는 복잡한 퍼즐을 푸는 것을 좋아한다. 상황을 파악한 다음 데이브를 직접 만날 테니 다시 스코츠데일로 부르라고 했다. 그렇게 스티브와 데이브, 내가 한자리에 앉았다. 방에는 우리 셋뿐이었다.

"데이브, 스티브 말로는 데이브가 계약 마무리를 힘들게 한다네요." 내가 직설적으로 말했다.

"아니에요, 밥. 절차가 있어서……." 나는 데이브의 말을 잘랐다.

"하나 물어봅시다. 8월 이내에 계약이 마무리되면 추가로 50만 달러를 낼게요. 그러면 도움이 되겠습니까?" 나는 미소를 짓고 다른 말은 덧붙이지 않았다. 일을 마무리하려면 뇌물이 필요했다.

"되고말고요." 데이브가 말했다.

그때부터 일이 순조롭게 진행됐다.

60만 달러라고 해도 엄청난 횡재였다. 나도 알고 그들도 알았다. 하지만 이렇게 하면 데이브도 이익을 볼 수 있으니 업무 처리에 큰 변화가 생긴다. 어쨌든 계약을 마무리하는 것이 내 목표였다.

우리는 2013년 9월에 계약서에 서명했다. 스코츠데일골프클럽은 소유주가 바뀌었고 공식적으로 스코츠데일내셔널골프클럽이 되었다. 지금까지 살면서 경이로운 거래를 몇 번 성사시켰다. 그중 두 가지는 파슨스테크놀로지와 고대디를 매각한 것이다. 당연히 스코츠데일내셔널을 매입한 것이 세 번째였다.

결국 회원 가운데 약 30명이 탈퇴했다. 나는 초기 보증금의 절반을 돌려줬고 그들은 만족했다. 나머지 회원들은 대부분 열광했다. 하지만 내가 골프장을 넘겨받는 순간부터 회원권은 전용으로 바뀌었다. 호텔 숙박객을 받거나 다른 골프장과 협정을 맺지 않았다. 이제 골프장에 우리가 모르는 사람은 오지 않을 테다. 그런 예외 정책이 곧바로 사라졌다. 스코츠데일내셔널은 우리 골프장이었고 회원과 회원이 데려오는 손님만 입장할 수 있었다. 예외는 없다.

시간이 흘러 12월 초가 됐을 때, 나는 골프장을 가장 자주 이용하는 고객이 돈을 제일 적게 쓴다는 사실을 발견했다. 이들은 클럽하우스에서 식사하거나 저녁을 사거나, 손님을 데려오지 않았다. 카트도 거의 이용하지 않았다. 심한 경우 8~9홀까지 카트를 쓰지 않고 후반 9홀에 무료로 이용했다. 당황스러웠고 내가 원하는 방식이 아니었다. 분명히 말해두지만 내가 이상적이라고 생각하는 회원의 기준에 맞는 기존 회원도 많았고, 그들도 내가 원하는 골프장을 원했다. 나는 최고급 회원 전용 골프장을 원했다. 골프 코스든 서비스든, 음식이든 음료든, 애리조나에서 비교 대상이 없는 가장 훌륭한 골프장이어야 했다. 미국 최고, 아니 세계 최고를 노렸다. 이것이 우리 목표였다. 하지만 목표를 달성하려면 회원권부터 바로잡아야 했다.

다시 회원들에게 편지를 보낼 때였다. 이번에는 어조가 약간 바뀌었다. 편지의 시작은 별다르지 않았다. 전반적으로 골프장을 개선하고 새 클럽하우스를 짓고, 기타 편의 시설을 추가할 계획을 소개했다. 생각지도 못한 내용이 나온 건 마지막 3분의 1이었다. 보내기 버튼을 누르자마자 인터넷이 웅성거렸다. 왜였을까? 골프장을 가장 자주 사용하지만 도움이 안 됐던 회원이 표적이었기 때문이다.

나는 전형적인 당근과 채찍 전략을 썼다. 그런 행동을 더 이상 허용하지 않는 게 채찍이었다. 떠나고 싶으면 보증금을 전부 돌려주는 것이 당근이었다. 물론 내게 그럴 의무는 없었다. 골프장을 인수했을 때 탈퇴한 회원 30명처럼 절반만 돌려줘도 괜찮았다. 그리고 회원이 골프장을 이용할 때마다 하루 100달러씩 서비스 요금을 부과했다. 카트 대여료를 포함한 금액이었다. 손님을 데려오지 않으면 1년에 30번만 이용할 수 있고 손님당 요금은 200달러로 책정했다.

나는 무척 시끄러워질 것을 예상하고 이메일을 보냈다. 우리 골프장의 가치 제안을 의도적으로 바꾸려 했다. 하지만 훌륭한 골프장으로 거듭나기 위한 규칙이라고 해도 따르기 싫은 회원들이 있을 터였다. 나는 한 가지를 분명히 했다. 한 번 회원을 탈퇴하면 이유를 불문

하고 다시는 돌아올 수 없다. 어떤 사정이 있어도 바뀌지 않고 예외가 없는 규칙이기 때문에, 회원들에게 탈퇴하기 전에 오랫동안 충분히 생각하길 권장했다. 그 규칙의 효력이 발생하고 몇 년이 지나자, 떠나지 않은 회원들은 새로운 골프장을 누릴 수 있었다. 한 친구는 내가 인수할 때 탈퇴했던 부부와 나눴던 대화를 떠올렸다. 새로 바뀐 스코츠데일내셔널이 아주 좋다고 말하면서 그 부부에게 아직 회원이냐고 물었다.

"아니요." 남편이 빠르게 대답했다.

"왜요?" 친구가 물었다.

"내 남편이 바보라서요!" 아내가 소리쳤다.

골프장을 인수한 시점과 비교하면, 이 메일을 보내고 나서 얼마 지나지 않아 76명 정도 탈퇴했다. 나는 기꺼이 그들에게 수표를 써줬다. 심지어 3개월 먼저 탈퇴한 사람들에게도 나머지 가입비를 돌려줬다. 역시 의무는 아니었지만 이렇게 하는 게 공평하다고 생각했기 때문이다. 우리가 유인판매 bait and switch(소비자에게 미끼를 던져서 현혹한 후 비싼 제품을 판매하는 상술_옮긴이)를 한다는 인상을 주고 싶지 않았다. 그건 사실이 아니었으니까. 내가 원하는 건 최고급 골프장이었고 예전과 같은 방식으로 운영하지 않겠다는 결심을 분명히 밝히고 싶었다.

사람들은 깜짝 놀랐다. 누구나 나를 좋아할 필요는 없지만 나는 늘 사람들을 공정하게 대하고 싶었다. 탈퇴한 사람에게 부당한 대우를 받았냐고 물으면 아니라고 대답할 것이다. 그들은 존중받았고 자기 몫 이상을 받았다.

처음에는 회원 수가 일정하게 유지됐다. 내가 골프장을 인수한 직후 일부는 탈퇴했지만 새로 가입한 사람들이 있었기 때문이다. 내 비전을 보고 상당히 많은 이가 가입하고 싶어 했다. 물론 예전 회원이 떠난 후에는 탈퇴 환불금 규정을 철회했다. 내가 그리는 골프장의 미래에 도움이 되지 않는 사람들을 내보내는 목적의 규정이었기 때문이다. 한번 회원이 정리되고 나자 준비가 완료됐다.

골프장을 인수했으니 내가 바라는 모습으로 발돋움하기 위한 토대를 마련할 차례였다. 꿈을 실현하려면 할 일이 많았다. 우리는 하고 싶은 것, 바꾸고 싶은 것을 구현할 건설 계획을 세웠다. 골프장을 인수하고 나서 라일 앤더슨과 대화하지 않았지만, 골프장과 바로 붙어 있는 그의 부지와 시에라리저브Sierra Reserve로 알려진 부동산 계획에 관해 상의해야 했다. 호텔을 비롯하여 235가구를 건설하는 계획이었다. 라일은 준비를 마친 상태였다. 이미 토지 평탄화를 시작했고 부지에 분양 사무소도 설치했다. 라일이 크라운골프와 한 계약은 우리 구매 합의서에 승계되었다.

라일은 토지 용도 지정 절차를 매끄럽게 진행했다. 이 지역에서는 쉽지 않은 일이었다. 그는 앞서 말했듯이 훌륭한 개발 업자였고 스코츠데일에 오랫동안 거주한 토박이였다. 라일의 골칫거리는 주택 보유자들에게 할당할 회원권 물량을 확보하는 것이었다. 나는 라일에게 할당량을 존중할 생각이 없다고 솔직하게 말했다. 라일은 계약에 포함된 내용이니 지켜야 한다고 강조했다.

사실 나는 그 회원들보다 라일의 땅을 원했다. 그 부지에 많은 주택이 들어서는 것도, 몇 년이나 되는 건설 기간 내내 소음을 듣는 것도 싫었다. 그냥 그 땅을 사서 번거로운 일을 피하고 싶었다. 그 땅에 새 골프 코스와 멋진 클럽하우스를 지으면 제격인데……. 그것이 내 우선순위였다.

라일과 라일의 동업자가 내게 만나자고 했다. 그동안 두 사람은 스티브와 상의했고 스티브는 계속 내게 보고했다. 나는 계약과 관련해서는 매일 오가는 논의에 직접 관여하지 않더라도 세부 내용까지 상당히 신경 쓰는 편이다. 그렇게까지 안 해도 된다고 생각한다면 실수다. 라일과 그 동업자를 포함해서 많은 이가 이런 실수를 저지른다. 두 사람은 나와 만나면 문제가 다 해결될 거라고 생각했다. 나는 그런 의도를 알아차렸고, 어떻게 대처해야 할지도 정확히 알았다.

두 사람이 사무실에 왔을 때 스티브와 나는 착한 경찰과 나쁜 경찰 역할 놀이에 돌입했다. 나는 평소에 나쁜 경찰 역할을 선호한다. 하지만 이번에는 스티브가 약간 나쁜 경찰을, 나는 아주 나쁜 경찰을 맡았다.

"내가 바보인 줄 알아요?" 나는 라일과 동업자에게 직설적으로 물었다.

"바보라고 생각 안 합니다." 라일이 말했다.

나는 책상을 손으로 내리치며 몸을 기댔다. "말과 행동이 다르잖아요!"

이제 회의는 파국으로 치달았다. 스티브는 두 사람을 사무실 밖으로 내보냈다. 몇 분 뒤에 라일이 스티브에게 전화해서 다시는 나를 만나고 싶지 않다고 전했다.

그때부터 상황은 레슬링과 비슷하게 흘러갔다. 우리는 회원권 조건을 만지작거리고 라일의 직원들은 요란하게 땅을 팠다. 내가 골프장에 있을 때 그쪽 직원이 불도저를 몰고 와서 땅을 고르기도 했다. 그 망할 불도저가 후진할 때마다 시끄러운 삐 소리가 났다. 라일에게는 내가 언제 자기 땅 옆에서 골프를 치는지 알아차리는 육감이 있었고, 당연히 그때마다 불도저가 후진했다. "삐, 삐, 삐……." 우리는 그다음 해에 서서히 해결책을 협의했고, 결국 내가 라일의 부지 95만 평을 매입하기로 합의했다.

이번에도 스티브와 나는 계약서를 자세히 들여다봤다. 라일이 보유한 회원권은 기간제 회원권 reserve membership 이었고 그 규칙을 우리가 정할 수 있었다. 우리는 이 회원권을 야간에만 쓸 수 있다고 규정했다. 회원권 보유자는 해가 지고 30분 후부터 해 뜨기 30분 전까지만 골프를 칠 수 있다. 보름달이 아주 밝게 뜨는 날에는 괜찮은 회원권이다. 하지만 그렇지 않으면…… 여러분이 생각하는 대로다.

우리 관점에서는 야간 회원권 덕분에 계약을 마무리할 수 있었다.

2014년 여름, 우리는 서로 조건이 별로라고 생각하며 합의했다. 라일은 원했던 것보다 적게 받았고 나는 생각보다 더 많이 냈지만, 합의를 마무리해서 기분 좋았다. 그 후 라일과 나는 실제로 친해졌다. 계약은 그해 가을에 맺었다. 나는 당시 스코츠데일내셔널의 회원이 아니었던 라일과 아내 미시에게 가입을 권했다. 그렇게 두 사람도 가입했다.

29

PXG의 출범

라일과 협의를 진행하느라 정신없는 와중에 골프장 못지않게 중요한 다른 회사를 구상하며 밑그림을 그렸다. 나는 골프채 회사를 차리고 싶었다. 스코츠데일내셔널을 인수하기 전에는 골프채 회사를 고려한 적이 없었다. 이 아이디어를 언급할 때마다 사람들은 제정신이냐고 물었다.

지금까지 살면서 사람들이 나를 극도로 과소평가할 때가 여러 번 있었다. 그런 사람들을 설득하려 하지 않았기에 불만의 대상이 되곤 했다. 나는 그저 일을 잘 풀리게 할 계획을 세우고 전략을 짤 뿐이었다. 그런데 막상 그 계획이 실현되면 다들 깜짝 놀랐다. 파슨스테크놀로지, 고대디, 스코츠데일내셔널이 그랬고 이제 골프채 차례였다. 이번에도 내가 존중하는 많은 이가 하지 말라고 말렸다. 그들은 골프채 시장은 작고 자리 잡은 경쟁자가 이미 많다고 지적했다.

"절대 성공하지 못할 거야." 모두 그렇게 말했다.

심지어 고대디를 매각할 때 중요한 역할을 했던 KKR 팀도 내게 경고했다. 그들은 골프 사업에 투자했다가 엄청나게 손해 본 경험이 있었다. 물론 다른 사람들과 똑같은 방식으로 경영했으니 가망이 없었다. 해병대에서는 기관총에 정면으로 뛰어들지 말라고 가르친다. 총에 맞을 확률이 낮은 위치로 가서 공격하라고 한다. 사업하려면 좋은 면으로, 고객에게 통하는 방향으로 차별화해야 한다. 이건 내 생각이 아니다. 누구나 아는 사실이다.

내 주변에 도박을 좋아하는 친구들이 있다. 그 친구들은 라스베이거스에 가서 하룻밤에 수십만 달러를 날려도 두 번 떠올리지 않는다. 또 다른 친구들은 수입차나 미술품을 수집하는 데 수백만 달러를 쓴다. 나? 나는 골프채를 산다. 처음 스코츠데일에 이사 와서 위스퍼록 골프클럽Whisper Rock Golf Club에 가입하기 전까지는 골프에 별로 목을 매지 않았다. 그런데 이 골프장에는 큰돈을 걸고 골프를 치는 사람들이 있었다. 승부에 수천 달러가 걸리자 나는 조금 더 신경을 쓰기 시작했다. 그렇다, 사실 좀 많이 신경 썼다. 나는 곧 현금이 될 수표나 다름없었고 아주 쉬운 표적이었다.

내 실력은 아무리 좋게 봐도 보통이었고 잘하고 싶은 마음만 컸다. 일반인보다는 이론에 밝았지만 문제는 실전이었다. 실력에 도움 되고 우위가 될 만한 것을 찾고 싶어서 항상 장비를 연구했다. 적절한 장비를 쓰면 경기력이 확실히 좋아졌다. 나는 전문가들을 불러 샤프트(골프채의 막대 부분)를 조절하고 이것저것 바꿔가며 맞춤으로 개조했다. 그렇게 하느라 수천 달러씩 들었다. 전문가들은 물론 나를 좋아했다. 나는 궁금한 마음에 수석 비서인 프란시스카에게 골프채 회사를 세우기 전에 1년간 내가 사들인 골프채의 영수증을 확인해 달라고 했다. 프란시스카는 30만 달러까지 세고 중단했다. 나는 흥미로운 골프채가 출시될 때마다 사서 다른 샤프트를 넣고 손을 봤다. 최고의 골프 장비를 갖고 싶어서 시간과 돈을 많이 썼다.

그 과정에서 사들인 제품이 대부분 광고에 못 미친다는 사실을 깨달았다. 그들은 지키지 못할 약속을 했고 결과물은 실망스러웠다. 나는 친구가 소개해 준 마이크 니콜레트Mike Nicolette를 위스퍼록에서 만났다. 마이크는 베이힐Bay Hill에서 열린 미국남자프로골프투어PGA Tour에서 우승했고, 핑Ping(미국 애리조나주에 본사를 둔 스포츠 장비 회사_옮긴이)의 수석 디자이너로 일했다. 나는 마이크에게 왜 골프채가 개선되지 않느냐고 물었다. 마이크는 디자이너들이 최선을 다하지만, 디자인마다 정해진 가격대와 엄격한 마감을 지키려면 창의성이 제한될 수밖에 없다고 대답했다.

마이크가 한 말이 뇌리에 박혔다.

나는 다른 골퍼들과 달리 공기 역학을 공부했다. 탄도학과 몇 가지 금속 소재도 어느 정도 알았다. 혼자 무엇인가 해낼 정도는 아니고 전문가가 긴장할 만큼은 알았다고 해두자. 시장에 분명히 채워지지 않는 분야가 있었고, 정말 경기력을 향상할 수 있다면 수표를 쓸 사람들은 내가 보기에 존재했다. 그들은 가격이 얼마든 상관없다. 당연히 제일 좁은 시장이지만 니즈가 전혀 채워지지 않으니 우리 같은 신생 회사에는 충분히 가능성이 있다. 나는 판도를 뒤집을 기회가 있다는 사실을 깨달았다. 무언가 다른 골프채를 제작하면 어떨까?

실제로 경기력을 올려주는 골프채를 만든다면?

나는 마이크에게 전화해서 내 사무실에서 만나자고 했다. 마이크가 왔을 때 질문을 던졌다. "골프채를 설계할 시간이 충분하고, 필요한 돈을 무제한으로 지원받는다면 확실히 나은 골프채를 만들 수 있어요?"

"있다고 생각하고 싶네요." 마이크가 말했다.

나는 바로 그런 회사를 설립할 생각이라고 말했다.

마이크는 처음에 장비 사업 진출을 말리려 했지만 호기심과 창의력이 발동한 듯했다. "개발 시간을 얼마나 쓰려고요?"

"지금 생각으로는 회사를 최소한 20년간 유지할 수 있어요. 시간은 얼마든지 필요한 만큼 써도 됩니다. 할 생각 있어요?"

"그럼요." 마이크가 대답했다. "좋아요, 난 회사를 세울 테니까 마이크가 골프채를 디자인해 줘요." 나는 거래가 성사됐다고 생각했다.

성급한 생각이었다.

마이크는 핑을 떠날 생각이 없었다. 대우가 무척 좋았고 그 회사에 충성심이 있었다. 마이크의 입장을 존중했기에 마음이 바뀌면 전화하라고 했다. 그다음 악수하고 작별했다. 마이크가 떠난 뒤 나는 스티브 가베이를 돌아보며 말했다. "석 달 안에 전화 올걸?"

내가 틀렸다.

한 달 후에 마이크가 전화했다. "할게요. 그리고 함께하고 싶다는 사람이 세 명 더 있어요."

이런. 회사 하나를 통째로 고용할 생각은 아니었는데. 그래도 2013년 9월에 마이크와 핑 출신 디자이너 브래드 슈와이거[Brad]

Schweigert를 고용해서 파슨스익스트림골프 Parsons Xtreme Golf, PXG를 설립했다. 마이크와 브래드, 그리고 나는 역사상 가장 훌륭한 경기를 원했고 그에 못지않게 골프채 기술에 심취했다. 두 사람의 임무는 지구에서 가장 훌륭한 골프 장비를 개발하는 것이었다. 나는 그들의 추천에 따라 변리사와 젊은 엔지니어도 고용했다.

핑에서는 분노했다.

고용한 사람 중 세 명이 핑과 경쟁 금지 협약을 했기 때문에 1년 동안 동종 업계에서 일할 수 없었다. 애리조나는 변호사를 제외하고(당연하지!) 경쟁 금지 조항을 강요하는 몇 안 되는 주였다. 이들은 1년 동안 그 조항을 지키느라 조직 내부 업무만 했고 그동안 급여는 모두 지급됐다. 나는 3D 프린팅과 골프공 만드는 법 등 골프채와 관련 없는 업무를 줬다. 우리 모두에게 유익한 시간이었다. 1년이 끝날 때쯤 다들 이 분야를 속속들이 파악했고 본업을 시작할 준비를 마쳤다.

사업의 성공은 리더에게 달렸다. 리더는 제품 품질에 집착해야 한다. 이 원칙이야말로 나의 본질이었다. PXG는 세계 최고의 골프 장비를 만들겠다는 일념으로 탄생했다. 나는 대부분의 골퍼가 꿈꾸는 골프채를 원했다. 캐비티백 cavity backs(헤드 뒷면이 움푹 파여 있는 형태의 골프채)이지만 칼날처럼 날렵하고 섹시한 쇳덩이 말이다. 더 높이, 더 멀리, 더 부드럽게 날아가고, 최적 지점 sweet spot(공이 맞으면 가장 빠르고 멀리 날아가는 부분)은 텍사스만 해야 한다. 나는 마이크와 브래드에게 PXG 골프채는 버터처럼 부드럽고 차이가 명확해야 한다고 했다. 모든 특징이 다 들어가길 원했고, 거기에 얼마든지 값을 치르고자 했다. 나같은 사람이 많을 거라고 믿었다.

팀원들은 비용이나 시간제한 없이 다양한 합금과 신기술을 조사하고, PXG 골프채를 다른 제품과 차별화할 수 있는 특징을 찾아 긴 여정을 시작했다.

나는 그들이 제작한 시제품을 전부 시험했다.

한 골프채는 공이 제대로 나가지도 않고 느낌이 영 별로였다. 3번 우드^{wood}(헤드가 나무로 된, 공을 멀리 보낼 때 사용하는 골프채)는 비거리가 끝도 없이 길었지만 두 번째로 쳤을 때 골프채가 망가졌다. 일회용 3번 우드였던 모양이다. 시장이 별로 크지 않은 제품이었다.

그다음에는 할로우헤드$^{hollow\ head}$(헤드 내부가 비어 있는 구조)였다. 내가 말했다. "타구를 부드럽게 하고 여러모로 개선되도록 내부에 충전재를 채우면 어때요?" 그래서 기술자들이 실험한 끝에 적절한 폴리머(주요 합성섬유의 재료로 쓰이는 고분자 화합물)를 찾아서 내부를 채웠다. "밥, 돌파구가 생겼어요." 팀원들이 신나서 말했다.

정말 대단한 돌파구였다. 그전에는 아무도 시도한 적 없는 일이었다. 폴리머 충전재와 적당한 압력을 활용하여 페이스^{face}(헤드 측면으로 공이 맞는 부분)를 훨씬 얇게 해서 트램펄린 효과$^{trampoline\ effect}$(타격 중심을 벗어나더라도 비거리와 정확도 손실을 최소화하는 효과_옮긴이)를 개선했다. 그리고 충전재 덕분에 좀 더 부드러운 느낌이 들었다. 결국 우리는 첫 골프채를 6개월 이내에 설계했다. 알고 보니 우리 골프채는 성별을 가리지 않았다. 진정한 골퍼를 위한 골프채였다. 이런 건 우리가 최초였다. 그렇게 출시된 제품은 아무도 믿지 못할 정도로 품질이 훌륭했다.

하지만 우리 골프채는 가격이 좀 비쌌다. 그렇게 책정한 이유가 있었다. 모두가 같은 방식으로 사업하는 성숙한 시장에 진입한다면 기존 방식을 따르지 말아야 한다. 그랬다가는 큰 손실을 보기 쉽다. 경쟁자들은 그 방식에 익숙하고 이미 올바른 자원과 인맥, 고객을 보유하고 있다. 앞서 언급했듯이 뛰어난 성과를 내고 싶으면 무엇인가 달라야 한다. 나는 골프채 가격을 매우 높게 책정했다. 완벽을 추구하느라 값이 비쌌지만 가격을 정당화할 만큼 많은 돈을 개발 과정에 투자했다. 샤프트가 철로 된 아이언(헤드가 얇은 스테인리스인 골프채)의 8개 세트 가격은 대부분 1,000달러 이하지만 우리는 아이언 하나당 325달러에서 시작했다. 드라이버(골프채 중에서 가장 긴 1번 우드의 별칭)는 700달러, 페어웨이우드 fairway wood(골프장의 페어웨이라는 구역에서 사용하는 장거리용 골프채)는 500달러였다.

이 가격은 모두의 관심을 불러일으켰다. 사람들, 특히 다른 제조사들은 내가 바보라고 생각했다. 우리가 부르는 값을 아무도 내지 않을 테고, 금방 사업을 접으리라고 확신했다. 너무 이른 생각이었다. 우리 제품을 사려는 사람이 줄을 섰다. 무엇보다 고객들은 우리에게서 직접 사야 했다. 우리 제품은 대형 할인점에 없었다. 딕스스포팅굿즈 Dick's Sporting Goods, PGA투어 슈퍼스토어 PGA Tour Superstore 같은 대형 소매점에 입점하지 않았다. 우리는 제품을 고객에게 직접 판매했다. 값이 비싼 만큼 품질이 좋다는 인식이 점점 퍼졌다. 이 골프채로 처음 공을 쳐본 사람들은 커다란 차이를 보고 느꼈다. 고객들은 감동했다. 우리 골프채가 더 좋은 줄 어떻게 아느냐는 질문이 들어오면 나는 항상 이렇게 말한다. "치는 순간 알죠." 내 말이 맞았다.

우리는 대규모 골프 행사에 전혀 참여하지 않았다. 올랜도에서 열리는 PGA 박람회에 참가할 거냐고 언론에서 질문할 때마다 안 한다고 대답했다. 우리는 남들과 달랐기 때문이다. 우리는 명품 사업을 했다. 내가 그 말을 하면 언론에서 꼭 '명품'이라고 언급했다. 카붐! 다들 처음에는 골프채 품질이 얼마나 좋은지 믿지 않았지만 공을 더 잘 살리고, 정확하고, 보기 좋고, 모든 면에서 우월하다는 사실을 인정할 수밖에 없었다. 그리고 내가 원하면 언제 어떻게든 유연하게 가격을 조정할 수 있었다.

내 아들 손이 가격 정책에 관해 내게 교훈을 준 적이 있다. "아빠, 양털은 여러 번 깎을 수 있지만 가죽은 한 번밖에 못 벗겨요." 아주 훌륭한 조언이었고 마음에 들었다. 아들이 한 말이 늘 머릿속을 떠나지 않았다. 나중에는 결국 주요 경쟁자들보다 가격을 더 낮췄다. 차이가 크지 않았지만 관심을 끌기에는 충분했다. 우리는 고객에게 직접 판매해서 경쟁사보다 마진이 훨씬 높았다. 경쟁사의 매출은 판매업자들이 다 보고하기 때문에 내가 추적할 수 있지만, 우리 매출을 그들이 알 방법은 없었다.

우리 판매량에서 보고되는 물량은 약 5%였다. 우리가 얼마나 많은 수량을 움직이는지 경쟁사는 모른다. PXG는 트로이 목마였다. 아주 신나는 상황이었다. 핑을 제외한 주요 골프 회사는 상장사이거나 상장 절차를 밟는 중이라서 판매량과 결과물, 수익에 예민했다. 수치를 공개해야 하니 파이가 가장 큰 시장을 타깃으로 삼았다. 마케팅과 판매 활동을 우리처럼 할 수 없었다. 그들은 수익에만 집중했기 때문에 장기 전략을 세우지 못했다. 나는 수익에 집중하지 않았다.

제품과 실행을 개선하고, 원하는 위치에 가기 위한 새롭고 혁신적인 방법을 찾으려 했다. 앞서 말했듯이 생각하는 대로 이루어지는 법이다. 나는 절대로 뒤돌아보지 않고 앞으로 나아갔다.

1세대 골프채를 출시하기 전에는 아무도 우리에게 관심을 보이지 않았다. 대형 샤프트 기업인 트루템퍼스포츠 True Temper Sports는 가장 큰 고객이 핑이었기 때문에 우리와 거래하지 않으려 했다. 이 회사가 제품 품질이 특별히 좋다기보다는 구성이 다양했다. 하지만 우리가 첫 골프채를 출시하고 성과를 내기 시작하자 트루템퍼는 마음을 바꿨고 지금은 우리가 그들의 최우선 고객이다.

이 글을 쓰는 지금 PXG는 골프 의류와 액세서리 사업에 진출해서 경쟁자들의 최고 제품과 어깨를 나란히 하고 있다. PXG 골프공은 시장 리더 못지않은 성능을 자랑하지만 가격은 더 낮다. 오늘날 많은 프로 선수가 우리 골프채로 경기한다.

나는 우리 광고에 모두 직접 참여했다. 광고에서 들리는 목소리가 거의 다 내 목소리다. 우리 메시지는 직설적이고 명확하다. 왜냐고? 아무도 우리처럼 골프채를 만들지 않으니까. 카붐!

우리는 전국에 소매점 망을 개설했고 당연히 우리 제품만 팔게 했다. 러네이가 활약해서 의류 라인을 출시하고 소매점 운영을 감독했다. PXG의 의류도 경쟁사 제품과 다르다. 우리는 고품질 자재를 중시한다. 단추를 쓰지 않고 셔츠에는 똑딱이만 사용한다. 똑딱이는 단추보다 훨씬 편하고 기능이 우수하다. 우리는 믿을 만한 공급자에게서 좋은 원단만 사들인다. 이렇게 자재를 비싸게 구매하지만 그럴 만한 가치는 충분하다.

마지막으로 디자인 팀도 일류다. 모든 디자인이 독창적이고 우리 브랜드 특유의 분위기가 드러난다. 취향이 세련된 러네이는 골프 의류를 새로운 시각에서 바라보고 고급 외출복 못지않게 세련되게 만들어냈다. 심지어 골프가 끝나고 저녁 식사 자리에서도 입을 수 있는 골프 후 복장도 디자인했다. 그리고 여성용 의류 라인까지 출시했다. 경쟁자들은 전혀 하지 않는 일이었다. 우리는 무엇을 하든 끊임없이 최고를 창조한다.

무엇보다 모든 제품에 군사적인 요소를 녹인 점이 무척 자랑스럽다. 현재 PXG의 최고급 골프채 제품군은 0311시리즈로, 해병대에서 보병 소총수를 뜻하는 번호다. 그리고 PXG히어로즈^{PXG Heroes}라는 할인 혜택 프로그램을 운영하는데, 그 대상이 전·현직 군인, 경찰, 치안 담당자, 소방관, 응급 구조 대원 등이다. 지금까지 그랬고 앞으로도 이 고객들에게는 늘 그렇게 할 것이다. 위기에 가장 먼저 대응하고 이 나라를 섬기는 사람들이니까. 존경받고 감사받을 자격이 있는 사람들에게 우리는 존중과 감사를 계속 보낼 것이다.

30

일단 만들면 다들 살 거야

1세대 골프채를 출시할 무렵 스코츠데일내셔널과 가까운 라일의 부지를 매입하는 한편, 소유주가 다른 땅을 조금씩 사들이는 작업을 마무리했다. 또 라일의 영업용 트레일러를 매입해서 PXG의 초기 사무실로 삼았다. 매입한 땅을 모두 합했더니 스코츠데일 북부의 최상급 부동산이 280만 제곱미터에 육박했다. 유일하게 시세보다 비싸게 산 땅은 2만 제곱미터로, 새 골프 코스의 15번 홀 정중앙에 위치한다.

나는 그 땅이 필요했고 땅 주인은 그 사실을 알았다. 스티브는 부지를 소유한 남편과 아내를 사무실에 불러서 거래를 마무리하기 위해 온갖 노력을 기울였다. 그들은 팔고 싶어 하지 않았다. 혹은 팔고 싶었지만 우리가 간절하다는 사실을 눈치챈 모양이었다. 두 사람의 태도는 강경했고, 직접 스티브의 사무실에 가서 보니 꿈쩍도 하지 않을 것 같았다. 나는 5분 후에 평생 다시는 없을 기회를 제안하고 결국 합의했다. 그날 다들 원하는 것을 얻고 행복하게 자리를 떠났다.

이제 땅을 다 샀으니 20만 제곱미터에 대한 재정 지원 혜택과 용수권을 확보해야 했다. 부지를 지나가는 송전선도 옮겨야 했다. 우리는 2014년에 땅을 매입했고 2015년 여름에는 스코츠데일내셔널의 나머지를 건설하기 위한 조건부 사용 허가를 받았다. 기존 18홀 코스와 신규 18홀 코스, 신규 9홀 파3 코스, 회원과 손님을 위한 별장 몇 채와 새 클럽하우스를 비롯한 각종 시설을 지을 예정이었다. 7월 초, 늦여름 휴가가 시작되기 전 마지막 시의회 회의에서 우리 개발 계획이 승인됐다. 그리고 2015년 8월에 새 골프 코스를 짓기 시작했다.

우리는 비교적 신생 회사였던 잭슨칸디자인Jackson Kahn Design에 코스 건설을 맡겼다. 팀 잭슨Tim Jackson과 데이비드 칸David Kahn은 의욕에 불타는 젊은이였다. 데이비드의 아버지 스탠은 위스퍼록의 회원이었고 나도 회원권을 유지하고 있었다. 스탠이 클럽에서 내게 다가와서 아들 회사 얘기를 했다.

"저한테 메일을 보내라고 해주세요." 나는 공손하게 말했다.

데이비드는 곧장 내게 연락했다. 나는 그들을 고용해서 기존 코스를 일부 보수하는 작업을 맡기고, 코스 이름을 마인샤프트 코스Mine Shaft Course로 바꿨다. 잭슨칸은 톰 파지오Tom Fazio 밑에서 수석 설계자로 일하면서 코스를 몇 개 설계했다. 두 사람은 어느 정도 일을 파악한 상태였지만 나는 이들에게 고삐를 넘겨도 되는지 망설였다. 그때까지 그들의 작업물은 모두 다른 사람의 이름 아래에 있었기 때문이다. 자기 이름을 걸고 한 경험이 없으니 크든 작든 위험한 건 사실이었다.

두 사람은 신규 13홀과 파3을 어떻게 설계할지 논의했다. 여러 버전을 고민하는 모습을 볼 때마다 100만 달러짜리 질문이 떠올랐다. 고용해야 해, 말아야 해?

팀과 데이비드는 꼼꼼하게 들여다보는 내 성격 때문에 고생했다. 나는 3D 모델이나 1차원 자료는 만족할 수 없었다. 무엇이든 내가 손대는 일이면 온전한 형태로 봐야 했다. 워낙 까다롭게 굴다 보니 건설할 때마다 담당자들이 무척 긴장하는 경향이 있었다.

언젠가 스티브와 나는 쿠어앤드크렌쇼Coore and Crenshaw 의 빌 쿠어Bill Coore를 만났다. 빌 쿠어는 세계에서 골프 코스 건축으로 3위 안에 꼽히는 인물이고, 최고라고 해도 과언이 아니다. 우연히 빌이 스코츠데일에 산다는 걸 알았고, 리모델링할 시기가 되어 새 땅을 매입했을 때 그와 만나 대화했지만, 빌은 새 코스를 짓고 싶어 하지 않았다. 땅을 많이 파헤치는 걸 싫어했기 때문이다. 그는 정해진 구역에 바로 코스를 건설하는 편을 선호했다. 라일은 땅을 대부분 고른 다음 우리에게 팔았고, 고도나 식생은 그대로인 채 사각형 부지만 끝없이 이어지는 상태였다.

빌이 다른 건축가는 누구를 고려하고 있냐고 묻기에 잭슨칸과 톰 와이스코프Tom Weiskopf를 언급하고, 플레이어그룹The Player Group도 생각 중이라고 했다. 덧붙여 잭슨칸 쪽 사람들이 무척 마음에 드는데 너무 젊고 경험이 부족하고, 독자적으로 골프장을 설계한 적이 없다는 점이 마음에 걸린다고 했다.

빌은 잠깐 말을 멈추더니 숨을 고르고 말했다. "파슨스 씨, 저도 누가 기회를 주기 전에는 이 일을 하지 못했습니다."

내 안에서 스위치가 켜지는 느낌이었다. 아주 오래전 회계 업무에 고용되지 못했을 때가 떠올랐다. 빌의 말이 맞았다. 나는 스티브에게 다른 건축 회사와 잡힌 회의를 모두 취소하고 잭슨칸에게 전화해서 고용하라고 했다.

완성된 결과물은 아무도 따라가지 못할 정도였다. 잭슨의 디자인은 내가 지시한 대로 대단히 특별했다. 새로운 18홀 골프 코스는 일반적인 사막 코스와 달리 끊임없이 잔디로 이어졌다. 링크스 코스^{links course}(스코틀랜드에서 유래한 골프 코스 유형으로, 주로 해안 모래밭에 건설한다_옮긴이)와 비슷한 느낌이었다. 이곳에서는 맨발로도 골프를 칠 수 있다. 반면 마인샤프트 코스는 외관이나 경기 진행 측면에서 전형적인 사막 코스였다.

전 세계 다른 골프장과 달리 우리는 파3홀, 파4홀, 파5홀이 6개씩 있는 코스로, 같은 파에서 홀 두 개가 연이어 나오지 않는다. 나는 시그니처홀^{signature hole}(골프장을 상징하는 대표 홀로 경관이 수려하거나 특별한 경기 전략이 필요하다_옮긴이) 몇 개가 산발적으로 흩어져 있는 게 아니라 18개 홀이 하나하나 특별하고 독보적이길 바랐다.

나는 팀과 데이브가 가져온 설계도를 펼치고 파3, 파4, 파5를 비교하면서 서로 똑같지 않은지 확인했다. 저마다 다른 홀과 비교했을 때 무엇인가 특별하거나 달라야 했다. 완벽한 18홀 코스가 될 때까지 하나씩 자세히 파고들어 살폈다. 설계도를 승인한 후에는 일사천리였다. 어떻게 진행되는지 직접 보러 가는 일은 거의 없었다. 스티브가 데려가려 했지만 나는 별로 관심이 없었다. PXG와 다른 사업이 있으니 거기에 집중해야 했다. 내가 서명한 골프 코스를 건설한다는 확신만 있으면 아무 문제 없을 테다. 건설 과정에서 몇 가지 수정이 있었지만 모두 코스를 개선하기 위해서였다. 결국 우리는 76만 세제곱미터가 넘는 흙을 옮기고 전 세계에서 가장 아름답고 극적인 골프 코스를 건설했다. 건설 기간도 짧아서 계획한 일정에 맞출 수 있었다.

마침내 완성된 코스를 보니 가슴이 벅차올랐다. 2015년 8월 1일에 건설을 시작했고 2016년 9월에 새 코스에서 처음 골프를 쳤다. 나는 새 코스에 아주 겸손한 이름을 붙였다. '디아더 코스The Other Course'라는 이름에 코스의 웅장한 본질이 숨어 있다. 파3 9홀 코스는 '배드 리틀나인The Bad Little Nine'이라고 불렀다. 이 코스는 잭슨칸이 고심해서 설계한, 가장 어렵고 불공평한 파3 9홀이었다. 까다롭고 불공평하니까 골퍼들이 싫어할 것 같은가? 정확히 그 반대다.

정말 신나는 시절이었다. 당시에는 너무 바빠서 뒤돌아보거나 지금 하는 일을 음미할 시간이 없었다. 언제나 그랬듯이 앞만 보고 갔다. 나는 항상 그런 식이었다. 어제 할 수 있었던 일보다 내일 할 일을 물었다. 어떻게 하면 나아질까? 개선할 여지는 항상 존재했다.

스코츠데일내셔널은 진정한 레거시 클럽으로 자리 잡았다. 회원들은 훌륭하며, 매년 10명에서 14명씩 까다롭게 엄선해서 신규로 등록하고 있다. 지금 회원으로 가입하려면 돈이 많이 든다. 그 선불금은 이제 보증금이나 지분이 아닌 이용 권한이다. 우리 회원들이 진정으로 바라는 것은 독점적인 권한과 프라이버시, 그리고 최고의 골프 코스다. 그 기회를 제공할 수 있어 더없이 행복하다.

31

아주 길고 기묘한 여행

남자와 여자가 결혼하면 남자는 대부분 아내가 바뀌지 않길 바라고, 여자는 거의 항상 남편이 바뀌길 바란다. 그런 면에서 보통 두 사람 모두 실망한다. 나는 러네이와 결혼하고 나서 바뀌었다. 시간이 걸렸지만. 러네이는 내가 기분 변화가 심한 남자라고 할 것이다. 아내는 오늘 내 기분이 어떨지 잘 예측하지 못했다. 틀림없이 이런 면이 무척 힘들었을 테다. 러네이는 낙관적인 사람이고 삶을 긍정적으로 바라본다. 평정심을 잘 유지하고 성격 자체가 해맑다. 이런 성향은 내가 러네이와 결혼한 수많은 이유 중에서도 일부에 불과하다. 우리의 문제, 아니 내 문제에도 불구하고 러네이는 내 곁에 있었다. 나는 함께 살기 쉬운 남자가 아니다. 비합리적으로 성질을 부릴 때가 많아서 아내는 자주 당황했다. 솔직히 오랫동안 방향을 잡기 힘들어했다.

우리가 사귈 때 내게 PTSD의 징조가 보였지만 둘 다 그게 무엇인지 정확히 몰랐고 지금처럼 깊이 이해하지도 못했다. 틀림없이 러네이는 PTSD에 시달리는 남자와 결혼할 줄 몰랐을 것이다. 어찌 알았겠는가? 그냥 가끔 내가 멍청한 짓을 한다고 생각했겠지. 그녀를 열렬히 사랑하는 멍청이 말이다. 그리고 러네이도 나를 사랑했다. 이유는 몰라도 사실이었다. 결혼한 지 9년이 지나서야 PTSD가 우리 관계에 영향을 미쳤다는 사실을 깨달았고, 어떻게 바로잡을지 파악해 나갔다. 아내가 나를 어떻게 보는지 모르지만, 내 친구들이 곧잘 하는 말처럼 러네이는 내게 정말 과분한 여자였다. 내가 최악의 시기를 보내는 동안 아내는 나와 함께 버텼다. 더없이 감사한 일이다.

전쟁이 끝난 후 나를 포함해서 참전 용사들은 아무도 예상치 못하는 순간에 수없이 울분을 터뜨리곤 했다. 앞서 언급했듯이 나는 가끔 주체할 수 없이 울었다. 가장 사랑하는 사람들에게서 계속 도망쳤다. 전쟁의 공포가 수시로 나를 덮쳤다. 계속 짊어지고 있던 상처와 고통은 나 자신과 주변 사람들을 비롯하여 모든 것에 영향을 미쳤다. 내 아내에게 이런 이야기를 하는 건 생각해 보지도 않았다. 아내가 내 문제를 언급하는 것도 마찬가지였다. 러네이는 내가 무슨 계기로 폭발할지 감을 잡지 못했다. 그래서 서로 대화하지 않는 시기가 있었는데, 그런 상황은 어떤 관계에도 건전하지 않다. 우리는 가끔 내 PTSD 때문에 아내에게 PTSD가 왔다고 농담했다. 하지만 그 농담이 재미있지는 않았다. 슬프게도 사실이라고 생각하기 때문이다.

많은 배우자가 이런 고난을 겪을 것이다. 나로서는 생각지도 못한 피해였다. 결혼 생활을 개선할 방법을 찾고 실제로 나아져야 했다. 러네이는 훨씬 귀한 대접을 받을 자격이 있는 사람이다. 동시에 러네이를 실망시키고 싶지 않았고, 나 자신을 위해서도 달라지고 싶었다.

나는 2018년이 되어서야 러네이에게 한 가지 아이디어를 제안했다. 마이클 폴란Michael Pollan이 쓴《마음을 바꾸는 방법》을 읽고 많은 생각을 했고, 그것이 변화의 계기로 작용했다. 마이클 폴란은 우리 문화에서는 정신 건강을 치료할 때 심리 요법 위주로 접근하지만, 이럴 때 식물 치료가 자연스러운 보완책이 될 수 있다고 했다.

역사적으로 식물은 고대 그리스 시대 이전부터 치료법으로써 토착 부족이 즐겨 사용했다. 물론 종교적인 맥락에서 사용될 때가 많았지만 늘 어떤 식으로든 인간의 정신에 영향을 미쳤다. 어쨌든 오랜 세월 수많은 문화권에서 그렇게 살아왔다. 반면에 서양에서는 50년이 넘도록 이런 식물과 그 화합물을 제한했기 때문에 정신 건강을 치료하고 최적화하는 데 상당한 어려움을 겪었다. (이하 미국 실정에 맞는 치료 목적의 환각제 사용 내용이 포함되어 있음_편집자 주)

나는 식물 기반의 환각 치료가 내게 어떤 영향을 줄 수 있을지에 관심을 가졌다. 그래도 러네이에게는 전혀 내색하지 않았다. 아직 세리셋 치료를 받고 있었지만 좀 더 영향이 확실하고 오래가는 방법을 찾으려 했다. 그러다 우연히 2018년 1월, 우리는 하와이 빅아일랜드Big Island에 있는 집에 머무르다가 그 지역에 사는 친구들을 저녁 식사에 초대했다. 러네이는 칵테일을 마시면서 친구들과 대화했다. 그러다 한 여성이 환각 식물 치료제를 사용해서 놀라운 효과를 얻었다고 했다. 무척 긍정적인 경험으로 들렸고 실제로 도움이 됐다고 했다. 러네이는 그녀가 예전보다 훨씬 느긋하고 현재에 집중하며 마음을 열고 있다는 사실을 눈치챘다. 그녀는 그동안 살면서 힘든 일을 겪으며 마음에 단단한 껍질을 둘렀지만 이제 모든 게 사라진 듯했다. 러네이는 둘의 대화를 몇 달 동안 내게 말하지 않았다. 당시에는 지금처럼 환각 요법을 정신 건강 치료법으로 터놓고 말하는 분위기가 아니었다. 그 여성이 자기 상태를 묘사할 때 썼던 용어조차 낯설었다. 그래서 러네이는 많이 질문하지 않았고 혼자 그녀의 비밀을 알고 지키는 편을 선택했다.

두세 달 후 나는 러네이에게 최근 《마음을 바꾸는 방법》을 읽었고 식물 기반의 환각 치료를 해보고 싶다고 했다. 믿고 맡길 사람을 찾아봐 달라고 부탁했고, 러네이는 곧바로 착수했다. 아내는 환각 치료가 과연 안전할지를 가장 걱정했다. 나는 몰랐지만 러네이는 누구에게 전화해야 할지 정확히 알았다. 그리고 2주 이내에 이름과 번호를 가져왔다. 이런 점이 이 여자를 사랑하는 또 다른 이유다.

러네이는 편하게 상의할 수 있는 친구의 지인을 소개받았다. 나도 미리 이 사람과 대화했다. 최대한 효과를 얻으려면 이 결정에 조금이라도 불편한 감정이 없어야 한다. 환각 치료가 합법이라고 보기는 어려웠기 때문에 그 사람은 은밀하게 활동했다. 연락할 유일한 방법은 입소문뿐이었다. 나도 극도로 신중하게 접근했지만 막상 하려니 망설여졌다. 하지만 내 두려움과 증상을 저울질해 보았다. 기분이 나아지고 상태가 개선될 수 있다면 위험을 감수할 가치가 있었다.

7월에 은밀한 장소에서 치료사를 만나 나흘 동안 환각 치료를 진행하기로 했다. 이 여정을 시작하기 전에 가이드들을 미리 만났다.

만나보니 마음이 편해졌다. 대화할수록 앞으로 일이 잘 풀리겠다는 생각이 들었다. 놀랍게도 그들과 마음이 잘 맞았다. 이 과정 자체가 아마 의도적이었을 테다.

나는 첫날에 아야와스카^{ayahuasca}를 복용했다. 평생 먹어본 것 중에 손에 꼽을 정도로 썼다. 저녁 식사 메뉴로 주문할 일은 절대 없을 것이다. 아야와스카는 수많은 아마존 토착 부족이 의례에 사용했으며 그 영적·심리적·의학적 효과 때문에 그동안 과학자들과 의사들, 나 같은 사람들이 관심을 보였던 식물이다. 아야와스카는 차크루나^{chacruna} 잎과 카아피^{caapi} 덩굴을 비롯한 다양한 식물을 섞어서 제조한다. 아야와스카를 삼키니 30분 후에 환각 효과가 시작되어 6시간 정도 지속됐다. 처음에는 스트레스를 받을 수 있고 심장박동이 빨라지고, 메스껍고, 환각을 볼 수 있다고 미리 언질을 받았다.

'정화' 과정으로 토하거나 설사하는 경우도 많다고 했다. 사실 일부 주술사들은 정화 과정이 필수라고 생각했다. 가이드는 생생한 빛이 보이고 어떤 이미지로 바뀌기도 한다고 했다. 다양한 결과가 나타날 수 있고 강렬한 감정과 치유 효과가 뒤따른다고도 했다. 나는 어땠냐고? 미리 각오한 대로 색채와 빛이 천장에서 튀어 다녔지만, 환각은 보이지 않았고 정화 과정도 없었다. 치료하는 동안 가이드들과 많은 대화를 하면서 어린 시절과 전쟁 때 겪었던 나쁜 기억을 떠올렸다.

이튿날 가이드 한 명이 마법 버섯 차를 끓여줬다. 세 컵 분량이었지만 맛이 강하기 때문에 한 컵만 마시라고 했다. 하! 나는 세 컵을 다 마신 다음 티백도 씹어 먹었다(농담이 아니다). 마지막 티백까지 삼키고 물었다. "이게 다예요?"

"네, 그게 다예요." 가이드가 웃으며 말했다.

마법 버섯에 함유된 실로시빈psilocybin은 우울증과 PTSD 치료에 효과가 좋다고 알려진 환각 약물이다. 미국 주 정부에서는 대부분 실로시빈을 금지하지만 오리건주와 콜로라도주는 2023년 1월에 PTSD, 불안증, 우울증을 치료하는 정신 건강 치료제로 사용할 수 있도록 합법화했다.

실로시빈을 섭취하면 빠르게 대사되어 실로신psilocin이라는 화합물로 바뀌고, 5-HT5-hydroxytryptamine(뇌의 신경 전달 물질인 세로토닌_옮긴이) 계열에 속하는 신경 수용체 그룹에 결합해 활성화된다. 이 수용체는 보통 기분과 감정 상태에 영향을 주며 선택적 세로토닌 재흡수 억제제selective serotonin reuptake inhibitors, SSRI(세로토닌을 활성화하여 우울 증상을 개선하는 우울증 치료제_옮긴이)의 표적인 세로토닌으로 활성화된다. 실로시빈은 항우울제와 효과가 비슷하다. 하지만 한 번만 복용해도 신경 회로 복구를 촉진할 수 있다. 망가진 부분을 고칠 수 있다는 뜻이다.

이번에도 환각을 보지는 않았지만 당연히 몽롱한 느낌이 들었다. 나는 살면서 겪었던 일을 한참 털어놨다. 눈물도 많이 흘렸다. 끝내 안도감과 피로가 몰려들었다.

세 번째 날이 시작됐다. 러네이와 나는 골프장에서 9홀을 돌았다. 그날 내가 느낀 기분은 설명하기 힘들다. 꿈속에서 움직이는 듯 경이로웠다. 나무와 수풀이 살아서 호흡하는 것이 느껴졌다. 자연과 함께할 수 있어 기뻤고, 다들 내가 골프 코스에 처음 온 것처럼 환대해 줬다. 골프장의 잔디가 말하는 듯했다. "이쪽으로 쳐, 밥." 나는 잔디가 말한 곳으로 퍼팅했고 공은 정확히 컵에 떨어졌다. 인생 최고의 퍼팅이었다! 버섯의 효과가 생각보다 오래 남은 모양이었다.

네 번째 날에는 리세르그산 디에틸아미드lysergic acid diethylamide, LSD를 복용했다. LSD는 반복해서 복용하면 스트레스성 불안과 우울 증상을 경감하는 데 도움이 된다. 1938년 스위스 화학자인 앨버트 호프먼Albert Hofmann이 산후 출혈을 줄일 방법을 연구하다 최초로 발견한 약물이다. 그는 우연히 소량 섭취하면서 역사상 최초로 LSD의 효과를 경험한 사람이 되었다. 1940년대 말에는 LSD가 정신 의학 분야 치료제로 활용될 가능성에 관심이 쏠렸다. 1950년대에는 미국과 유럽에 델리시드Delysid라는 명칭으로 출시됐다. 미 육군과 CIA는 LSD를 자백제와 무능화 작용제incapacitating agent(개인이 일정 기간 임무를 수행할 수 없도록 무력화하는 약물_옮긴이)로 사용할 수 있는지 실험했지만 둘 다 아니라는 결과가 나왔다. 그러다 LSD의 탐닉성 복용이 증가하면서 1967년에 사용이 금지됐다.

LSD는 '고전적 환각제'로 분류된다. LSD, 실로시빈, 디메틸트립타민dimethyltryptamine, DMT은 세로토닌을 포함하는 신경 전달 물질 집단인 인돌아민indolamines과 화학 구조가 비슷하다. LSD가 인지에 변화를 일으키다 보니 일부 문화권에서는 영적·종교적 목적으로 의식 상태를 바꿀 때 사용되는 환각 물질인 엔테오젠entheogen으로 활용했다. LSD는 효과가 강력하며 일반적으로 정체성을 왜곡하고 깊이와 시간 감각을 바꾼다. 시각적 환각, 도취감, 강렬한 확신, 망상을 일으키는 한편 공간 감각, 움직임, 색채, 소리, 질감, 신체 이미지를 변형한다.

내 가이드는 위험 요인을 미리 알려주고 어떤 상태가 될 수 있는지 설명했다. LSD는 사실 고용량을 복용하더라도 생리적 독성은 매우

약한 편이다. 현재는 부정적인 낙인이 찍혀 법적으로 제한되는 약물이지만, 정신 활성 약물 중에서 가장 안전하다고 꼽힌다.

LSD는 복용량과 복용자의 생각, 기분, 기대에 따라 다양한 반응이 나타난다. 나는 신뢰하고 유대감을 느끼는 사람들이 통제하는 환경에서 복용했기 때문에 전혀 두렵지 않았고 안전하다고 느꼈다.

LSD는 아야와스카나 버섯과는 달랐다. 내 안에서 무엇인가 더 끌어내는 느낌이었다. 다른 환각제들처럼 환각을 보지는 않았다. 색이 있는 빛이 보이고 몽롱하긴 했지만, 이번에도 PTSD를 일으킨 원인이었던 경험에 관해 한참 대화했다. 어린 시절과 베트남에서 있었던 기억이 다시 한번 내 머릿속을 점령했다.

나는 놀라울 정도로 개방적이었고 취약했다. 결국에는 모두 털어놓으면서 안도했다. 원래 PTSD가 순전히 전쟁 때문이라고 생각하고 이 치료를 시작했다. 알고 보니 전쟁은 아주 복잡한 퍼즐의 큰 조각에 불과했다. 나는 단순히 부상당한 전사가 아니었다. 상처 입은 아이이기도 했다. 솔직히 어린 시절 이야기를 하는 것은 베트남 파견 시절을 고백할 때보다 훨씬 어려웠다. 나는 부모님을 사랑했다. 그 기억을 폄하하고 싶지는 않았다. 하지만 그 시절의 경험을 다시 떠올리면서 아직 집착하는 줄도 몰랐던 분노와 원망을 드디어 내려놓았다. 그래서 이 책에 쓸 수 있었다.

―✕―

이 치료를 시작하기 전에, 부모님을 이해하고 용서해서 과거 경험을 극복하려고 무수히 노력했다. 서문에서 언급했듯이 내면아이를 탐색하는 주말 워크숍에 참여하고 몇 년 동안 치료받기도 했다. 어떤 면에서는 어렸을 때 힘들었던 경험 때문에 해병대에 입대해서 그곳에서 성공하기가 좀 더 쉬웠던 것 같다. 내 어린 시절과 부족했던 애정, 양육 환경 탓에 이미 단단해진 상태였기 때문이다. 아무리 노력해도 어린 시절에 불우한 기억은 항상 남을 테다. 하지만 기억을 대하는 방식은 달라졌다.

나흘 동안 진행했던, 명칭부터 과격한 환각 치료가 끝난 뒤 나는 달라졌다. 전쟁을 겪지도 않고 더 나은 어린 시절을 보낸 사람이 된 것 같았다. 치료하는 동안 오랫동안 보지 못한 옛 친구를 만난 느낌이었다. 지금도 당시의 기억을 곧바로 떠올릴 수 있었다. 정말 환상적인 기분이었다. 더 행복하고 만족하고 차분해졌다.

정확히 말하자면 행복은 즐거움과 다르다. 즐거움은 그 순간에만 느낄 수 있다. 좀 더 쾌락에 가까운 개념이다. 이와 달리 행복은 더 수준 높은 만족감이다. 무슨 뜻이냐고? 세상사와 사람들을 그대로 받아들이고, 내가 원하는 모습이 되길 기대하지 않는다는 뜻이다. 모든 순간을 좋아할 필요는 없지만 매 순간이 스쳐 지나간다는 걸 기억해야 한다. 그 순간에는 깨닫지 못하더라도 당신은 계속 변화하며 원하거나 필요한 상태로 나아간다. 당신이 행복하면 만족감을 느끼고 주변 상황과 관계를 거의 모두 즐길 수 있다.

나는 지금 행복하다. 이렇게 좋은 사람들과 인생을 함께할 수 있어서 축복받았다. 가족, 친구, 그리고 가족 같은 친구들을 얻었다. 내 아내, 아이들과 손주들, 매일 나와 함께하는 오랜 직원들도 소중하다. 프란시스카는 개인 비서로 21년 넘게 함께했다. 내 운전사 후안을 비롯하여 많은 이가 내 안에서 일어난 커다란 변화를 알아차렸다. 내가 행복하지 않다면 스스로 무엇인가 망쳤기 때문이다. 나는 행복하길 선택했다. 가끔 증상이 재발해서 과거의 내가 튀어나올 때도 있지만 그런 횟수는 훨씬 줄어들었고, 보통 상대의 어깨에 팔을 두르고 사과하면서 끝난다. 내가 늘 머저리같이 굴었다면 지금쯤 아무도 곁에 남지 않았을 것이다. 무슨 이유로든 사람들이 곁에 남았으니 괜찮게 처신하고 있다는 뜻이라고 생각한다.

나를 알던 사람들은 환각 치료 후에 일어난 변화를 믿지 못했다. "정말 행복해 보인다.", "욱하는 일이 사라졌네.", "칭찬이 늘었어."라고 평가했다. 내 아들 숀은 자기 아내에게 말했다. "아버지가 죽을 날을 받기라도 했는지 걱정이야. 계속 나한테 전화하는 데다 이렇게 잘해주는 건 처음이거든." 웃음이 나오긴 했지만 숀의 말이 맞았다. 숀이 걱정할까 봐 환각 치료를 받았다고 했더니 안심하는 눈치였다. 숀과 나는 예전보다 훨씬 가까워졌다. 숀은 마침내 늘 필요로 했던 아버지를 얻었고 나는 아버지다운 아버지가 되었다. 두 딸 메리앤과 제시카도 마찬가지였다. 내 인생에 이런 자식들이 있다니 얼마나 기쁜지 모른다.

몇 주 후에 숀에게 연락했다. "숀, 나는 그저 네 삶에 함께할 수 있다면 만족한다. 어떻게 하라고 말하지도, 네가 한 일을 판단하지도 않을 거야. 그저 네가 할 일을 하렴. 조언이나 도움, 뭐든 필요하면 내가 여기에 있어. 그냥 네 인생을 함께하고 싶구나."

"아빠, 저도 아빠의 삶과 함께하고 싶어요."

"우리가 여기까지 올 수 있어서 다행이다." 나는 안도했고 마음이 편해졌다.

그다음 숀이 한 말이 잊히지 않는다. "아빠, 모르셨겠지만 저는 늘 여기 있었어요."

그러니 여러모로 모두 내게 달린 일이었다. 우리가 멀어진 건 내 탓이었다. 요즘 우리는 절친한 친구 같다. 화요일마다 만났고, 며느리는 숀이 나만큼 그 시간을 기다린다고 했다. 가끔 숀과 함께 골프도 친다. 내가 골프를 치면서 가장 행복했던 건 1990년에 열린 시더래피즈 아마추어 골프 토너먼트에서 숀이 내 캐디를 맡아줬을 때였다. 그때 17타를 쳤다. 가장 훌륭한 성적이었다. 숀이 캐디를 해준 덕분이었다. 절대 잊지 못할 날이다.

메리앤이 10대 후반이었을 때 함께했던 자동차 여행도 기억에 남는다. 메리앤은 우리가 살던 시더래피즈에서 1,600킬로미터쯤 떨어진 펜실베이니아로 여름 캠프를 떠나기로 했다. 딸은 내게 함께 차를 타고 가겠냐고 물었다. 나는 당연히 좋다고 했다. 메리앤은 기나긴 70번 주간 고속도로를 통과해야 한다고 경고했다. 경치도 별로였다. 하지만 그 기회에 귀중한 시간을 함께할 수 있었다. 운전하는 내내 대화하고 서로 조금씩 더 알아갔다. 메리앤과 함께한 모든 순간이 즐거웠고, 그 시간은 지금까지 마음속에 간직하고 있다.

나는 이렇게 훌륭한 치유 효과를 경험했기에 지금까지 환각 치료 합법화를 지지해 왔다. 그래서 내 경험을 터놓고 말하는 한편, 의료 목적 환각제 사용 합법화를 추진하는 기관에 기부했다.

다만 당신이 환각 치료를 고려한다면 절대로 혼자 하지 마라.

PTSD, 불안장애, 우울증을 이 방법으로 치료하고 싶다면 책임감이 투철하고 경험이 있는 가이드나 치료사의 도움을 받아야 한다. 드물기는 하지만 불쾌한 환각을 맞닥뜨릴 수 있기 때문이다. 또한 혼자 치료하다가는 원하는 결과를 얻지 못할 것이다. 두 가지 사실을 강조하고 싶다. 이 방식은 치료 효과가 있다. 환각제는 유익하고 안전하게 활용될 수 있다.

32

많이 받았으니 많이 베풀어라

나는 2019년에 영원한 해병상 Marine for Life Award 을 받았다. 상상하기 힘들 정도로 대단한 영예였다. 해병대 동기 제이크 우드 Jake Wood 가 전화해서 이 상을 수락하겠냐고 물었을 때 무슨 말인지 해석하느라 시간이 걸렸다. 그리고 믿을 수 없었다. 내가 말했다. "당연히 받고말고." 전화를 끊고 나서 잠시 곱씹어봤다. '내 친구들은 정신 나간 녀석이 많잖아. 직원한테 전화해서 사실인지 확인하라고 해야지.'

사실이었다. 대단히 큰 영광이라고 생각했고 자크 이스콜 Zach Iscol, 제리 번 Gerry Byrne, 제이크 우드 등 나를 선택한 위원회 회원들에게 감사했다. 상을 수락하면서 무척 기뻤다. 나 자신보다는 베트남전쟁에 참전했던 형제자매들을 위한 마음에서였다.

세월이 흘러 성공할수록 돈이 효과적인 도구라는 사실을 깨달았다. 어린 시절에 아무것도 가진 게 없었고 어떤 도움도 바라지 않았기에 그 사실을 더 절실하게 이해할 수 있었다. 가난하고 외로운 경험 덕분에 나의 외부를 바라보고 도움이 필요한 사람에게 손을 내미는 게 얼마나 중요한 일인지 인식했다. 러네이와 나는 큰 성공에 큰 책임이 뒤따른다고 믿는다.

2008년, 러네이는 의붓아버지가 암으로 위독해지자 일을 중단했다. 당시 러네이의 직장은 스타우드호텔앤드리조트Starwood Hotels and Resorts였다. 다시 일하기로 마음먹었을 때 나는 고대디로 오라고 권했다. 러네이가 그 일을 그만뒀으면 했다. 스타우드호텔에서 일하는 것도 훌륭하지만 상당히 엄격한 곳이었고, 고대디처럼 자유를 누릴 수는 없었다. 게다가 마침 행사 부서가 필요했기에 러네이가 적격이라고 생각했다. 다행히 러네이는 내 말에 동의하고 고대디에 합류했다. 일을 시작한 지 얼마 지나지 않아 공동체 환원 프로그램인 고대디케어GoDaddy Cares를 맡았다.

러네이는 자선과 사회 환원 활동에 관해 많이 배웠고 우리 둘 다 그 분야에 열정과 사명감을 느꼈다. 왜냐고? 사람들의 삶에 크건 작건 변화를 일으킬 수 있는 일이었기 때문이다. 우리는 책임감을 느꼈고 베풀고 싶었다. 러네이는 고대디에서 일하기 전, 우리가 만나기 한참 전부터 그런 감정을 느꼈다. 나는 어땠냐고? 오랜 세월 내 직원과 내 삶을 함께하는 사람들, 어려운 사람들을 돕다 보니 베푸는 것이 자연스러웠다. 그저 다른 사람들을 행복하게 해주고 싶었다. 프리 아트Free Arts(다양한 미술 프로그램을 통해 학대받거나 방치당하는 아동을 지원하는 재단_옮긴이) 같은 기관을 후원하면서 누군가의 삶이 바뀌었을 거라고 생각하면 기분이 좋다.

메이크어위시재단Make-A-Wish Foundation(전 세계 39개국에 존재하는 난치병 어린이들의 소원을 들어주는 기관_옮긴이)도 나를 사로잡았다.

우리는 2012년에 개인 재단을 설립했다. 그 직전에 러네이는 빌과 멜린다 게이츠가 CBS의 〈60분〉에 출연해서 기부선언The Giving Pledge(빌 게이츠 부부와 워런 버핏이 2010년에 설립한 자선단체로 재산 가치가 1조 원을 넘어야 가입할 수 있다_옮긴이)에 관해 설명하는 내용을 들었다. 기부선언에는 가입자가 생전이나 사후에 재산의 절반 이상을 자선단체에 기부하도록 독려한다. 2002년 6월 기준으로 전 세계 28개국에서 236명이 기부선언에 동참했다.

러네이는 게이츠 부부의 전략을 내게 설명해 줬다. 무척 흥미로웠다. 우리 둘 다 핵심 가치를 실현하기 위해 재산을 활용하는 방식이 마음에 들었다. 고대디는 어느 정도 자선 활동을 진행하고 있었지만, 전략적인 계획은 없었다. 러네이는 고대디를 넘어 우리 재단을 설립하자며 그것이 내 유산이 될 거라고 했다. 하지만 그 말은 사실이 아니다. 그건 우리의 유산이 될 거다.

러네이가 말했다. "당신은 아주 너그러워. 베풀기를 좋아하지. 늘 회사를 통해 실천했으니까 이제는 재단에서 본격적으로 할 때가 됐어."

대찬성이었다. 러네이와 나는 기부선언에 동참하기로 했다. 우리는 새로운 자선단체를 수립하고 밥과 러네이의 파슨스재단Bob and Renee Parsons Foundation이라고 불렀다.

러네이는 이름을 짓고 로고를 제작하는 등 재단 설립에 필요한 물밑 작업을 했다. 우리는 의도한 방향으로 돈이 흘러갈 수 있게 수없이 상의했다. 우리가 중시하는 분야에 이미 어느 정도 기부를 하고 있었지만 좀 더 집중하고 싶었다. 의도를 분명히 세우는 한편 어떤 분야를 지원할지 명확한 기준을 세워야 했다.

처음에는 군과 참전 용사에 집중하지는 않았다. 여기저기 후원하는 참전 용사 단체가 있긴 했지만, 우리가 초반에 초점을 맞춘 분야는 아니었다. 우리는 도움이 가장 필요한 약자를 찾으려 했다. 관심을 받지 못하는 저소득 공동체와 주류 자선사업에서 소외되거나 재정이 부족한 곳을 돕고 싶었다. 이에 우리 재단은 어린이와 교육, 미등록 시민, 노숙자 지원 단체를 후원했다. 모두 눈에 띄지는 않지만 도움이 필요하고 모금에 어려움을 겪는 곳이었다.

우리가 처음으로 거액을 기부한 곳은 아이티의 희망Hope for Haiti이었다. 내가 아직 고대디에 있을 때였다. 2010년 지진 이후 숀 펜Sean Penn이 후원하면서 이 지역 사람들에게 관심이 집중됐고, 나도 당시 50만 달러를 기부했다. 하지만 초반에 관심이 폭발한 이후 이내 아이티에 흘러드는 자원과 돈이 고갈됐다. 아이티와 그곳 주민들은 폐허에서 벗어나지 못한 상태였다. 오랜 시간이 지난 지금도 아이티 주민은 여전히 고통받고 있다.

러네이와 나는 아이티를 방문했다가 그곳 주민들과 사랑에 빠졌다. 특히 그곳에서 만난 고아 소녀에게 마음을 빼앗겨서 입양하고 싶었지만 허가를 받지 못했다. 이 아름다운 소녀에게 훨씬 나은 삶을 주고 싶었기에 가슴이 아팠다. 그 대신 놀라운 회복력을 지닌 아이티 주민들이 자립할 수 있도록 수백만 달러를 기부했다. 지금은 병원 두 곳과 학교 두 곳에 자금을 지원하고 있다.

우리는 군인과 응급 의료 요원, 아메리칸드림에 헌신하는 집단으로 기부처를 확대했지만 내가 원하는 만큼 공헌하지는 못했다. 그러다 '영원한 충성과 미국을 위한 기금'에서 연락을 받았다. 이미 고대디케어에서 그곳에 기부하면서 여러모로 자세하게 조사해서 재정 건전성을 확인한 곳이었다. 그들은 본인을 위해 돈을 쓰는 법이 없었다. 기부금의 96%가 수혜자에게 돌아갔다. 러네이와 나는 곧바로 이들이 특별하다는 걸 알아봤다. 처음 만나자마자 알았고 다시 만났을 때도 확신했다. 그들은 참전 용사 지원에 획기적인 전환점을 마련했다. 특히 사막의 방패Desert Shield(1990년 걸프전 당시 미국이 주도하는 34개국 연합군이 바그다드를 공습한 작전. 1991년에 작전명이 사막의 폭풍으로 바뀌었다_옮긴이), 사막의 폭풍Desert Storm 등에 참전했다가 끔찍하게 다쳐서 돌아온 참전 용사들에게 큰 도움을 주고 있었다. 나는 크게 감동했다.

파슨스재단을 시작하면서 살펴보니 수많은 지원 단체가 도울 사람과 돕지 않을 사람을 구분했다. 우리는 그런 방향에 동의하지 않았다. 그래서 모두를 돕지 않으면 다른 곳에 기부한다는 방침을 세웠다. 많은 재단이 이 방향을 따랐고, 이제 모두를 돕는 게 관행으로 자리 잡았다.

오늘날 러네이와 나는 재단을 통해 14일마다 100만 달러, 혹은 1년에 2,600만 달러 이상 기부한다. 그 정도가 내가 감당할 수 있는 금액이기 때문이다. 2023년에는 2,660만 달러를 기부했고, 23명의 파트너에게 3만 2천 달러를 장학금으로 수여했다. 현재는 영원한 충성과 미국을 위한 기금, 아이티의 희망, 애리조나 보이스앤드걸스클럽

Boys&Girls Clubs of the Valley(방과 후 프로그램, 여름 학교 등 다양한 프로그램을 제공하는 교육 훈련 단체_옮긴이), 애리조나 걸스카우트Girl Scouts Arizona Cactus-Pine, 저소득 공동체 걸스카우트 지부, 성 소수자 단체, 환각 치료 연구 기관 등 다양한 단체를 후원하고 있다.

   많은 이의 삶에 선한 영향력을 줄 수 있어 기쁘고 만족스럽다. 특히 수혜자를 만나서 후원으로 일어난 변화에 대해서 들으면 가슴이 따뜻해지고 감동스럽다. 우리가 후원하는 단체를 운영하는 사람들은 온몸을 바쳐 자기 사명에 헌신한다. 그 모습도 감동적이다. 이렇게 풀뿌리 같은 노력이 모이고 몇 번이나 되풀이되면서 좋은 영향력이 퍼져나간다. 기부는 정말로 보람찬 일이다.

33

나의 모든 것, 가족

나는 가끔 남자가 된다는 의미가 무엇인지 생각한다. 내가 보기에 남자는 대개 거칠고, 어리석고, 강하고, 용기가 있다. 하지만 진짜 남자가 되려면 온화하고 다정하고 공감할 줄 알아야 한다. 또 타인과 나를 용서해야 한다. 시간과 자원을 넉넉히 베풀어야 한다. 여기에 유머 감각이 있으면 크게 도움 된다.

남자라면 자기가 믿는 것을 위해 기꺼이 싸울 수 있어야 한다. 나는 과거에도 그랬고 앞으로도 언제까지나 미국의 해병이다. 내게는 사랑하는 사람을 지킬 의무가 있다. 누군가 그들을 해치려 한다면 나부터 상대해야 할 것이다. 나는 이제 그들의 해병이니까.

나는 러네이에게 누가 우리 집에 침입하면 당장 안전실로 가라고 한다. "당신은 그곳으로 가." 내가 말한다. "다른 건 내가 처리할게."

나는 그 말을 계속 지킬 테다.

이 모든 행동이 남자를 남자로 만든다.

내 동생 앨런에게는 좌우명이 있다. "오래 사는 것보다 행복하게 사는 게 중요해." 앨런이 어딘가에서 읽은 글이지만 앨런의 삶을 정의하는 말이기도 했다. 앨런은 분위기를 띄울 줄 알고 유머 감각이 뛰어났다. 친절하고 잘 웃고 늘 여자에게 인기가 많았다. 그런 면에서 아버지를 닮았다. 우리는 어린 시절 외로운 보안관과 톤토 The Lone Ranger and Tonto(1930년대~1950년대 미국 라디오, 텔레비전 드라마, 책 등에 등장한 캐릭터. 미국 서부시대에 활약했던 텍사스의 보안관과 원주민 친구 톤토를 말한다_옮긴이)처럼 함께 자랐다. 나는 내성적이고 앨런은 외향적이었다. 성격은 달랐지만 누구보다 친했고 내가 참전하기 전까지 꼭 붙어 다녔다. 나는 해병대에, 앨런은 공군에 입대했다. 나는 베트남으로, 앨런은 사우스캐롤라이나로 갔다.

내가 싱글일 때 둘이 나이트클럽에 가곤 했다. 그러면 여자들이 항상 다가와서 앨런에게 춤을 추자고 했다. 내게는 말도 안 꺼냈다. 기가 막힌 일이었다.

"제가 출게요." 내가 말했지만 앨런에게 거절당한 여자들은 내게 관심이 없었다.

한번은 함께 스페인에 갔다가 황소 달리기 경주에 출전했다. 나는 참여했고 앨런은 하지 않았다. 그러다 내가 황소에게 들이받혔다. 거리에서 달리면 뒤에서 황소가 쫓아오는 행사인데, 숙취에 시달리고 목말라서 정신이 산만했다. 수소가 나를 따라잡았다. 이런! 커다란 뿔에 들이받혀서 공중을 한 바퀴 돌고 소 등에 떨어졌다. 신발 한 짝이 벗겨졌다. 멍이 들긴 했지만 심하게 다치지는 않았다. 사실 운이 엄청나게 좋았다. 왜냐하면 텔레비전에서 한 남자가 뿔에 사타구니를 받힌 채로 100미터나 끌려가는 장면을 봤기 때문이다. 얼마나 아팠을까!

엘 토로El Toro(스페인어로 수소라는 뜻_옮긴이)를 자극하지 마라. 뿔에 받힐 테니까.

앨런은 유쾌한 만큼 걱정도 많았다. 잔디 관리 업체를 운영하다가 세 번째 심장마비를 겪은 후로는 그만뒀다. 앨런이 사업체를 넘기고 나서 내가 앨런을 돌보겠다고 했다. 내 동생은 아무것도 걱정할 필요가 없었다.

그래도 모든 게 걱정스러운 모양이었다. 앨런은 미국을, 도시를, 동네 골프장을 걱정했다. 온갖 걱정거리를 무거운 코트처럼 두르고 다녔다. 어느 날 치료사를 만나서 나처럼 걱정 없이 살고 싶다고 했다고 한다. 그 말처럼 나는 앨런과는 완전히 반대였다. 걱정하지 않았다. 시간과 에너지 낭비이기 때문이다.

치료사는 앨런에게 성격이 형과 다르긴 하지만 걱정에 끌려다니지 않도록 관리하는 법을 배울 수 있다고 했다. 훌륭한 조언이었지만 앨런은 그 방법을 끝내 터득하지 못했다.

앨런은 건강이 무너지기 시작하면서 의사들의 조언에 한층 더 의지했다. 의사가 하라고 하면 득보다 실이 많더라도 절대적으로 따랐다. 그 결과가 어떻든, 몸에 어떤 부담이 가든 무조건 순종했다. 심장약을 너무 많이 먹어서 신장에 암이 생겼고, 암이 전신에 퍼져 뇌까지 갔다. 그렇게 사랑하는 형제를 잃었다. 가끔 나는 앨런이 죽을 때까지 걱정했다는 생각이 든다.

　마지막으로 만난 날, 앨런은 나를 포옹하며 귀에 속삭였다.

　"형이 여기 있으니까 참 좋아."

　"나도 네 옆에 있으니까 좋아."

　그 대화가 마지막이었다.

　앨런이 더없이 그립지만 이제 눈물은 별로 남지 않았다. 앨런을 보내고 한참 슬퍼하다가 어느 날 앨런에 대한 그리움과 안타까움을 내려놓기로 했다. 그 대신 앨런과 나눴던 좋은 시절을 떠올리고, 동생이 살아 있을 때 함께할 수 있어 얼마나 운이 좋았는지 생각한다. 그럴 때면 미소가 떠오른다.

　앨런과 어머니, 아버지가 떠나고 나와 여동생 베벌리만 남았다. 베벌리는 어쩌면 나보다 힘들게 자랐다. 나이 차가 일곱 살인 데다 내가 입대하는 바람에 어렸을 때 별로 친하게 지내지 못했다. 베벌리와 함께했던 가장 좋은 기억은 전쟁에서 막 집에 돌아왔을 무렵이었다. 그때 나는 담배를 꽤 많이 피웠다. 베벌리는 담배를 모두 꺼내서 가장 암을 유발하는 부분을 피하라며 필터에서 2.5센티미터 높이에 동그라미를 쳤다. 베벌리와 있으면 즐거웠다. 내가 결혼해서 집을 나간 이후로 우리 삶은 다른 방향으로 흘렀다. 하지만 지금은 베벌리와 더 가까워졌고 정말 사랑한다고 말할 수 있어서 기쁘다.

　의심할 여지 없이 남자들은 멍청한 짓을 한다. 나는 어렸을 때 늘 바보 같은 짓을 했지만 성장하면서 해가 되지는 않았고, 그 덕분에 늘 유머 감각을 키울 수 있었다. 유머가 없었다면 힘든 시기를 어찌 헤쳐나갔을지 모르겠다.

나는 살면서 나를 보살펴주는 수호천사가 존재한다고 느꼈다. 내 수호천사는 지금쯤 피곤해서 은퇴하려는지도 모르지만 나는 누구든, 무엇이든 원망할 생각은 없다.

우리는 인생에서 모든 걸 통제할 수 없다는 사실을 이해해야 한다. 노력은 좋지만 장담하는데 아무리 훌륭한 사람이라도 장애물을 맞닥뜨리기 마련이다. 그래도 우리는 계속 발전한다. 파슨스테크놀로지 이후로 내가 세운 회사는 실패하지 않았다. 내 일을 사랑하기 때문이다. 당신도 사랑하는 일을 해야 한다. 무엇인가 사랑하면 상대는 자기 비밀을 모두 알려줄 뿐만 아니라 그저 제대로 하고 싶은 마음에 더 열심히, 더 오래 하게 된다. 자기 일을 사랑하는 사람이 그저 돈을 벌려는 사람과 경쟁하면 결국 승리할 수밖에 없다.

한 가지 덧붙이고 싶다. 자선사업이 그랬던 것처럼, 나는 모든 사업에서 변화를 일으키고 싶었다. 예전에는 아무도 하지 않았던 일을 하고 싶었다. 당신이 변화를 만들려면 사업이 성공하도록 무엇이든 해야 하며 특히 사람들에게 열정을 불러일으켜야 한다. 어떤 대상을 손익 관점에서만 바라보면 아무것도 되지 않는다. 하지만 열정을 끌어내고 고객을 이 사업에 가까워지게 하겠다고 생각하면 세상 모든 것이 타당해진다. 이런 식으로 일하고, 올바르게 생각하고, 올바른 방법을 추구하면 성공할 가능성이 커진다.

생각하는 방향이 잘못되면 성공할 가망이 없다. 직원들, 자선사업 수혜자들, 그 밖에도 내가 대면하는 많은 이가 나에게 의지한다. 그들은 나를 계속 나아가게 하는 원동력이다.

나는 은퇴하면 어떻게 살 것이냐는 질문을 많이 받는다. 그러면 그저 웃으며 대답한다. "뭘 할지보다는 언제 할지 결정해야겠네요. 지금 생각으로는 화장되고서야 끝날 듯해요. 그러면 돌아오기 힘들 것 같거든요." 그런 게 인생이다. 사람은 천천히 낡아가는 게 아니라 어느 순간 녹슬어버린다.

나는 살면서 모든 것이 지나간다고 믿는다. 무엇도 걱정하지 않으며 특히 유산에는 신경 쓰지 않는다. 그저 최선을 다하고 나와 교류하는 사람들에게 잘하고 싶을 뿐이다. 나는 여전히 베트남전쟁에서 뱀을 쏘고, 수류탄 투척을 금지당했던 소년이다. 남자들이 대부분 그렇듯 나도 그저 얼간이에 지나지 않는다. 노동자, 택시 운전사, 경찰, 소방관, 참전 용사, 배관공, 그 밖에 많은 이가 모두 내 사람이라는 사실을 절대 잊지 않을 테다. 그들은 내 사람이며 나는 그들을 존경한다.

이제 다음 생으로 넘어가야 할 날이 오면 몇 안 되는 내 사람들과 당신이 나를 한두 번쯤 떠올렸으면 한다. 그것만으로 충분하다.

감사의 글

공동 저자 로라 모턴^{Laura Mortan}에게 감사하다는 말을 전하고 싶다. 로라는 프로 정신의 전형을 보여줬고, 그 강인함과 인내력, 창의력, 위트와 유머로 내 안에서 최고의 것을 이끌어냈다.

오랜 시간 지치는 법 없이 조사하고 기록해 준 애덤 미첼^{Adam Mitchell}에게도 감사하다. 함께 일하면서 정말 즐거웠다.

호프 이넬리^{Hope Innelli}의 다정한 성격과 가르침, 균형 감각, 능숙한 편집도 정말 고마웠다.

벤저민 홈스^{Benjamin Holmes}가 사소한 내용까지 꼼꼼히 챙기고, 사실을 확인하고 제안해 준 덕분에 이 책이 더 훌륭해졌다.

출판을 담당해 준 조너선 머크^{Jonathan Merkh}와 포어프론트북스^{Forefront Books} 팀원들에게도 이 책을 믿어줘서 고맙다고 말하고 싶다.

YAM월드와이드의 지원 팀, 특히 해병대 참전 용사 출신 비서인 프란시스카 산체즈Francisca Sanchez는 나와 20년 넘게 함께했다. 그녀는 내가 궤도를 벗어나지 않게 지켜줬다. 오랜 세월 헌신하고 보살펴줘서 고맙다.

내 멋진 아내이자 파트너, 자문인 러네이, 당신의 손길이 PTSD에서 나를 구원했다. 당신 없는 삶은 상상할 수 없다.

사랑하는 아들 숀, 내 딸 메리앤과 제시카, 손주와 증손주들, 이 삶에 기쁨을 줘서 고맙다. 너희는 내 보물이다. 정말 감사하다.

내 동생 베벌리는 훌륭한 작가이자 족보 전문가이고, 너도 나처럼 힘든 어린 시절을 보냈다. 그래서 우리가 서로 깊이 공감하는 것 같다. 너와 나누는 긴 대화가 얼마나 소중한지 모른다. 사랑한다.

내 동생이자 조수 앨런, 신이 너를 데려간 이후로 정말 그리웠고 이 글을 쓰기도 쉽지 않다. 나는 항상 너를 생각한다. 너는 늘 오래 사는 것보다 행복하게 사는 게 중요하다고 했지. 맞는 말이었어.

그리고 책에 도움을 준 분들과 직원들, 가족을 제외하고 바버라 레터먼을 빼먹는 건 말도 안 되는 일이다. 바버라는 회사 네 곳에서 38년에 걸쳐 경영자로 나와 함께 일했다. 바버라는 그 모든 사업에서 나와 완벽히 대조를 이루며 성공할 수 있도록 핵심 역할을 해줬다.

바버라 외에도 개인적으로 고마운 사람을 하나하나 언급하자면 이 책의 절반은 더 써야 하고, 의도치 않게 한 명 이상 빼놓을까 봐 걱정이다. 나와 여정을 함께했다면(누구인지 본인은 알 것이다) 그 우정과 지혜에 감사한다. 여러분 모두 고맙고 사랑한다.

독자 여러분에게도 감사를 전하고 싶다. 이 책을 사줘서 고맙다. 내 이야기에 공감했기를, 당신의 삶에 영감이 되었기를 기도한다.

마지막으로 베트남전쟁에서 함께 복무했던 미국 해병에게도 감사하고 싶다. 해병은 내게 책임감과 규율, 리더십, 형제애를 가르쳤다. 나는 매일 당신들을 생각한다. 영원한 충성을 바친다. 그리고 다시 한번 집에 돌아온 걸 환영한다!

옮긴이 | 김잔디

책과 무관한 기업에서 7년간 일하다가, 평생을 책과 씨름하면서도 놀이하듯 즐겁게 살고 싶어 번역가의 길을 선택했다. 정확하면서도 따뜻한 여운이 남는 번역을 목표로 삼고 있다. 서울시립대학교를 졸업하고 글밥아카데미를 수료한 후 바른번역 소속 번역가로 활동 중이다.

옮긴 책으로는 《열정 절벽》, 《모네가 사랑한 정원》, 《소로의 야생화 일기》, 《목소리를 높여봐!》, 《본격 재미 탐구》, 《Flying High》, 《미라클 모닝 기적의 방정식》 등이 있다.

FIRE IN THE HOLE
파이어 인 더 홀

초판 1쇄 발행 · 2025년 4월 20일

지은이 · 밥 파슨스, 로라 모턴
옮긴이 · 김잔디
발행인 · 이종원
발행처 · (주)도서출판 길벗
브랜드 · 더퀘스트
출판사 등록일 · 1990년 12월 24일
주소 · 서울시 마포구 월드컵로 10길 56(서교동)
대표 전화 · 02)332-0931 | **팩스** · 02)323-0586
홈페이지 · www.gilbut.co.kr | **이메일** · gilbut@gilbut.co.kr

기획 및 책임편집 · 박윤경(yoon@gilbut.co.kr)
제작 · 이준호, 손일순, 이진혁 | **마케팅** · 정경원, 김진영, 조아현, 류효정
유통혁신 · 한준희 | **영업관리** · 김명자, 심선숙, 정경화 | **독자지원** · 윤정아

교정교열 · 이정임 | **디자인** · 김윤남
CTP 출력 및 인쇄 · 정민문화사 | **제본** · 정민문화사

▶ 더퀘스트는 ㈜도서출판 길벗의 인문교양·비즈니스 단행본 브랜드입니다.
▶ 이 책은 저작권법의 보호를 받는 저작물로 이 책에 실린 모든 내용, 디자인, 이미지, 편집 구성은 허락 없이 복제하거나 다른 매체에 옮겨 실을 수 없습니다.
▶ 인공지능(AI) 기술 또는 시스템을 훈련하기 위해 이 책의 전체 내용은 물론 일부 문장도 사용하는 것을 금지합니다.
▶ 잘못 만든 책은 구입한 서점에서 바꿔 드립니다.

ⓒ 밥 파슨스, 로라 모턴, 2025

ISBN 979-11-407-1443-8 03190
(길벗 도서번호 070543)

정가 22,000원

독자의 1초를 아껴주는 정성 길벗출판사

㈜도서출판 길벗 | IT단행본, 성인어학, 교과서, 수험서, 경제경영, 교양, 자녀교육, 취미실용 www.gilbut.co.kr
길벗스쿨 | 국어학습, 수학학습, 주니어어학, 어린이단행본, 학습단행본 www.gilbutschool.co.kr

인스타그램 · thequest_book | 페이스북 · thequestzigi | 네이버포스트 · thequestbook